袁晗毅 主编

一所高中的学生阅读笔记3

匡园阅读记忆

江蘇鳳凰教育出版社
Phoenix Education Publishing, Ltd

图书在版编目（CIP）数据

一所高中的学生阅读笔记 3，匡园阅读记忆 / 袁晗毅主编. — 南京 ：江苏凤凰教育出版社，2023.12

ISBN 978-7-5743-0167-2

Ⅰ. ①一… Ⅱ. ①袁… Ⅲ. ①阅读课—教学研究—高中 Ⅳ. ①G633.332

中国版本图书馆 CIP 数据核字（2022）第 206902 号

书　　名	一所高中的学生阅读笔记 3:匡园阅读记忆
主　　编	袁晗毅
责任编辑	刘美华　杨韶辉
责任印制	石贤权
装帧设计	许　畅
出版发行	江苏凤凰教育出版社(南京市湖南路 1 号 A 楼　邮编 210009)
苏教网址	http://www.1088.com.cn
照　　排	江苏凤凰制版有限公司
印　　刷	南京新世纪联盟印务有限公司
厂　　址	南京市江宁区诚信大道 88 号华瑞工业园 7 栋(025-84546219)
开　　本	787 毫米×1092 毫米　1/16
印　　张	16
版　　次	2023 年 12 月第 1 版
印　　次	2023 年 12 月第 1 次印刷
书　　号	ISBN 978-7-5743-0167-2
定　　价	62.50 元
网店地址	http://jsfhjycbs.tmall.com
公 众 号	苏教服务(微信号:jsfhjyfw)
邮购电话	025-85406265,025-85400774
盗版举报	025-83658579

序言

整整十年前，省锡中语文学科组明确“培养终身阅读者和负责任表达者”为本组学科宣言，并由此开展扎实的校园读书行动。三年多前，我们开始探索刻画“毕业生形象”、整体构建毕业生形象涵育项目时，提出“人人完成600万字经典阅读”的要求。通过这些年不懈的努力，“终身阅读者”已经成为省锡中毕业生重要的身份标识。

为了鼓励学生有品质地阅读和表达，我们从在校学生的读书笔记中遴选出若干优秀作品，汇编、出版了《一所高中的学生阅读笔记》和《一所高中的学生阅读笔记2》。《一所高中的学生阅读笔记3：匡园阅读记忆》是我们从毕业生那里征集来的文稿汇编而成的。这些用文字与真情同匡园的对话，既是一种留存于学子们心中的校园读书记忆，也是一次“人人完成600万字经典阅读”的成果展，是众多匡园学子已成为“终身阅读者”的证据和“证书”。

在现实背景下，高中学校开展校园读书活动会遇到重重阻力，其中最大的阻力来自实用主义的牵拉。“阅读有什么用”的逼问，一次次把推进学生读书的人们推到尴尬的境地。

其实，阅读对于人的重要性，本是一个无需讨论的问题。人类自诩为万物之灵，一个重要的原因便在于我们有精神需求。人活在世上，身心都需要关照，都需要发育生长。全国政协副主席朱永新说：“一个人的精神发育史就是他的阅读史。”换言之，没有阅读便没有人的精神发育。一个人要真正在精神层面上站立起来，始终保持人的姿态，是很难离开阅读的。读书能让人灵魂高贵、情感丰满，能促进人的精神成长。

然而，在当下语境中，“阅读有什么用”实际上就是“阅读对提高考试成绩有什么用”。这是一个有关专业判断和专业自信的问题，省锡中用十多年的实践，很好地回答了这个问题，在此就不展开说了。这里要讲的是，我们千万不能为了追求阅读对应试的“有用”而给学生布置刚性的摘抄等阅读作业。事实上，正是这反阅读的阅读作业扼杀掉了学生的阅读兴趣，扼杀掉了阅读本身。

令人倍感欣慰的是，在这本《一所高中的学生阅读笔记3：匡园阅读记忆》中，我们看到昔日的匡园学子在高中三年学习生涯里真正养成了一生能带得走的阅读能力。而他们也因为阅读具有一种同样的儒雅高贵的精神气质。他们的“匡园阅读记忆”美好而有意义，值得我们一起分享。

这里简单介绍一下本书的主要内容：

第一章为对毕业生们的访谈。他们围绕“阅读”这一主题对话，在对话中听他们讲述书籍的选择、阅读习惯的养成、阅读之于人生的意义……这是独属于他们的阅读记忆。

第二章记录下了同学们在校的阅读点滴。匡园，是让阅读随时随地发生的场域。在这个识图看视频的快捷时代，在注意力常被信息流切割成碎片的时代，我们如何让阅读回归日常，并终身持有，校园文化场域的创建必不可少。书中“于匡园读天下”“打乐群湖畔走过”“匡园书屋”等话题，所记录的就是他们在匡园文化场域阅读的情景。

第三章的随笔是同学们阅读过程中的思考呈现。有了场域，便需好书；有了好书，还需思悟。时间的有限让阅读一部好的作品更显珍贵，我们往往采取师生共荐好书的方式，确定书目后再交由同学们自主选择。同学们透过《带一本书去巴黎》看到人性的回归与解放，在《古典之殇》中窥探纯粹的世界，在丰子恺的作品中寻一颗“碳素的童心”……文字是有力量的，这其中不仅仅是阅读痕迹的留存，更是有所体悟后的精神碰撞。

第四章是毕业生们在疫情之下的读与思。让阅读回归日常，还意味着关注当下，与时代共振。过往三年，疫情下的读与思成为这批学生成长路途中的别样阅读课。他们关注“疫情与我们”，用文字记录下居家的日子、抗疫的故事，在爱与温暖的信念持守下，带着时代的烙印成长，做责任担当者与问题解决者。

我想，在这个信息时代，知道知识在哪里、如何及时获取新知，是每个人终身所必须具备的一种能力。相信广大读者能在这本书中看到从匡园走出的孩子们，带着终身阅读的习惯来持续地学习，并优雅地迈向远方。

是为序。

唐江澎

2023 年 11 月 20 日

近代著名实业家匡仲谋先生于 1907 年在家乡无锡杨墅园创立匡村中学，为江苏省锡山高级中学（简称“省锡中”）的前身。学校师生将学校亲切地称为“匡园”，以此纪念匡仲谋先生。

目录

▌目录中第一章括号内人名为访谈对象，第二—第三章人名为文章的作者名。

2021 届毕业生的匡园阅读随笔 / 179

2020 届毕业生的匡园阅读随笔 / 199

第一章
匡园阅读接力

2022届匡园毕业生访谈

1. 胸中有丘壑，书页寻星河

（李怡洁）

李怡洁简介

2022届匡园毕业生，现就读于中国科学院大学。喜欢通过各种方式观察、探索世界；热爱大自然，各种花草生灵常被邀至笔下；推崇用快乐串联阅读、学习与生活。

寄语匡园

匡园是一片广阔又生动的天空。这里有各色的活动与选修课程，有博学风趣的老师，有志同道合的朋友。希望学弟学妹们能够清晰地认识自己，做自信健康的匡园人！

访谈成员　李诗雨　虞欣洁
指导老师　袁晗毅

李诗雨　都说书不能改变人生的长度，但能改变人生的宽度，学姐可以为我们推荐几本好书吗？

李怡洁　我想推荐两本书：一本是王开岭的《精神明亮的人》，还有一本是木心的《文学回忆录》，这两本书我觉得很适合高一刚入学的学生。《精神明亮的人》是一本哲理性的、评论时事的文集，一方面我们可以从中学习到写议论文的技巧，另一方面它会给我们一些新的思路，我觉得这对打开写作思维是很有益的。《文学回忆录》是我最近在看的一本书，可以从中体会到作者很深的文化素养，会让自己爱上文学；另外，它讲文学是从古讲到今，从国内讲到国外，我们能从中找到自己感兴趣的方面。

虞欣洁 学姐每周的阅读量大约是多少？匡园为学生设定的三年600万字的阅读目标，学姐实现了吗？

李怡洁 在上学的时候我一般每个月读一两本书，假期的时候每个月读三四本书。三年600万字的阅读目标我是实现了的，我觉得这个目标其实是不难实现的。可以以此为最小目标，对自己的阅读量有一个底线的要求，也不用有很硬性的要求，但要每周都读。

李诗雨 高中学业比初中更为繁重，请问我们可以在哪些时间段阅读？

李怡洁 匡园是很鼓励学生去阅读的，所以我们每周会得到很多阅读的时间。老师安排的时间是首先需要抓紧的。第二段时间是周末，但我不是很推崇在周末的自习课上阅读，因为这个时间段主要是用来归纳整理学科知识的。我们可以在中午和放学以后阅读。

李诗雨 学姐有什么方法能让我们更高效地阅读吗？

李怡洁 首先要对自己有一个定位，比如喜欢看书的程度、喜欢看什么方面的书等。而对于不同的书则有不同的阅读方法。第一类，议论、哲理性的书。对于这类书我建议先看简介与目录，这样在看书之前脑中就有了书本内容大致的框架，然后在阅读过程中继续完善这个框架，加深自己的理解。第二类，文集。对于这些篇幅较短的文章可以结合原文内容，用自己的话进行思考性的摘抄。第三类，小说。我的建议是多读经典。

虞欣洁 您认为什么类型的书需要精读，什么类型的书只需要略读？

李怡洁 我先说一下我对精读和略读的理解。我认为精读要加入自己的思考，把自己代入书中去；而略读则只是享受读这本书的过程。我觉得集中讲一个话题的哲理类、议论类的文章，需要我们以精读为主。读完以后不仅需要对书有更深刻的认识，还要运用它里面的知识进行思考，把从中读到的知识，放入生活的情境中去。合集类中单篇独立的文章，可以选自己感兴趣的精读，其他的略读。还有科普类的书，也适合略读。其实，读一本书的时候，我觉得没必要要求自己一定要精读或略读，感兴趣的话，自然而然就会精读，如果不感兴趣却逼着自己去精读，阅读反而会成为负担。

虞欣洁 那阅读是要读自己感兴趣的书，还是应广泛涉猎？

李怡洁 高一、高二的时候，学业不是特别紧张，有很多的阅读时间，这时可以广泛阅读，涉猎各种类型的书籍。比如说文学方面的书，可以读不同朝代、中西方不同作家的书。这样的一个作用是扩大知识面，还有一个作用是通过筛选得到自己真正想要深入研究的主题。读自己喜爱的书是广泛涉猎后的第二个步骤，主要是在高三。高三的时间比较紧张，读自己喜欢的书，一方面可以在繁重的学业中找到一方阅读的乐土，放松自己，另一方面是为了作文。唐江澎校长也非常赞成在最后阶段读某个人、某方面的书，不管遇到什么样的作文题，都会想到用其中的事例。

李诗雨 在匡园的阅读生活中，有没有让您难忘的经历？

李怡洁 读《庄子》应该是我高中三年印象最深的经历了。我在高三非常喜欢庄子，高三上学期我花了一个月来阅读，高三下学期我又花了一个月重读。因为我没有很强的好胜心，所以与庄子老先生的观点不谋而合，有种心灵沟通之感。把其中的道理运用到今天发生的不开心事上，突然豁然开朗，便又忍不住继续往下读。《庄子》蕴含着一种世界观，我把它运用在生活的每个方面，就把它变成了我的方法论。我觉得把阅读与生活联系起来，才是阅读的真正意义。另外，学校帮助我们，用辩论赛、话剧表演、读书征文等方式，让我们主动地去思考，去阅读。这些经历也非常难忘。

李诗雨 匡园注重让学生在阅读中感受美好、涵养情操、寻找自我，学姐是如何理解唐江澎校长强调的“成为终身阅读者、负责任的表达者”的？

李怡洁 高中是快速成长、快速认识世界的三年，在这三年中，如果能养成阅读的习惯，则终身都会有阅读的习惯。而对于表达，现在是一个网络非常发达的时代，我们的表达每时每刻会有许多读者或听众，这首先要求我们作为表达者要清楚地意识到自己与听众的立场——自己想表达什么，听众想要知道什么，要有“作者意识”和“读者意识”。其次，在数字时代，你会发现网络上的信息真假难辨，这时就需要表达者文字或语言具有真实性，这才是“负责任的表达者”。

2. 保持思考，探寻个人生命价值

（鲍程峰）

鲍程峰简介

2022届匡园毕业生，现就读于南京大学。喜欢通过书籍来认识、体悟、理解世界；善借用手中的画笔描绘内心的所思所想，以及心中的诗与远方。

寄语匡园

匡园以115年的岁月积淀构建起谦恭厚重的文化底蕴，因每一位匡园学子的坚毅奋进获得生生不息的时代活力。真实不欺，择善践行，愿学弟学妹们都能以“诚敏”校训相伴，行至远方。

访谈成员　王茜辰　张梓恩
指导老师　戴桂林

王茜辰　在三年的匡园阅读过程中，学长读过的书印象最深刻的是哪一本？

鲍程峰　《美丽新世界》，这是一本由英国作家赫胥黎写的反乌托邦小说。

王茜辰　您能具体介绍一下这本书吗？它在您的生活中起到了怎样的作用呢？

鲍程峰　这本书向我们刻画了作者所想象的二十五世纪的社会图景，体现出作者对科学技术的反思，对乌托邦幻梦的否定，以及对个人生命价值的探寻。

我们同样身处一个科学技术较为发达的社会，所以我觉得这些问题对于当下的我们来说是很有反思价值的。引用书中的几句话：“真理被淹没在琐碎的世事中，人们在汪洋如海的信息中日益变得被动和自私，文化成为充满感官刺激、欲望和无规则的庸俗游戏，我们将毁于我们热爱的东西。”“人们感到痛苦的不是他们用笑声取代了思考，而是他们不知道自己为什么笑以及为什么不再思考。”虽说书的时代背景设置在二十五世纪，但是当我读到这些句子的时候，我觉得其实就是在说当下的我们，或者说整本书都是当下社会的一个缩影。我觉得《美丽新世界》这本书完全可以为我们敲响警钟，警示我们在面对信息爆炸的危机、身处娱乐至死的旋涡时，仍要保有独立思考的能力、理性批判的态度，而不是被欲望与念想所奴役，与书中的人一样成为无条件顺从的机器。

王茜辰　除了上面这本书，您还爱看什么类型的书呢？能举出一两本推荐给学弟学妹吗？

鲍程峰　上面这本《美丽新世界》偏科幻而且有寓言性。除去这种，我还爱看那种带有魔幻传奇色彩、能够反映出整个时代社会变迁的小说，比如说《百年孤独》，借一个家族的兴衰展现整个拉丁美洲一个世纪风云变幻的历史，其中的神话传说、民间故事、宗教典故等神秘的因素也能够给我们带来不同寻常的阅读感受。同样，像《白鹿原》《北上》等长篇小说也都很值得一看。

王茜辰　高中三年您的阅读量是多少？每月大概能读完几本书呢？

鲍程峰　高中三年我一共完成了74本书的阅读，平均每月能读完两本书。但是考虑到高三学业繁忙，读书的时间也相对较少，所以实际上每月读完的书可能会再少一点。

王茜辰　您会给自己设置阶段性的阅读目标，以此不断提升自己的阅读深度吗？抑或是只要感兴趣便去阅读，并无目标计划？

鲍程峰　说实话，我并没有为自己设置阶段性的阅读目标，因为高中学习的课业负担也不是那么轻松，能留给我阅读的时间时长时短，难以实行那种阶段性的计划。所以，平时我还是会倾向于读一些我比较感兴趣的书。我们学校致力于培养每一位同学终身阅读的习惯，每学期语文组会向全体同学推荐富有思想、哲理的课外书目，比如《做一个清醒的现代人》《社会性动物》《身份的焦虑》《乌合之众：大众心理研究》……像《身份的焦虑》，作者从哲学、艺术、政治、宗教等多个角度出发，为我们解读

“身份”的前世今生，引导我们去思考为什么我们总会对自己的“身份”感到焦虑，为什么我们对地位、金钱、权力这些东西的欲望总是难以填满，以及我们如何去克服这些焦虑等问题。在单调枯燥的学习、做题之外，能够偶尔进行这样对生命乃至社会的思考，对一些观念的确立乃至对以后的规划都是大有裨益的。总而言之，学校推荐的书目一直都很棒，能够在不经意间将我们带进思维的殿堂，对提高同学们的阅读深度也非常有帮助。相较之下，我觉得自己不一定能够在茫茫书海中精准地挑选出这些有深度的书。所以在深度阅读这个方面，我认为我们还是可以多借助学校给我们的一些指导。

张梓恩　在阅读方法这一方面，有什么提高效率的方法推荐吗？

鲍程峰　首先，用笔圈圈画画能够很好地提高效率。其次，就是在阅读的时候，在思维上要始终保持活跃，时刻辩证地看待书中的内容，尤其是一些论述性的文章，不能仅仅顺着作者的意思，被他牵着鼻子走，要时常从书本中跳出来，想一想作者的观点是否成立，逻辑是否正确，层次是否清晰。这样既能够提高自己对文章的把握，同时也可以使自己进入更深层次的阅读状态，阅读效率自然会提高。对于小说这种故事性强的文字，可以边读边想想人物为什么要这么做，作者为什么要给出这样的描写，有没有一些铺垫、呼应、隐喻等。让自己的大脑活跃起来，自然就可以快速地进入文本的世界。

张梓恩　那么有什么好方法可以帮助阅读后的归纳整理吗？

鲍程峰　首先，可以把一些你觉得很好的句子或是语段摘抄在本子上。其次，结合自己的感受，将自己的感想写一写，还可以试着用几个短语或一段精简的句子概括整本书的主旨。然后将一些主旨相近的书归在一起，便于以后对比着阅读。同时我们也可以根据这些方向来很好地整合记忆读过的书本，使它们更好地内化为我们自己知识的一部分。

张梓恩　在匡园时有哪些有趣的阅读经历呢？可以具体讲讲吗？

鲍程峰　有趣的经历那肯定就是高一时候话剧《雷雨》的演出了。当时我们每一个人都必须要扮演一个角色上台表演。刚接到这么一个任务的时候大家都还觉得很简单，感觉只要上去走走说说就行。但后来发现根本不是那么回事。上台后的动作表情、说台词时的语音语调、情绪的把控这些都需要我们去注意，不然就会很死板地在那边念台词，给人感觉就像是个会说话的木头桩子。要想演好，就必须对文本有充分、深入的理解，这实际上就是一个深入阅读的过程。边演边揣摩，尽管经常会因为理解得不对而闹出笑话，但是在一次次的试错中我们逐渐明晰了作品的意蕴，这样的过程是整个活动最有意思的一部分。最后当我们嘻嘻哈哈、顺顺利利把戏演完时，书也被看懂看透了，相伴而生的一种成就感会让人非常舒心。

张梓恩 阅读助人成长，它在您的成长过程中对您的精神与思想有怎样的塑造，能举例说说吗？

鲍程峰 阅读对三观的塑造那是毋庸置疑的。就我个人而言，高一时，发现在一个高手云集的班级里，我完完全全就是一个很普通甚至有点平庸的角色，考砸了几场考试，受了几次挫折，曾有过很长一段时间的迷茫期，但之后，同学推荐了加缪，并看了他写的两部作品《局外人》和《鼠疫》。《局外人》的男主角浑浑噩噩，觉得一切现实都无关痛痒，和当时的我算是有点臭味相投，但说实话，看完这本书后我很讨厌这种生活方式。相比较而言，《鼠疫》中的主人公，是疫情肆虐的城市中的一位医生，不同于一般人对现实的妥协，他更愿意以一种反抗的姿态在灰暗的主基调中寻求光明，这种不愿意屈服的精神更让我动容。也差不多就是从那个时候开始，我尝试着转变，也慢慢地洗去覆盖在我精神上的灰色尘埃，算是将原本消极的思想向积极的方向转变。现在再回过头看看，这也算是很大意义上的成长了。

3. 阅读，将我们带入一个新世界

（李亚卿）

李亚卿简介

2022届匡园毕业生，现就读于复旦大学。爱好诗词和音乐，喜欢看月亮。高中时期曾获“七彩语文杯”江苏省“中学生与社会”作文大赛一等奖。

寄语匡园

在我即将离开母校的那一年，江苏省锡山高级中学成了“网红”学校。身为匡园学子的我感到幸福和光荣，但我更希望的是，无论多“红”，匡园都不要丢失百年来的宁静与温柔。也希望学弟学妹们珍惜这样一方可以抛开功利好好读书的净土，在书的海洋里遨游。

访谈成员　仇胤郦　陈幸童
指导老师　杨　梅

仇胤郦　省锡中三年的生活丰富多彩，阅读也是每个匡园人坚持的好习惯。能分享一下对学姐影响最大或者印象最深的书籍吗？

李亚卿　《从文自传》，一下子蹦到我脑子里的就是这本书，它又薄又简单，似乎不值一提，可是那些充满陌生感和高级感的外国小说确实没有比这本小书留下的痕迹更深。高三上学期参加作文竞赛之前，我去小书屋找书看，就找到了这本《从文自传》。第二天看了一上午，打心底里觉得沈从文先生非常的了不起。感觉他写出来的文字是从地里长出来的，文章非常自然，他是非常真实、独特的一个人。有一句话我印象比较深刻，他说他不会以一个道德君子的视角来发现人类的道德的美，他会以一个艺术家的视角去抓住万物最美、最协调的那个角度。

仇胤郦 有没有给学弟学妹们推荐的作家或书目呢？

李亚卿 我比较喜欢废名、沈从文、汪曾祺这三位作家。我前两天在读的书叫《公正》，是一本关于道德的书，里面探讨的问题我很感兴趣。

陈幸童 学姐关于阅读量有什么建议？

李亚卿 读了几万字我从来没数过，也不知道阅读量有没有达标，但是“终身阅读者”于我是板上钉钉的事了。建议在不影响其他学习进度的情况下，多多益善，手头总要放一本书读，快慢无所谓，只要一直在看，一直在思考。

陈幸童 学姐会选用怎样的阅读技巧，又如何从阅读的书籍中提炼出自己的素材？

李亚卿 就功利性阅读，也就是素材积累而言，可以思考最近在看的书里有什么触动自己或者给自己灵感的东西能作为素材，或能用于哪些话题，然后可以把它摘抄下来或者自己试着写一些片段。所用的素材可以做正例也可以做反例，或引申论述的基础等，在文章里可以有不同的功能，唐江澎校长把这个叫做“半成品”。在省锡中每个人都会有自己的一本“读书笔记”，这些片段就是我们的读书笔记，写作文的时候遇到有关话题就可以比较快地引发联想和调用。用老师的话说就是要我们自己去经营这本本子。如果是作为自己的爱好，我个人认为阅读是一种启发性的活动，谈不上方法技巧，就一行一行慢慢读下去，看看他们说些什么，自己能想到些什么。唯一我想要提醒的就是，在阅读时仍要有自我意识，也就是对于这件事、这个人，我怎么看。就比如钱理群教授十分推崇鲁迅，而熊培云又不赞成鲁迅先生提倡的牺牲精神，甚至在评论中连钱理群一起批评。他认为，人人自救，即救全世界。对此，我们怎么看，又怎么看待他们各自的观点和对彼此的看法，可以选好立场，然后为自己的观点辩护。要说阅读方法，那就称之为理性思辨吧。

陈幸童 阅读对您来说是兴趣爱好还是纯粹的学术研究，或者是获取更多分数的途径之一？

李亚卿 我会把兴趣爱好和素材积累分开来。但是有时候因兴趣所读的那些书反而更容易成为作文素材。

仇胤郦 从初中至高中，由写记叙文至写议论文的过程中，遇到过什么困难吗？又是如何克服的？能否给我们一些建议？

李亚卿 不要想着一下子就能写出有层次、有深度的议论文，要允许自己最初写出一些幼稚的东西。我个人一开始就完全摸不着头脑：议论文是什么东西，怎么写。困难就是停留在入门级的并列式写法，没有层次，文章平铺直叙，文字也很浅显。后来通过多读那些优秀习作，每篇只关注框架结构，整理出一些论述角度和常用架构，才有了些起色。议论文都是为当下服务的，总要映射一些社会问题。主旋律的文章很难写出真正的深度，那就看素材是否有底蕴、够新颖。我一度为自己的拾人牙慧而苦恼，现在再看，着实没必要。议论文不是适合所有人的文体，如果你像我一样并不擅长，也不喜欢它，那就纯粹地把它当成获取分数的手段。

陈幸童 匡园有怎样的阅读氛围？

李亚卿 可以说很浓厚了。吃饭排队的时候都能看到有很多同学在捧着书看。如果你去翻小书屋的借阅册，可以发现大家的偏好真是千奇百怪，还会互相推荐，互换看法，有时还会引发一波对人生、宇宙的思考。林语堂的《风声鹤唳》，就引发了我们对于战争、佛教、爱情、阶级等各种问题的思考。

仇胤郦 读书对您的学习生活有哪些帮助？对未来人生道路的选择有什么影响？

李亚卿 一个是放松身心，阅读可以把我们带到另一个世界，也让我们单调的生活丰富多彩一点；还有就是增加阅历，我一直希望做一个善解人意的人，而阅读让我走进形形色色的人的生活，走进他们的内心，也让我对这个世界多了一份体谅。对未来的影响，阅读只能说是间接的，通过向我展示一个个独特有趣的灵魂，来引导我。

4. 思考当为利刃

（季悦宁）

季悦宁简介

2022 届匡园毕业生，现就读于南京大学。曾有幸于美好的高中三年与匡园君相识、相知、相伴。爱好良书，崇尚理性与逻辑，热爱人性与温度。

寄语匡园

希望学弟学妹们能徜徉书海，拥有独属于自己的匡园阅读记忆，并与书籍、文字、思考建立一生的友谊。

访谈成员　夏　天　刘杨钦傲
指导老师　朱正忠

夏　天　在匡园的阅读学习中，学姐对哪一本书的印象最深刻？能否介绍一下？

季悦宁　印象最深刻的是高三下学期读的《献给阿尔吉侬的花束》。它讲的是我们个人一生的缩影，我们每个人从童年飞速成长到青壮年，然后再急速萎缩回少了关爱、智商也会衰退的老年。这期间我们会遇到形形色色的人，他们跟我们的关系会多种多样。但我们回头的时候可能会发现，当我们失去一切的时候，我们可能拥有一切。当我们聪慧的时候，我们也许会发觉人性深处的恶劣。

夏　天　那请问这本书对您今后的人生有着怎样的引领作用呢？

季悦宁　我觉得主要是两个方面：一方面是对我价值观的塑造产生了比较大的影响，因为我是一个文学素养不太好的女生，以前读散文类书籍，我的内心不会激起很大的波澜，但是这本书中提出，如果缺失了人性的引导，科技将趋向何方？从书中能解读到人性的各个方面警示我们在当下的生活中一定要牢记什么才是真正重要的东西。另一方面是影响了我的专业选择。这本书坚定了我学习人工智能的决心，希望我能为人工智能发展添上一份力。

刘杨钦儆 学姐印象最深的是哪一本书中的哪一句名言？

季悦宁 《献给阿尔吉侬的花束》中，有一句话说：“如果没有人性情感的调和，智慧和教育根本毫无价值。”

刘杨钦儆 您对我们应该阅读的书目类型有什么推荐吗？

季悦宁 每个人的情况不同，那么适合他的书目也不相同。我可以给出一个整体的建议。首先，高一高二的时候一定要多涉猎，多“悦读”，目的就是确定我们的阅读主阵地。接下来，高二到高三要把兴趣转化为实际的分数。要在已确定的阅读主阵地方面尽力地钻进去，要从“钻家”变成“专家”。就像唐江澎校长曾经对我们说过的：“如果我们有了阅读的主阵地呢，那么就可以把‘鬼子’抓到自己的主阵地迎头痛击。”这里的“鬼子”，就相当于不同类型的作文题。这里我举一个例子，就是汤家璇学姐的例子，她一直在阅读鲁迅的书，相当于这就是她的阅读主阵地。她在选材、叙事，包括她的一些思想上都极大地受到了鲁迅先生的影响。最终她也是凭借自己在这方面的积累，在作文比赛中取得了很好的成绩；而且她自己的人生观、价值观也得到了极大的塑造。

因为我是理科生，比较偏好理科领域或者理性思维比较强的书，比如说《科学革命的结构》，还有《社会性动物》等这些思辨性比较强的书。此外，为了应试，我还针对性地阅读了我比较感兴趣的民国时代的故事。这里说一个阅读顺序，以及怎样搭建自己阅读主阵地的问题。首先，建议阅读一些史料类书籍，比如《南渡北归》；其次，可以读一些短小的散文，比如《民国风度》；最后，如果还不能很好地形成自己的思维逻辑链，还可以读一些感悟性散文，比如资中筠先生的《士人风骨》。这都是我在高三的时候给自己搭建的一个“素材积累库”。我们在写作文的时候还要注意自己的语言，所以我选择叶嘉莹先生的诗词类书籍来帮助自己润色文字。总之呢，要以兴趣为导向，适合自己的就是最好的。还要补充一点：只要我们有心，什么东西都可以阅读。我们班有个同学，他读物理书就能写出非常漂亮的文章。我至今印象深刻，就是“攀登者与成功者”这个作文题，要论述攀登者与成功者的辩证关系。这个同学全篇的用例都是量子力学从萌发到后来发展壮大这个过程中的攀登者与成功者，写得非常精彩。所以说我们不能拘泥于某些书本，生活中也有很多值得阅读的东西。

刘杨钦傲 都说“不动笔墨不读书”，那么关于阅读时的摘抄、批注等方面，学姐有什么好的建议吗？

季悦宁 拿到一本书后，我会把我喜欢的先从头到尾看一遍，我不喜欢边看边做批注，也不喜欢边看边摘抄。第一遍主要是略读，如果我觉得它有价值我会再读。再看一遍的时候我就会摘抄和批注。不要让批注和摘抄成为阅读时的一个枷锁。一定要记住，当觉得它有益的时候再去做，而不是为了完成语文老师的任务。有的时候，能真正有所领悟的地方，不需要去抄写也能记住。然后说说关于摘抄和批注的一个技巧吧。我高一和高二的时候按照老师的要求先抄下来，再做点评，这样的方式用得还蛮多的。但是到了高三，我发现这都没有用，因为我觉得那都不是我自己的思想。所以，我就把它们全部封存了起来，重新用了一个本子。其实唐江澎校长在给我们上作文课的时候曾经说过：“什么时候能真正地记住，真正使它内化于自己的思想呢？就是能够不看原文自己把它组织成一段话，自己把它构成一段文字写下来。”这样的话相当于把两个步骤融合在一起，形成了自己一个小小的思维片段。我觉得这可能是一个比较合适的方式，而且不用带着很强的目的性。我高二的时候非常痛苦，因为每次做完一段摘抄都必须要做点评。而当我采用一种随性的方式之后，就发现它们在潜移默化之中都“住”在自己的脑子里了。

刘杨钦傲 匡园为我们设立的三年600万字的阅读目标，学姐是否达成了呢？每周的阅读需要达到多少小时呢？

季悦宁 这个目标我觉得每一个省锡中人都应该是达成了的。当真正投入阅读世界中就会发现，阅读是一种非常自然的流动的过程，而不是一个数据化的量化的过程。我觉得省锡中给我们设立的只是一个底线目标，当我们真正投入进去的时候我们都会忘记这个目标。

夏　天 匡园致力于培养终身阅读者，在您看来阅读的意义和价值在哪里？

季悦宁 唐江澎校长提出“要做负责任的表达者”，我还想加一个自己的观点，我们要做有深度的思考者，能将别人的思想和知识内化为自己的东西，以写作文或者日记的形式呈现，搭建起自己的思维框架，不再人云亦云。这就是我们作为个体在思考。做负责任的表达者，首先要弄清楚对谁负责任——对自己的思想负责任，对不同的场合的受众负责任。所以我们要有目标意识，并且用得体的语言进行最精准的表述。阅读的意义和价值首先在于摄入，然后合成自己的价值和思维，再以恰当的形式输出，这是一套完整的闭环体系。

5. 心有猛虎，细嗅蔷薇

（姜涵）

姜涵简介

2022届匡园毕业生，现就读于江西财经大学。喜欢用阅读与音乐填充自己的课余时间。在高中阶段，曾获“苏嘉奖学金”和“校级优秀学生奖”。

寄语匡园

回望高中三年，我仍对省锡中的育人理念心怀感激。“终身阅读者”活动让我明白，阅读不应过度地与功利挂钩；相反，纯粹的阅读更应关注自我的成长，而非只汲取单薄的文字。愿学弟学妹们能够沉下心，多在图书馆、小书屋寻找自己的书中天地。

访谈成员 王 硕 席佳琳
指导老师 成惠芳

王 硕 学长平时喜欢读什么类型的书？并请谈谈原因。

姜 涵 对我而言，小说是我最喜欢的文体。抛去纪传那般的严格冷静、散文那般的抒情，它总是能以或繁复或简略的笔调为世人呈现出独特的故事，字里行间总是体现着作者对外事外物的观察与思考。再有一点，阅读小说让我有很强的“沉浸感”，小说中的故事极易引发我的共情。纵使故事设定在我不曾生活的时代，我也能在文字间感受人物的情感起伏，体悟一个时代的兴衰与浮沉。

王 硕 学长最喜欢的作者和最喜欢的书分别是什么呢？

姜 涵 我最喜欢的作者是钱锺书，而最爱的作品自然是《围城》。《围城》，一部刻画了抗战初期知识分子群像的作品，是中国现代文学史上一部风格独特的讽刺小说。书评家夏志清先生认为小说《围城》是中国近代文学中最有趣、最用心经营的小说，可能是最伟大的一部。作为一部优秀的小说，除了各具特色的人物语言之外，作者的叙述文字也透着机智与幽默。阅读幽默的小说，本身便是一种心灵的放松。

《围城》一书是钱锺书“锱铢积累”而写成的，小说没有明确的故事线索，只是一些由作者的见识和经历“拼凑”成的琐碎情节。因此，读《围城》不能像读一般小说那样只注重情节而忽视人物语言，倘若忽视其生动的人物语言，《围城》也就失去了其存在的意义。

王 硕 为了让同学们在繁忙的高中学习生活中有充分的时间阅读，学校采取了一系列措施，您对此有什么感触？学长有没有独特的匡园读书故事要分享呢？

姜 涵 尽管高中的学习任务繁重，但我们总能在题海之外寻得阅读之乐。不像一般学校的图书馆将众多藏书束之高阁，省锡中给每个班级的小书屋都配备了大量的图书，供同学们在课间、午休，抑或是周末的小憩时分阅读片刻。好书就在我们的手边。若是不够，学校的图书馆大门始终为大家敞开。无论想阅读何种类型的图书，都能找到适合自己的那一本。

记得有一天，同桌叫我去吃饭，我因为读书太入迷，随口答道：“吃过了!”他看着我入神地翻阅着《红与黑》，突然在一边哈哈大笑起来，弄得我一头雾水，真怕他吵到了于连和玛格丽特的悄悄话。我抬眼，看着他，他一边抹着眼角的泪花，一边说：“姜涵啊姜涵，你可真是对我太敷衍了！刚下课，你怎么可能吃过了呢?”我一本正经地答道：“书是我们的精神食粮，我正读得兴起，怎么能不算是吃饱了呢?”

王　硕　唐江澎校长鼓励我们成为“终身阅读者”“负责任的表达者”。请问学长对于这句话有怎样的理解呢?

姜　涵　在省锡中的三年，“终身阅读者”是我孜孜不倦追求的目标。于我而言，终身阅读的前提是兴趣。倘若阅读是功利化的、以追求分数为执念的，我们必然不能在阅读的道路上走得远。“终身阅读”与“负责任地表达”也是相辅相成的，阅读的最终目的是向外界负责任地表达我们的声音。阅读有所思，我们便会有话可说。而省锡中一直致力于培养我们对于阅读的兴趣与能力，教我们会阅读、会表达，在社会生活中发出属于年轻人的声音。

席佳琳　阅读贵在坚持，想必您是一位读书方面的“饕餮客”，您有没有什么建议和技巧想要送给学弟学妹们呢?

姜　涵　阅读贵在坚持。它并不一定需要我们花费大段时间。相反，只要你有闲暇时间，都可以投身于书的世界。在阅读时，也不能走马观花，否则，只有阅读量的增加，却没有质的积累。因此，适当的批注与笔记必不可少。名言警句、哲理片段，相信记录下的内容既利于提升我们自身的写作能力，又对我们人生的成长大有裨益。

6. 半学修心半读书

（吕笑涵）

吕笑涵简介

2022 届匡园毕业生，现就读于南京大学。流连于省锡中的锦绣文章，痴爱匡园的含情纸墨，爱阅读现当代文学作品。曾创办“五星微社团”，参与《红楼梦》研究，参演《雷雨》话剧。

寄语匡园

读海量的书，看各色的事，有清醒的头脑和清晰的认知，故成为生命旺盛、精神高贵、情感丰满、智慧卓越的人。愿我省锡中，桃李益荣，开创伟业，浩海扬帆。

访谈成员　娄陌远　宣楮墨
指导老师　徐　勤

娄陌远　高尔基曾说过：“书籍是人类进步的阶梯!”培根也曾说：“读史使人明智，读诗使人灵秀，数学使人周密，科学使人深刻，伦理使人庄重，逻辑修辞使人善辩。”那么对您来说，读书对您的生活具有怎样的意义呢?

吕笑涵　我以前很认同一句话，叫作“书中自有黄金屋，书中自有颜如玉”。在这句话的影响之下，我曾经一度把赚钱当作读书的意义。虽然读书的功利性价值不可否认，但是我们也应该最大程度地打开我们的格局，就像我们唐江澎校长曾经说过的：“一个人的精神发展史，就是他的阅读史。”读书，对于生活来说，应该是一种获取智慧、精神成长的过程。在阅读的过程中，我发现知识的范围是无限的，不由得会对知识保持谦卑的态度，对书中的智慧充满敬畏，我愿意去涉猎更广泛的领域，博观约取，厚积薄发，而不是局限于自己狭小的一方文学领域。

同时，阅读对我的生活成长具有指导作用，我记忆最深的高二的《史记》研读课，我们通过阅读从黄帝到汉武帝跨越千年的历史事件和人物，从个体的成败中反省、升华自己。正如罗翔老师所说的："追寻先贤的脚步，彰显人性的光辉。"换句话说，阅读终身有益，阅读丰富我们的人生阅历，使我们在人生的十字路口面对与书中相似的难题时，可以借鉴前人的经验，做出正确的抉择。也有鉴往知来的意义吧！

娄陌远 书有可浅尝者，有可吞食者，少数则需咀嚼消化。那么您认为，对哪些文本应当精读，对哪些文本应当略读呢？

吕笑涵 书可浅尝、吞食者，我认为这里的书其实是指一些通俗的文学，像小说、戏剧，还有一些大众科普类的书籍，它们是可以扩大阅读量和知识面的作品，对于这些书籍当然是推荐速读或者略读的方式，通过目录迅速找到自己需求的部分，精准定位获取信息。

还有一些有一定深度、能提高思维高度的作品，比如林清玄、汪曾祺的作品，我觉得是应该细细咀嚼和消化的。省锡中为大家精读提供了很多机会，像我们学校成立的《红楼梦》研究社团，在沈晓萍老师的指导下，社员们选择课题研究交流，像我选择的就是有关色彩的课题。从神话架构、人物塑造、文字风格到饮食建筑都可以细细品读，并且收获很多。

宣楮墨 我们进入高中后，时间想必也比较紧张，要如何合理利用空隙时间进行阅读呢？

吕笑涵 对，我们高中时间确实很紧张，大部分时间会花在功课上，因此只能利用碎片化的时间进行阅读。学弟们提到的董遇读书靠"三余"，当然也适用于我们高中生身上：一日之余——晚自习结束、熄灯之前，是我们与室友一起阅读的好机会；平日之余——每周三次的中午阅读时间；一年之余当然是寒暑假和节假日了，假期的每次旅行途中也适合沉浸式阅读。另外，我们学校还会举办"妈妈的书柜"这种亲子阅读活动以及最豪华的语文课——"美文金声"，这些都是很值得期待的。

娄陌远 您平时阅读有摘抄、做札记之类的习惯吗？您认为摘抄对于语文成绩的提高有哪些方面的帮助呢？

吕笑涵 在语文老师的指导下，我从高一就有摘抄的习惯，对我来说，阅读、摘抄、分类化用三个步骤是我固定的阅读方式。第一，可能因为我阅读速度比较慢，阅读对我而言就是一个被动接受文字信息的过程，读完后大概就只能回忆起大体的故事情节和全貌，而摘抄下的是作品中的精华、优美的文字、隐藏在故事情节之中的深奥的思想，摘抄在本子上给了我一种知识被沉淀的安全感。第二，可以提高我的阅读能力，通过对一些难以理解或者相对枯燥的书籍进行摘抄，可以梳理总结并降低阅读难度，从而促进我的阅读。

但是单纯的摘抄而不回顾是低效的，我更倾向于摘抄、理解并写下自己的观点，最后分类整理，标上以后可能用得上的知识点和关键词，以便日后写作的时候可以化用。我一般将摘抄分为三个大类：文辞、思想，还有红色专题。这样对写作的文字和深度会有帮助。

宣楮墨 唐江澎校长强调，我们要成为终身阅读者、负责任的表达者。对此，学校采取了哪些有利于同学们阅读的举措呢？

吕笑涵 提到“终身阅读者”，不得不说省锡中的阅读氛围十分浓厚。高一为同学们定下了三年600万字的目标，课外书早就在教室里“合法化”，每个班级都配备了袖珍图书馆，大到像《康熙字典》《辞海》等工具书，小到各类诗歌、散文、小说，涉及美、史、哲的书都很丰富。图书馆底层设置了浅阅读大厅，此外，还建立了典藏馆、百年母语教材展藏馆、国学馆、西学馆等阅读研究场所，让同学们遨游于书的世界。整个高二最令我难忘的就是南大-锡中的双高课程，徐兴无教授讲授《论语》《孟子》，苗怀明教授又带我们走进了“大观园”，我们的阅读不拘泥于考试，而是因花式作业而妙趣横生。不得不提的还有话剧《雷雨》，这一延续了十几年的节目，我也曾参演了四凤这个角色，每位同学都有机会深入阅读《雷雨》这部作品，深入人物内心，贴近角色，感悟经典。

最后，说到“负责任的表达者”，我首先想到的是辩论比赛。在辩论的交锋中，选手们带我们走进了不一样的阅读课，他们不是照本宣科，而是能关照到我们这些倾听者。针对“网络使人亲近或疏远”这一话题，他们深思熟虑，滔滔不绝，对我产生了非常大的影响，让我想通过阅读追随辩手们的脚步，通过大量的阅读思考和有伦理的表达，成为有缜密思维、严谨逻辑、有风度、有修养的负责任的表达者。

娄陌远 很多高一的学生，他们本身其实还是像您刚才所讲的那样，想着“书中自有千钟粟”，保持着一种功利性的思想去对待读书。那么为了应对高考，您对学弟学妹们的阅读有何建议呢？

吕笑涵 我想先提一下阅读对高考至少有两个方面的帮助。第一是理解能力。我认为可以选择有深度的文字，如果阅读时不理解的话，可以搭配它的解读书籍一起使用效果更好，像我研读的《红楼梦》，可以与白先勇的《细说红楼》、张爱玲的《红楼梦魇》一起阅读。第二是写作能力。我们要面对高考，所以要在阅读中有意识地积累素材，做好摘抄。一个简单的方法就是选购《作文素材》和《作文独唱团》这类杂志。但是我认为“师傅领进门，修行靠个人”，杂志上的素材只能算是一个引领者，介绍得比较简单，因此，如果读到自己感兴趣但篇幅较短的素材，可以去阅读相关的更深入的书籍。人物传记类的书籍也是很推荐的。

宣楮墨 写作也是高考语文中很重要的一部分，都说阅读和写作相通，您觉得应该怎样建立起它们之间的联系呢？

吕笑涵 阅读和写作是中学语文的主要构成，我们唯有在海量阅读积累的基础上，将我们得到的一些零散的知识整合，有一定的知识储备量才能形成脑中素材库，并且锻炼出强大的思维能力和认知能力，写出好作文。基础方法就是阅读的时候摘抄，并且批注自己的观点，写下一个片段，锻炼“阅读写作一体化”的能力。

7. 读书三境界

（孟津竹）

孟津竹简介

2022届匡园毕业生，现就读于浙江大学。喜欢鉴赏电影，研究影评，寻找美食，也比较擅长中国画。当然，同样热爱阅读，喜欢的作者中外皆有，不仅有菲茨杰拉德、村上春树，还有严歌苓、张佳玮、葛亮等。其中，关于菲茨杰拉德作品的研究论文于2020年省锡中科技创新节中获得了二等奖。

寄语匡园

离开匡园不过短短数月，我的心中却总是泛起对高中岁月的怀念。怀念课间在匡园书屋挑选书的时光，怀念参加的南大教授的关于《红楼梦》的讲座……可以说，匡园作为我的母校，令我终生难忘。而我希望新入匡园的学弟学妹们，好好珍惜在匡园求学的三年光阴，体悟到匡园流传的人文底蕴和人文情怀，领略到我们作为一个匡园人的欣喜与骄傲。

访谈成员　韩晓航　郑辰凌
指导老师　李雪娇

韩晓航　阅读是成为“优雅生活者”的重要一环，在匡园的这三年，哪一次阅读体验让您感触最深？

孟津竹　在高二的时候，我们学校组织心理剧汇演，包括剧本、导演全都是由我们自己来。剧本创作的灵感来源于电影《无问西东》，我们把心理剧的框架限定在文人的风骨上，文化背景和西南联大结合。我们当时一起看了很多跟西南联大相关的作品，我印象最深的是汪曾祺写的《我在西南联大的日子》。书中给我印象特别深的，比如说女学生啃着萝卜和青菜谈论哲学理想，还有一个男生放弃避难，安心煮冰糖莲子，我觉得这是很典型的，即使在战火纷飞的岁月里，也很有一种文人意气的风度。我们学校也是一所很有人文底蕴和文化气息的学校，所以这本书就让我更加深刻地体会到了文人的风骨。

韩晓航 这次经历如何影响了您在高中的时光？

孟津竹 当下是快节奏的社会，这种书卷气能够让我们静下心，沉下心，去品味古典名著的美好。比如说高一的时候全校统一读《红楼梦》，我以前没办法静下心去看《红楼梦》，但是在学校第一次体会到了古典文学中的精妙。我们的教材上有一节课专门讲《红楼梦》里林黛玉初进贾府，那是我第一次沉下心来跟着语文老师去慢慢体会和领悟它的字字珠玑。在这种情况下，我们会更主动地去阅读古代的经典著作，从而更加深入地领会到我们中国古典文化的精粹。

郑辰凌 与书为伴，我一直觉得这是我们生命里安静美好的体验，那听您说了这段经历后，我不由得要问一问，有没有哪本书像这种经历一样，给您留下了深刻的印象？

孟津竹 给我印象最深的是沈复的《浮生六记》，那一版是张佳玮翻译的，比起市面上流传的其他版本，会更倾向于我们无锡的语言方式和腔调，带有我们这边比较柔和的色彩。这本书描绘了一种很理想的宁静状态，这也是一本关于古典传统文化的书，很好地表现了古代文人的书卷气。

韩晓航 我们有一句俗话说，读书贵在精。您是怎样选书的？

孟津竹 张佳玮在他的作品《代表作与被代表作》里面有一句话我个人非常欣赏："好的作家就像窗口，通向其他的作者。"他在书里面提到的一个观点是，如果你有一个很喜欢的作者，可以去读他的随笔、杂感，看看在他的作品里，他提到了哪些其他的作品，然后就顺着他的读书轨迹去寻找你喜欢的作者，因为你们的阅读品位可能会很相似，你的阅读品位也可能会得到提升。

韩晓航 那您有没有什么具体的读物推荐给我们高一新生？

孟津竹 我个人比较推荐严歌苓的作品。我最喜欢的是《芳华》，还有菲茨杰拉德的作品《夜色温柔》《了不起的盖茨比》，还有加缪的《局外人》。严歌苓以前当过军人，现在又在海外，她的作品详细地刻画了个人的成长史，对我们的成长是非常有启示意义的。而且她的作品有一些海外背景，也可以方便我们更加理解华人在海外的处境。菲茨杰拉德的作品阐释的是“美国梦”，比较详细地描绘了美国爵士时代社会的风貌和背景，让我们可以更好地了解美国在二十世纪二十年代左右的一些时代风貌，让我们对外国文化有更加深刻的理解。加缪的作品我个人读的不是太多，但是他的作品比较深刻，《局外人》可以让我们更加深刻地反思在现代社会和过去社会中的一些荒谬之处，让我们对社会性新闻能够产生更具批判性的思维。

郑辰凌　我们穷其一生都看不完世界上的好书，仅仅是您刚刚推荐的几本书就可以让我们研究很久了。“工欲善其事，必先利其器”，所以我们必须要有更好的读书方法。在读书方法上面，您有与我们分享的吗？

孟津竹　高三时，因为贪图方便，我下载了一些摘抄句子的App，对一些名言名句进行简洁但有些断章取义式解读的摘抄，但是我觉得读书还是要读整本书才能够对内容有更加深刻的理解。在真正读书之后，个人的摘抄和感悟才更加有深度。

郑辰凌　您通常习惯于在读书的过程中来写摘抄感悟，还是先把书读完，然后对整本书的内容进行摘抄感悟？

孟津竹　我个人习惯边读边摘抄，因为阅读时，文章脉络、情节，作者或者主人公抒发的情感，你的共情能力是更强的，如果你完整读完这本书之后再回来把句子单独摘抄下来，内心的个人感受会被冲淡很多，很难有深刻的体会，对它的理解也大打折扣。

韩晓航　在初中时，我们就听说了“匡园书屋”这个温暖的名词，您能给我们分享一下它的前世今生吗？

孟津竹　我进高中的时候班级统一组织去图书馆搬书，班主任跟我们讲，这是我们学校的传统，这批学校图书馆里借的书会陪伴我们从高一到高三，无论换到哪个教室，这些书都会一直陪伴着我们。我觉得这样的传统体现了学校的人文关怀。

韩晓航　平常去书屋读书的打开方式在您眼中是什么样的？能不能给

我们先预告一下?

孟津竹 我们班是文科班，有一些饱览群书的男生，他们去的次数是我自愧不如的。我们班的书屋由图书管理员统一管理，借书、还书都要经过图书管理员。高二时我们班每到下课，在小书屋的图书角，就会围着非常多的同学。有人刚刚读完返还，跟身边的朋友说这本书很好看，然后大家一起探讨。我觉得这是充分利用了图书角的存在价值。

郑辰凌 这样的书屋真的让人很期待，书的海洋也必将成为我们新的远方。有人说，高考就像千军万马过独木桥。关于协调学业与读书之间的关系，学姐，您有什么想法可以跟我们聊一聊吗?

孟津竹 读书是对于我们终生有益的灵魂上的学习。我们不应该贪图为了高考取得好成绩的短期读书，而忽略了读书在我们整个人生深度拓展上的作用。我个人在初中读书很少，只读一些名著，以休闲娱乐为阅读目的。而上了高中以后，身边同学都非常爱读书，我有一个同学，她今年考上了南京大学，她在初中时一年的阅读量可以达到300多本书。在这种崇尚阅读的大环境下，我整个人都熏陶在书香中，不由自主地开始阅读。

在不同阶段，读书对于我们的意义是有区别的。高一、高二的阅读是我们文化积累的一个过程，高三阅读也是要继续的，但高三功利性更多一点，因为我们要面对高考作文的写作。高三的阅读大多是服务于议论文的，不是纯粹说理，也要调动你丰富的文化知识储备，就比如说论证观点的时候，可以引用列夫·托尔斯泰、菲茨杰拉德、加缪等的名言，他们的观点会增加文章的丰富性。所以我们高三时阅读更加侧重于积累名人名言和议论文素材，比较功利化，但是这并不意味着我们高三的阅读就被彻底抹去了人文色彩。在高一、高二的时候，虽然更倾向于文化积累和文化素养的培养，但它也要服从于写作。高三我们也不能纯粹地只读学校订的《作文素材》《作文独唱团》，也要有针对性地进行其他图书的阅读，这样才能对文学有更深入的理解。

8. 一切都是最好的安排

（刘以恒）

刘以恒简介

2022届匡园毕业生，现就读于华南理工大学。喜欢摄影与绘画。

寄语匡园

省锡中是一所很漂亮的学校，一个很优秀的平台，它创造了很多相遇，容纳了很多故事。在这里，有青春独特的喜怒哀乐，有一届又一届学生的成长。匡园送走了我们，又迎来了你们。你们的高中，也许最初茫然困顿，也许中途还有流泪悲伤，也许结局未必圆满，但我相信最终你们会爱省锡中，爱它带来的笑声，也爱它赠予的眼泪，爱它点点滴滴的细腻美好，也爱它恰到好处的热闹盛大。最后，记得去感受和品味吧，这里有青春最好的样子。

访谈成员　花亦阳　姚闳杰
指导老师　常　翠

花亦阳　学姐在高中时代都读过哪些书？能给我们介绍一下吗？

刘以恒　我看过的书还是挺多挺杂的，小说、散文、诗歌我都看过，我稍微说几本：余华的《活着》、泰戈尔的《飞鸟集》、刘慈欣的《三体》，它们都是很不错的书。我们每周都会安排阅读时间，我会在这时读这些我喜欢的书。

姚闳杰　那有没有哪一本书让您印象极为深刻？

刘以恒　我觉得是麦家的《人生海海》。这本书是麦家封笔八年之后的首部长篇之作。麦家是当代的作家、编剧，现在已经快六十岁了，是我们江浙一带的人。他之前写过《解密》《暗算》《风声》等小说。他的小说是以战争、军事和生活为主的，毕竟他是军校毕业的，应该是有切身体会的。这本《人生海海》自然也不例外，它主要讲的是一位上校的传奇故事，时间线很长。

姚闵杰　那学姐认为这本书的现实意义是什么？

刘以恒　我觉得这本书最大的意义在于真实地刻画了生于战争年代的人的一生，让我们对人生有了更深入的思考：我们究竟应该怎样度过这一生？是应当不断救赎自己，还是自甘堕落，抑或是向前进发、奋勇拼搏？这本书其实也给了我们答案：不放弃！

花亦阳　我觉得学姐说得挺好的，我们活着是要让自己变得有价值，价值从拼搏中而来！

姚闵杰　学姐您还有什么推荐的书吗？我们挺好奇的。

刘以恒　我再推荐一下祝勇的故宫系列的书。这个系列是很不错的，里面有《故宫的古物之美》《故宫的书法风流》等著作，从多个角度为我们展现了故宫的悠久历史和极高的文化价值，同时也让我们领略到了故宫文物之珍贵和精美。一段尘封的历史再次被唤醒，历史的沉吟在这里可以被听见。他有一句话我挺喜欢的："每个人心中都有无法向他人展现的角落、无法诉说的痛楚，皇帝也不例外，甚至皇帝的孤独更加深刻。"这句话说明了一个道理：富有的人内心可能比一般人还空虚，精神上的富足是最重要的。

花亦阳　在高中生活中，您会把阅读作为缓解学习压力的一种方式吗？

刘以恒　我认为高中应该是一段非常美好的时光，用心去感受生活中的美好，阅读的目的也正在于此，不仅仅是为了应对语文的阅读题和议论文写作。阅读确实带着积累素材这样一种目的性，但不能把这个目的贯穿到每次阅读当中，我们还是要在功利之外有一些真的热爱和情怀吧。

姚闵杰　那么您有什么好的阅读习惯分享给我们吗？

刘以恒　阅读时带着积累素材的目的性，摘录是一个很好的习惯。我一开始基本上每一篇阅读都会有所摘录，但这种摘录不一定是长篇大论，零碎的语句占大多数。这里要注意：摘录不能仅仅为了用它，给予自己感触的、比较喜欢的都可以摘录，最好对自己摘的语句写一些读后感，这可以用来检验自己是否真的深入阅读了，也能锻炼自己的思维能力。

花亦阳 您是怎样安排自己的阅读时间的？

刘以恒 阅读是一个块状的事情，课间五分钟其实看不进去什么，中午匡园专门为我们提供了阅读时间来进行深度阅读，那个时候教室里都是轻轻的翻书声，心里也是非常宁静的。

姚闳杰 您认为阅读给您带来了怎样的收获？

刘以恒 情怀。阅读是一件特别具有感性美的过程，阅读的过程就是我们作为旁观者，看生活中的起起落落。我非常认同我的历史老师说过的一句话："只有拥有情怀的人才会学好文科。"阅读也一样，如果一个人能够一字不差将原文复述却不能理解其中的复杂情感，我觉得这也是无益的。所以，我们只有透过文字，看清书中人物真实的内心世界，才能体会到阅读的真谛。

2021 届匡园毕业生访谈

1. 读书万卷，以窥千古

（冯岱）

冯岱简介

2021届匡园毕业生，现就读于北京大学。对文字和电影保持朴素而简单的爱好，为了有特长曾学过古筝，目前正在学习排版设计。

寄语匡园

感谢省锡中培养了我自由思考的习惯，保护了我注视世界的稚嫩目光。祝愿学弟学妹们能够从阅读中获得灵魂上的陪伴，勇毅前行，步履不息，踏过山川湖海，走向广阔天空。

访谈成员　甘嘉华　徐书宸　郑诗雨
指导老师　戴桂林

甘嘉华　初入匡园，我对于书籍的选择还没有明确的方向，在您丰富的三年阅读生活中，有没有哪本书让您记忆深刻，且值得推荐一读的呢？

冯　岱　我觉得史铁生的《病隙碎笔》是一个很好的选择，内容可能是比较零碎、不成体系，但其中有许多关于哲学、神学之类的思考。我认为这本书是史铁生把他的思想碎片组装起来的过程。我其实是利用整个高中时期零零碎碎的时间读下来的，可能是自己想到时就捧起书读一段，过一段时间再读时便会有不一样的感受，不断试图去理解它。这其中最让我震撼的是它关于信仰的很多问题，其他是有关社会、爱情、自我、他人的问题，内容覆盖面很广，读起来收获颇丰。

甘嘉华 您在阅读方面可以给我们哪些建议呢？

冯　岱 首先要做读书笔记，而且不能仅仅是摘抄之类的，最好是要在摘抄的同时写一写自己的感想。尤其是那种思维性比较强的书，完全可以自己整理出一个思维导图，这样自己以后在重新阅读这本书时逻辑性可能会更强一点。尤其是高一、高二时可以不带功利性地读书，尽量多读，最重要的是一定要找到自己的兴趣和方向。

甘嘉华 学校设有书店和图书馆，十分便于读书，您获取图书的渠道是什么？这是否也给予过您独特的经历和感受呢？

冯　岱 获取图书的渠道主要还是学校的书店和班级小书屋中的“小图书馆”。独特的经历是：在高二暑假留校期间，学业稍微空闲，可以抛弃功利性去读一些自己喜欢的书，会有一种很完整、很快乐的阅读体验。那时候读的主要还是小说。高二接近放寒假的那段时间我读了一些长篇小说，例如《日瓦戈医生》《三体》等。后来暑假留校期间我又读了一些小册子，像《局外人》、杜拉斯的《情人》等。我感觉这种小书给人的感触是长久性的，可能一次性无法完整地去理解它，但通读完一整本书的感觉还是很爽快的，之后读到相关的书籍时再回去看的话还会有更深的理解。

甘嘉华 您更喜欢读哪一类型的书，这些书对您学语文有什么帮助？

冯　岱 其实我读的书很杂，历史类的多一点。历史类书籍可以帮助我从更宏观的角度去切入、去理解社会，以前我可能多读一些传记类图书，后来慢慢就明白了历史其实还是社会群体的累积，我们其实都身处在历史之中，逐渐地，读历史这一类的书就变成了读规律的演变。

甘嘉华 高中的阅读生活对您的大学生活是否仍有影响呢？又给予了您怎样的帮助呢？

冯　岱 最大的帮助可能还是在读书方法上。就像之前说的一样，思维性比较强的书，我习惯自己列一张思维导图。到了大学，老师会要求我们阅读更多专业性很强的书。阅读这些书，我觉得就更需要用这种方法，这样，在写读书报告或者小组讨论的时候会方便不少。读书时自己通读一遍，同时做好笔记，做好摘录，做好自己整体的逻辑梳理，写报告的时候会更加容易。

甘嘉华 省锡中一直致力于将阅读贯彻到学生生活的方方面面，也举行过很多有关阅读的活动，其中让您印象最为深刻的是哪一次？

冯　岱 我不知道让我印象深刻的算不算是阅读活动，我记得最牢的就是2020年春季疫情期间在家上网课的时候，每周都会阅读和疫情相关的文本，会读读老师推荐的几本书、几篇时评，然后自己再写一些感想。那时候我感受最深的就是学校所鼓励的阅读，不是我们自己去孤立地闭门造车，而是要联系社会。当时无论是针对疫情的一些作品，还是有关救灾抗疫的一些文章选段，都是跟当时的社会热点密切相关的。

甘嘉华 您更倾向于独立阅读不同的书，还是小组集体阅读同一本书？这种方式给予了您什么样的收获与感受？

冯　岱 我更倾向于小组集体阅读。高中的时候我们就经常几个人在同一时间段看一本书，大家看完之后互相交流感想，会有很多不同的启发。后来到了大学，以小组合作形式完成的一些作业，更需要大家同读一本书共同探讨交流。这样可以从不同的角度、不同的学科领域去理解，在跟别人的讨论之中可以了解到他人的阅读经历。他人的阅读经历也能够帮助自己去串联其他书目的阅读。

甘嘉华 对于现在的学弟学妹，您在阅读方面有什么建议？

冯　岱 我觉得无论高考语文是怎样的指向，在高一、高二阶段，多阅读一些思想性比较强的著作还是有必要的。当我们以后完全忘了读过的那些稀奇古怪的名词、佶屈聱牙的学说，自己的想法和认知就会显得举足轻重，最终我们自己很可能看到文字背后的精神，从而走到先贤面前，跟他的思想对话。我觉得这才是最重要的，这或许就是阅读的最高境界和最大收获，是对我们一生都有影响的事情。

甘嘉华 在与学姐的交流中，我能从一个优秀的阅读者身上感受到阅读给予人的力量和塑造出的精神魅力，希望自己也能成为像学姐一样优秀的人。

郑诗雨 在与学姐的一问一答中，我们对“阅读”这一看似简单的动词有了更加深刻与明确的认识，懂得了作为匡园学子应该读什么、如何读，我们与书有了更有深度的交流，为成为匡园优秀毕业生迈出了关键一步。

徐书宸 读书不只是为了应试，我们应该往更深层次去想，读书过程中最重要的是思考，多与别人交流，才能掌握读书技巧，进而提高阅读素养。

2. 读书，做梦，而后再读书

（孙宁婕）

孙宁婕简介

2021届匡园毕业生，现就读于南京大学。擅长无线电测向、乒乓球以及中国舞。曾获省锡中校长特别提名奖3次、南京大学优秀新生骨干等荣誉。

寄语匡园

在匡园，我开启了人生中无数个“第一次”，匡园的鼓励式教育又激励我将“第一次”转化为“无限次”。次数不限，所能达到的边际亦不设限。乐群湖水悠悠而常在，匡园孕育的英才一代又一代。愿学弟学妹们不负韶华，在匡园打好一生中精神的底色。

访谈成员　孙星瑜　徐响桐　王　铎
指导老师　顾黎艳　顾晓峰

王　铎　高中课业繁忙，时间紧张，学姐是如何安排时间来完成600万字的阅读目标的呢？

孙宁婕　我自己其实没有什么读书计划，想读的时候就读。一般来说，我会在寒暑假完成学校推荐阅读或者规定阅读的书目。平时我就会挑一些自己感兴趣或者任课老师扩充的书目进行阅读，基本上集中在中午的时间。此外，课间我也会在小书屋借书看。

王　铎　在您的匡园阅读记忆中还有哪些让您感同身受或印象深刻的作品呢？

孙宁婕　我印象最深刻的肯定是《小王子》，它的中文、英文、法文版本我都有。其实，我觉得书籍是没有所谓高低贵贱之分的。比如我也很喜欢的一本书叫作《海鸥乔纳森》。它只有短短的几十页而且都是插图，这本书浅显易懂，从一年级小学生到大学生都可以读。它讲了一只不同寻常的海鸥乔纳森与其他海鸥之间发生的故事。其他海鸥只是把飞翔当作生存的工具，但乔纳森能发现其中的乐趣，并把飞翔作为海鸥的使命。这本书讲述了一个很寻常但很多人可能会忽视的道理，却格外鼓舞我。这本书和《小王子》一样不仅仅是童话，乔纳森也可以是我们生活中一些普通人的写照，日复一日地坚持，最后成为“海鸥之神”。

王　铎　作为高一新生，我们最近正在参加名家讲座、现代诗朗诵等语文活动，在您的匡园记忆中，您是否参加过类似的活动？

孙宁婕　我参加了班里的诗朗诵选拔，虽然因为大会的时间跟竞选“市长”（省锡中的校园活动）的时间相冲突，没有参加到最后，但班里很多同学都在这次活动的筹备中收获颇丰。朗诵需要感情，表现感情的基础是对作者所表达的内容的充分理解。之后的《雷雨》话剧表演、辩论赛等都需要阅读的积淀，对阅读量的需求也直接促使我们更频繁地阅读。《雷雨》的成功演绎是集体细读和精读的结果。我当时作为我班的总导演，解读剧本时不仅仅需要充分领略作者想要表达的内涵，把舞台上的戏剧冲突、矛盾展现出来，更需要有自己独到的见解，这的的确确有些挑战。

王　铎　除了书籍与上述活动，您还有哪些阅读的方式？

孙宁婕　有条件的情况下，泛阅读也是一种很好的方式，“家事国事天下事，事事关心”，紧跟社会新闻和国际新局势。更重要的是对具体事件有自己的思考，这种思考最好能成文，去一层一层剖析事件发生的根本原因，去分析它的影响。

王　铎　俗话说能活学活用才是自己的。学姐读了这么多，怎么把它们转化成自己的呢？

孙宁婕　根据老师以及唐江澎校长之前推荐过的方法，我建议读过一遍原文后把它转化为自己的文字写下来，一小段一小段地积累。大家有想法的时候一定要及时产出。我们班有一个男生，我认为他是我们班最有哲思的人，他看了非常多的书，有好几个专门的本子记录感悟，从不间断地写。我不清楚这些是否对他的作文有帮助，但是对于他整个人生来说，肯定是大有裨益的。

王　铎　您觉得在阅读过程中，阅读、思考、交流三者之间的关系是怎样的？

孙宁婕　这是一个闭环。阅读就有了输入，这促使我们去思考，思考之后会形成一种观点，或者说作为自己观点的一种支撑；接着自己又输出，也就是交流；在人和人的交流过程中，又会产生新的疑惑或者受他人启发，这又促使自己继续阅读去寻找答案、去印证观点……我认为书中内容正是在这样一个闭环中真正被吸收，潜移默化地成为自己的财富。

王　铎　高中和初中语文的学习，很大的不同在于阅读的拓展，这种改变在您的阅读过程中有什么体现吗？

孙宁婕　对我个人来说其实没有很大差异，但相比初中，高中的书籍选择会有一点点限制。这种限制反而能促使我们去细读与精读。正如唐江澎校长所说“打造自己的阅读根据地”，可以选择自己擅长的领域，就好比有的人偏爱诗人，他就能读《苏东坡传》，读李白，读杜甫，从作品出发再到作者本人，不断积累素材，从而拥有自己熟悉的一张素材网络。

王　铎　我的语文老师说过：“阅读需要广泛的讨论，才能加深思维的广度。”在三年匡园的阅读记忆中，您是否有过和老师同学共同阅读、互相讨论的经历？这对您有什么影响呢？

孙宁婕　印象最深刻的应该是疫情期间在家上网课的时候，成惠芳老师正在教博尔赫斯的《交叉小径的花园》，我预习它时一下子来了精神，整个故事很神秘，有别于我之前读过的作品类型。这篇文章有着很多种解读，就像文章题目一样，暗示了无数个交叉的点、无数种过程与结局。于是在那天课后我和成老师交流了这篇文章，从文章本身到作者，从迫切地想要找到答案到接受并享受这种开放式结局，一直谈到深夜。和老师进行交流的确能得到不同角度的见解，十分有益。

3. 流水今日，明月前身

（姜芃如）

姜芃如简介

2021届匡园毕业生，现就读于中国人民大学。向往一切温暖可爱的事物，热爱形形色色雅俗咸淡的文字，珍重每一寸可以努力的时光。喜欢用镜头记录感动，用文字解构悲欢，今时今日仍然在可能与不可能、相信与不相信之间寻找答案。

寄语匡园

期之以实，御之以终，离开之后才会格外怀念那段奔跑欢笑、飞扬恣肆的岁月。喜欢就坚持，憧憬就追寻，错过就重来，愿我们都能满怀期待，从容而坚定地走下去。

访谈成员　杨文妤　葛文妍　顾小筱
指导老师　戴桂林

杨文妤　学姐在高中生活中是如何安排阅读时间的呢？

姜芃如　高一比较空闲的时候，一周五天有两天的午间是给语文阅读的，有时候也在自习课上阅读，假期更是可以有大把大把时间看书。高二就只有平时的零碎时间、清校周末回家和寒暑假时间用于阅读。到了高三只能利用每天晚上睡觉之前看书或平时见缝插针地看点书，也不会去阅读大部头的名著。高三的最后几个月就阅读之前看过的书籍，重温过去印象比较深的经典章节，阅读散文以及有针对性地阅读作文素材，更加偏向于那些可以快速消化的类型，不再去阅读那些情节曲折的小说之类。

葛文妍 读一本好书就像是和一个品德高尚的人谈话，而在阅读之后，我们往往需要很多时间去细细品味。请问学姐在高中的阅读经历中对哪一本书印象最深呢？

姜芃如 我刚上高中的时候，很喜欢中国古典文学，特别喜欢庄子，所以我整整一个学期看了不少和庄子有关的书。大概到了高一下学期，我看了不少小说，尤其推崇海派的叙事风格和西方一些短篇小说。后来年级里推荐《乌合之众：大众心理研究》，我又特别喜欢勒庞，看了一些勒庞的书，比如《法国大革命与革命心理学》。顺着勒庞，又对西方的一些哲学家、社会学家、文学批评家很感兴趣，看了福柯、尼采、萨义德等人的书。高中最后一段时间我看了不少自传随想，比如钱理群的《我的精神自传》，高尔泰的《寻找家园》，以及许纪霖、王元化等人的作品，还看了一些时评。所以我其实没有特别喜欢哪一本书，只是不停地在拓展边界，最喜欢的永远是正在看的一本。

顾小筱 我自己平日也有颇喜欢的作者，偶尔也会学习他们的文风，不知学姐印象最深的那位作家是谁呢？又有哪些深刻记忆呢？

姜芃如 鲁迅。我觉得鲁迅是一个比较丰富、丰满的人。首先，鲁迅先生是一个一直在出走，一直在漂泊，一直矛盾着的人。他没有精神的故乡，不会像有些文人那样深情款款地抒发自己对家乡的思念，他一直以过客般冷峻的目光在审视。在先生看来，即使是自己的故乡浙江绍兴，即使是自己笔下的鲁镇，都多多少少有浙东陋俗的缩影，比如旧文化对孔乙己、祥林嫂等人的迫害。对于他栖身、成家立业的地方也是如此，比如我们看北京看的是古都，而他看到的却是封建社会挥之不去的阴影。北京是离封建皇权最近的城市，自然受旧文化的影响也最深，先生看到了北京表面的风光繁华，所谓的“历史遗迹”下掩盖的旧时代的影子。所以说先生不管在哪儿，都寻找不到一份属于自己的归宿感，他一直在进行一种近乎自戕的挣扎选择，他的世界是冷峻的自我剖析审判，是一种岩浆一样喷薄而出的激荡，他忍受着内心巨大的“思考的痛苦”，承荷起了一个真正知识分子自省的重担。

杨文妤 在省锡中，像您一样热爱阅读的同学一定也不少吧？您高中班级里的阅读氛围怎么样呢？在同学中发生了哪些让您印象深刻的趣事呢？

姜芃如 我们高中班级阅读氛围都挺好的，大家都喜欢阅读。趣事，要数我之前在理科班的时候，我和好几个同学都特别喜欢看《红楼梦》，兴趣相投，就一起阅读，不仅仅看原著，还喜欢看各种各样的解读，阅读了白先勇、蒋勋、刘心武，还有其他各种各样对《红楼梦》的解读。那时我和我的同学就一起研究讨论，把每一回题目都记下来，用《红楼梦》里的句子来互相取笑。比如“面若中秋之月”用来说别人长胖了；我每次看到有人午睡起来头发乱糟糟，脸都睡红了，就嘲笑他“这小蹄子，衫垂带褪，有春睡捧心之遗风”；还有一个同学会学贾宝玉一样唱“滴不尽相思血泪抛红豆”，咿咿呀呀很好笑。此外林黛玉有一次说过“每日家情思睡昏昏”，我一直以为此“家”是“回家”的“家”，是林黛玉想家的意思。有一天下午有个同学很困，就站起来打了个大大的哈欠，伸了个懒腰，然后说：“每日家情思睡昏昏”，于是我仔细想了一下，这句话里的“家”应该是“价”的发音，就是一个语气词，并不是想家的意思。这本来是一件很小的事情，但对我来说像一个重大发现。我们还喜欢反复看《红楼梦》，互相提问看谁对细节更了解，比如“茄鲞怎么做”“元春点了哪几出戏”这一类的，问倒别人就很开心。

除共读《红楼梦》之外，我们还喜欢一起背诗，每天早上就拿着厚厚的一本《唐诗鉴赏辞典》看，看到有趣的就互相交流。有同学读到一句“他人骑大马，我独跨驴子”，就像发现新大陆一样说这样的诗居然也能被收进去。有些场合同学之间还会“很不应景”“断章取义”地来两句诗逗大家笑，比如考试考完了，就说“晚年惟好静，万事不关心”，比如想去吃香梅苑，就说“世事浮云何足论，不如高卧且加餐”。

杨文妤 省锡中极其注重对匡园学子在语文学习方面的培养，也有许多关于语文的活动，您参加过哪些呢？在这些活动中，您有哪些记忆犹新的经历，又有什么收获呢？

姜芃如 我每年都会参加“匡园杯”征文。有一年我们班还在诗歌朗诵会拿了第一。当时他们朗诵《春天最想起》，我觉得怎么会有人可以朗诵出这么好听的诗句，当听到“在海峡这边喊我，在海峡那边喊我”时，我热泪盈眶。

我印象最深的就是高三的时候非常荣幸地参加了“苏教国际杯”中学生阅读与写作大赛（以下简称“苏教国际杯”作文大赛）。唐江澎校长是那次比赛的评委之一，后来他给高三年级开了一堂课，专门评讲了这次比赛的作文题——“成熟的心智表达”。他给我们从审题讲到破题再讲到行文，最后还讲了他的阅卷感受，以及他和获奖同学交流的收获。唐江澎校长对我们说，围绕“经典”，要么写一个作家的一部作品，要么写一个作家的多部作品，要么写多个作家的多部作品。但他认为肯定是写一个作家的一部作品，深入剖析最易出彩。唐江澎校长从作文讲到阅读：比赛时就考验你能否精准地定位到某个作家的某部作品，需要对一个作家一类作品有深刻的研究，而不是我们平时的阅读，把书泛泛地翻一遍，记住一些例子一些格言。唐江澎校长对我们说：要有自己的阅读领域，能比别人更加透彻地理解这个领域，落笔就可以让别人知道你是认真研究过作家或作品的。因为我参加比赛的时候已经是高三了，那时我的思维基本上已经是考场作文的套路了，只是搜罗各种各样的金句、事例去论证一个既定的道理。我当时也在反思，觉得高三基本上就没有专注领域阅读的经历了，在考场上就像一个机器一样输出平时所积累的作文素材。对我而言，这是很生动的一课。

葛文妍 匡园致力于培养我们成为“终身阅读者，负责任的表达者”，请问这三年的阅读历程对您的生活有什么影响呢？在进入大学后，您还坚持阅读吗？

姜芃如 我高中的时候背了挺多东西，跟我几个朋友又一起背了《诗经》和《全唐诗》里面一些作品。我觉得背这些自己很喜欢的作品是一种享受，有唇齿留香的感觉，有时候在某个场景下，脑子里会突然蹦出来一句诗，很想吟诵一下。我高中时看书比较散，想看什么就看什么，面铺得比较开，这给我在大学里系统地看书、精读打下了一些基础，也让我有了读书的方法。我记得听戴锦华教授的演讲，她说她原来是一个艺术专业者，后来变成了一个人文学者，她希望将来她能够成为一个思考者。我也希望通过阅读，成为一个思考者。比如在网络上，在嘈杂的话语环境中，我们不是一味地去表达、宣泄我们的情绪，而是能够理性地思考、解决问题，提供一份人文关怀。不仅要在读书时思考，也要能在生活中思考。我最近在看有关鲁迅的一些著作，包括《鲁迅作品细读》等。还有一些社会科学方面的书，因为我们上学期哲学课讲到了伦理学和政治哲学，我很感兴趣。

4. 做一根有思想的芦苇

（李张弛）

李张弛简介

2021届匡园毕业生，现就读于南方科技大学。立志从事科研。喜欢音乐给予心灵的抚慰，喜欢用脚步丈量世界的广度，也喜欢在辩论场上用语言进行最犀利的交锋，更愿意在今后尝试人生更多方向的可能性。

寄语匡园

用心感受在匡园三年的每一个日夜，把好的坏的都坦然收下吧。宇宙山河浪漫，生活点滴温暖，都值得我们努力前进。

访谈成员　陈诺言　耿徐泽

稿件整理　王言中

指导老师　戴桂林

陈诺言　记得初入匡园的时候，刘小川的《品西方文人》给我们的心灵留下了深深的震撼，也打开了我们通向书籍世界的大门。那么您在高中读的第一本书是什么呢？

李张弛　严格来讲，我是在初三的暑假读的《阅读让我们有话可说》，是省锡中梁国祥老师编写的一套读本。

耿徐泽　能不能具体举一个例子，谈谈这本书给您带来的阅读感悟。

李张弛　我记得有一个叫黄万里的水利工程学专家。他一辈子坚持真理，即使并不被主流观念认可，但他仍然坚定地表达自己的主张，甘当"反骨"。在他身上，有两点于我而言是受益匪浅的。首先，作为一个从事自然科学研究的学者，要永远秉持真理至上的观念；其次，要敢于发声，面对所谓的权威要敢于说"不"。

陈诺言　能坚守自己的观点确实是一个表达者良好素养的体现。匡园的每一个教室都有一个小书屋，校园书店和图书馆也随时向同学们开放，那高中三年您与这些藏书宝库产生过怎样的联系呢？

李张弛　印象比较深刻的是高三大家在小书屋休息喝水时，会对书籍进行一些浅层次的探讨：可能看到一本书似曾相识，尽管映入眼帘的只有书名，仍会有三两句的感慨，便暂时屏蔽学习的压抑氛围，与同学激烈又快活地讨论几句。

我一般会在周末去书店，浏览短篇的文化评论或是杂志里有关经济、政治等内容。我高一、高二时常去图书馆，午饭后的十分钟，在一楼浅阅读区很舒服的位置上翻阅《萌芽》《意林》中的小小说，或是《人民日报》《南方周末》的封面文章，那是很惬意的时光。

耿徐泽　匡园的读书氛围一直都是很好的，学校和老师对于读书方面的支持也是很"给力"的。高中三年，您与您的老师、与同学之间有没有发生关于读书的有趣的事呢？

李张弛　让我印象最深的就是高二的语文老师张丽娟老师。她是一个喜爱诗词的人，恰好我也是个喜爱诗词的人。张老师在我高二时经常会布置一些特别的作业，比如说创作格律诗，并且要满足对仗工整、平仄相谐的基本要求。在她的鼓励下，我完成了很多走出自己舒适圈的诗歌创作，她也向我提供了多方面的改进思路。渐渐地，我萌发了对古代文学更深的情愫，甚至充满激情地主动捡起儿时背诗的劲头。在老师的影响下，我的阅读范围也有所拓宽，接触了《嘉莹论诗丛稿》等一系列诗词方面的著作。

提到同学，我有一个高三同班同学，他会写不少在大家当时看来与应试无关的文章表达自己的思想，也会经常和我进行探讨。虽然有时我并不同意他的一些看法，但我想“我捍卫你的存在，我欣赏你的价值”可以最好地形容我们对于分歧的态度，这是一段极其难忘的经历。

陈诺言 学长那么热爱阅读，进入高三后学业繁重，我们想知道您是如何达到学习与课外阅读之间的平衡的？

李张弛 我觉得到高三应该偏重读本类的阅读。所谓“读写一体”，从读本中能获得很多写作的“原材料”或“源动力”。当然一定要选择优质读本，一个优秀的编者选择的文章一定是有代表性的。我在阅读时甚至能感觉到编者选择这些文段背后的逻辑，也就能很快速地将其消化掉。这不是仅仅去抄、去背，而是一个内化为己用的过程。杂志也是一种很好的读物，高三时我们班订得最多的就是《作文素材》和《时文评读》。到高三时我们会很关注社会事件，《时文评读》包含了对一些热点的新闻事件细节的呈现和相关的作文破题角度。当然，大家最关心的高考作文不一定只有时事类的话题，思辨类的作文是原来的江苏高考，也是现在的新高考逐渐倾斜的方向，就像去年高考从毛泽东《体育之研究》的材料衍生出对体育教育以及强弱关系的思考，就是典型的思辨类作文。这时候就可以从《作文素材》这样的杂志中汲取各种不同的“配料”加以整合升华，形成一篇有深度、有广度的作文。

耿徐泽 如果说时间上比较紧凑的话，效率高低就成了一个比较重要的点，在阅读过程中您是否有一些实用的阅读技巧或阅读方法与我们分享呢？

李张弛 阅读过程中，我是不太会想一些习惯或方法的，除非偶尔遇到特别好的句子我会画一下，因为我不太喜欢打破享受阅读的那种状态。在阅读完一个片段或者整本书之后，我会摘抄加点评。有的文段是不需要过多点评的，像李娟的书《阿勒泰的角落》《冬牧场》《春牧场》中的景物描写和人物描写，当抄下那句话的时候，其实是文字最直接的感召力征服了自己，所以不需要二次加工和延伸。而那些哲理性的段落就需要再次的润色和升华，这些点评的文段在我眼里就是一篇小文章。我特别赞成写作需要化整为零，平时很难有精力经常完成800字的写作，而分成100—200字的小片段，深度打磨文字，写作的压力就得以分散，自己也会在不知不觉中快速提高写作水平和思想境界。

陈诺言 提到阅读方法和习惯，肯定是会涉及选择阅读材料，面对繁多的阅读材料，您一般会如何进行选择？是会侧重经典的摄入，还是注重自己的喜好呢？

李张弛 我觉得两者兼而有之。我个人觉得它只需要被公认为有思想价值而不是快餐式的文章，就是经典。像我最近在读的一本书《你当像鸟飞往你的山》，是美国历史学教授塔拉·韦斯特弗写的。这是一本2019年出版的畅销书，我认为它就是一部经典，因为它具备经典读物的特征——有思想性，情节完整且引人入胜。

耿徐泽 我们学校的语文学科教学主要有两个目的：培养终身阅读者和培养负责任的表达者，前者既是基础也是根本。进入大学，在匡园养成的阅读习惯对您的大学生活有什么有益的影响吗？

李张弛 其实“终身阅读者”对我来说是一个人最基本的需求和习惯，我个人觉得阅读就是对生活的调剂，是一种必不可少的东西。特别是对于理科班的同学，他们将来进入的也是理工科的大学，到大学学的几乎都是纯理科的知识，比如大学物理、高等数学、线性代数、计算机编程等，这时候怎么去调节自己，怎么去分配自己的课余生活呢？像我每天基本上都会读一会儿书，没有了高考的压力，我会读一些非功利的书。例如畅销书作家东野圭吾，通过一桩桩迷案透射出真实的人性，既夸张荒诞又真实可感。这些作品虽然不一定算作经典，但可以给生活带来调剂，也可以给人们带来更深层次的思考。我想，如果一定要说的话，匡园带给我的，就是终身阅读的理念吧。

陈诺言 作为学长，您能否为我们推荐一本高中必读的书籍呢？

李张弛　我可以推荐很多。首先就是路遥的《平凡的世界》，用生命谱写的100万字的长篇巨著。

还有李娟的书，因为我自己是一个特别喜欢旅游的人，所以好的环境描写可以天然地打动我。在睡前读这些文字，就好像一条小溪流淌在我的心间，我可以想象阿勒泰的少女、巴拉尔茨的月亮，是那么原始，那么质朴，却又那么有力量。

高中生还有必要读一读哲学，要了解哲学的发展史，中西方的一些哲学流派，以及一些重要哲学家的思想观点。从写作方面看，从哲学的角度去审视这个世界也是一篇文章的最高境界，所谓“问题解决者”有时候就是用哲学的思想去看待世界。

5. 腹有诗书气自华

（何悦）

何悦简介

2021届匡园毕业生，现就读于上海大学。

寄语匡园

所有的妙笔生花都是厚积薄发，所有的游刃有余都是百炼千锤。希望学弟学妹们在匡园三年的学习生活中，能够沉浸式品味文字的温暖与力量，做内有风骨、腹有诗书的匡园人。

访谈成员　石佳菲　夏锦浩　杨怡婷
指导老师　常　翠

夏锦浩 在匡园丰富多彩的阅读活动中，有什么令您印象深刻的？

何 悦 我觉得让我印象最深的是高二时候的心理剧。编排心理剧是一个自我创作的过程，它是基于我们所有的阅读经历、观影体验、心理理解、审美价值而得出的一个作品。在整个编排心理剧的过程中，我可以说参与了每一个部分。从最开始的选题、和一群志趣相投的朋友为了更好的剧本不断地锤炼文字，到中后期的选角色、排练，我清清楚楚地记得关于心理剧的点点滴滴，演绎出了这部属于我们的独特回忆。我觉得这是我整个高中三年最有意义、最难忘的活动。

杨怡婷 《雷雨》演出是匡园的传统，您在其中收获了什么？

何 悦 《雷雨》的演出，我们是以组为单位，先在班级内部预演一遍，保证每个同学都参与其中，然后再最终确定角色人选。当时我饰演的是周朴园，在反串的过程中，我能更好地理解侍萍的情感表现，所以能对此做出回应。虽然我没有上场进行最终表演，但我觉得这也是一个难能可贵的经历，也埋下了我对舞台剧的兴趣的种子，前面说到的我对心理剧表演的热忱，其实也是受到这个的启蒙。

石佳菲 在阅读过程中老师给予过您哪些引导？

何 悦 老师们给我的引导是多方面的。最简单但似乎最容易被忽视的，是每次假期年级都会有推荐书目对我们进行阅读选择上的指导，有时还会有阅读活动，比如说“读书征文”，我觉得这是对我们阅读习惯上的指导，引导我们培养不动笔墨不读书的习惯。语文老师会在每次写完大作文之后面批的时候问问我近期的阅读情况、素材积累情况，并提出她的一些建议。我觉得这些都对我价值观的形成、阅读风格的挑选、作文的提高有很大帮助。

石佳菲 三年的阅读生活，有哪本书令您印象深刻？

何 悦 我印象最深的是写梵高生平的《渴望生活：梵高传》。基于老师的推荐和我自己对梵高画作的欣赏，我在高二的时候读了这本书。这本书详细地介绍了梵高不长的生命里每一段的生活地点、生活遭际、感情经历、绘画风格，勾勒出了一个完整、真实、温热的梵高形象。我还和我的同伴们一起写了一篇关于这本书的读书论文，大概有两万字，这也是令我印象很深的一件事情。

杨怡婷 您阅读过的文字构筑了您怎样的精神世界?

何　悦 通过这三年的阅读，我觉得自己对那些能够用最平常的语言描述出温暖的人世间的文字有种别样的喜爱，特别容易引起共鸣，让人有代入感。所以我觉得我构建出的精神世界也是这样：热爱这个平凡世界里不平庸的每一个人，拥有一种包容万物的情怀。

石佳菲 初入匡园第一次听到“培养终身阅读者，培养负责任的表达者”这句话时有什么感受?

何　悦 我觉得这句话很好地将一个我们人尽皆知、常常挂在嘴边的口语表述打磨成了一句朗朗上口、回味无穷的文字。在第一次听到这句话的时候，我就认为，匡园就是这样一个地方——一个将生活中的平凡、普通、常见变得充满人文关怀、济世情怀，饱含责任感、认同感的地方。我想，这就是匡园的底蕴与魅力。

石佳菲 经过600万字的阅读，您对“培养终身阅读者，培养负责任的表达者”又有什么更深刻的理解?

何　悦 终身阅读的习惯能够让我更加负责任地表达。通过阅读，我们可以大量输入，得到很多名家大师的思想精华、为人处世的原则等，这些都在无形间涵养了我们阅读者的人格，让我们更加理智、沉着，更好地做一个负责任的表达者。所以很感谢学校提出的这个培养目标，我觉得是受益匪浅的。

6. 阅读是一生的事业

（夏冬）

夏冬简介

2021届匡园毕业生，现就读于南京医科大学。爱好阅读、足球和音乐。学医是我自幼而来的执念，志在未来不忘初心，悬壶济世，救死扶伤。

寄语匡园

纵然已与匡园作别，但我的心里永远有一部分为她而留。她令人神往，唐校长的儒雅之风更为她添上几分超然洒脱。乐群湖畔，定波桥前，愿学弟学妹们能用高中三年获得一生的归宿。

访谈成员　王佳铭　王　宽　孙嘉怡
指导老师　顾黎艳　章东锋

王佳铭　开学的时候，我们听到要三年读600万字的时候，觉得有点不可思议。能问一问学长当时您听到这个要求的时候是什么感受？

夏　冬　这其实就是育人目标的一个体现，即培养终身阅读者。如果说之前只读了中考要考的名著，那来了省锡中，还是可以在阅读方面变得有所不同的。省锡中很重视阅读，从培养终身阅读者这个目标来看，三年600万字根本不是什么问题，有时候一本大部头的书就有50万字左右。

王佳铭　高中的时候学业是比较繁忙的，阅读时间有的时候会被作业压缩，您觉得哪个时间用来阅读最好？

夏　冬　高三的时候我确实觉得时间有些紧张，我会选择上床以后阅读，毕竟回到宿舍后还是会有自由安排的时间的。有一段时间我养成了看书助眠的习惯，阅读仿佛压力与烦闷中的一缕清风。当然，高一、高二的话大可以在完成学业之余多在书海里徜徉，利用好周末时间，就像鲁迅先生曾说过，时间就像海绵里的水，只要愿挤总还是有的。

王　宽　我们在阅读方面肯定会遇到一些困惑，那遇到这些困惑的时候，您是如何解决的？

夏　冬　与老师交流当然是可以的，我的语文老师戴桂林老师对不同的书总有自己独特而深刻的见解，和他交流我受益匪浅。但我有点腼腆，不太会像其他同学那样直接跑进他的办公室交流，现在想想也有些遗憾呢。

不过，可以试着去读一些有挑战性的书。我以前看过加缪的书，像《鼠疫》和《局外人》，这两本其实比较容易理解。但如果去看加缪的其他作品，像一些哲学的论述性文本，就非常晦涩难懂，这时候不妨找一个读伴。

我高中的时候和一个文科基地班的同学一起阅读，记得读的是尼尔·波兹曼的《娱乐至死》。一个人读，有时候会感到有点孤独，有读伴相陪，就是与人交流的一个过程。平时碰到，我们就会一起交流彼此的想法、心得。那种读到同一处，一抬头就看见对方眼眸中泛起相似的情感的那一瞬间是很难忘的。一起读书的时候，分歧也会有的，但分歧也是一种交流的话题。所以我觉得这种互相支持、互相理解的读伴对阅读也是很有帮助的。

孙嘉怡　学长有没有特别喜欢的作家？

夏　冬　王小波，他的杂文我基本上全看了。他的小说，像《黄金时代》《青铜时代》《白银时代》，我也看了。如果能接受他的风格，我建议先看《黄金时代》，然后再看《青铜时代》，《白银时代》可以不看。他的杂文也挺好的。

孙嘉怡　学长有没有特别想和大家分享的自己喜欢的书籍？

夏　冬　最开始我对中国文学非常感兴趣，像王小波的作品。有时我会去豆瓣榜单找书。严歌苓写的《陆犯焉识》印象挺深刻的。那个时候也看过汪曾祺的小说集，《受戒》其实是非常经典的。有段时间连看了刘震云的《一句顶一万句》《一地鸡毛》。还有一些非常经典的书，像《活着》。近期看的书，比如《繁花》，确实很有意思。外国作家，看得比较多的像东野圭吾，《白夜行》太经典了。村上春树我也挺喜欢的，《海边的卡夫卡》非常经典。如果喜欢魔幻现实主义的话，我推荐南美的一些作家，像博尔赫斯、马尔克斯。我也强力推荐意大利当代作家卡尔维诺，他的书思想很深刻但是你又不会看不懂。

孙嘉怡 您觉得阅读给您带来了怎样的影响和改变？

夏　冬 阅读会潜移默化地使自己的修养、内在的气质有所升华。当然前提是阅读要有一定的量，这个量包括数量和质量。现在想想，我觉得我读过的书，在脑海里其实并没有留下很深的印象。但真的会在不知不觉中影响着自己。这是一种很正常且必然的事情。这或许就是阅读的魅力。

孙嘉怡 我特别好奇，您会在读完书之后特地去看豆瓣等他人的书评或读后感吗？

夏　冬 我会的，看完一本书，应该去了解一下这本书的背景，这样可以使自己的理解更深一层。如果情感非常强烈的话，可以自己去写书评。如果能坚持写书评的话，也是非常好的习惯。

王佳铭 最后，可否请学长对高一新入学的同学在阅读方面做一些指导？

夏　冬 进了高一，匡园良好的读书氛围要好好利用。小书屋会有很多书，但也可以多往图书馆跑，我以前有时候中午不吃饭就先去图书馆借书，无事就逛一逛我们的宝藏图书馆。总之，坚持阅读就可以了。

从小说开始，散文、杂文过渡，不用在意读的速度，不用在意是否记住书中情节，等到有一天发现自己不想玩手机，觉得看书使自己更快乐的时候，那么阅读的习惯就会慢慢养成。还有一点，可以锻炼对好书的鉴别能力，像雷达一样，拿到一本书，看到它的标题，看到它的简介，翻到它的目录，看完前几页，就能判断这本书是否值得一读。这种能力其实本质上是与读书量成正比的。不要太注重看一些方法论的书，还是去看一些名家经典。记住专注阅读，不失本心。

7. 七月流火，八月未央

（陆知睿）

陆知睿简介

2021届匡园毕业生，现就读于四川大学。爱好钢琴、吉他、羽毛球、网球、篮球等。曾获“江苏省三好学生奖”。

寄语匡园

一转眼毕业也有一年多了，但我仍时不时梦回匡园生活的画面。现在想来，匡园给我带来的不仅是良好的教育，更是自由的成长环境下对能力的锻炼与品格的培养。希望学弟学妹们能好好珍惜三年的高中时光，扬起信念的帆，驶向梦想的海，以梦为马，不负这一场韶华。

访谈成员　钱是翰　李昊龙　薛涵月
指导老师　戴桂林

钱是翰　您的阅读习惯是怎样的？匡园对您培养好的阅读习惯有什么帮助？

陆知睿　我以前的阅读习惯是有偏向的，专注于几类，剩下的不问不碰。匡园的老师们则帮助我矫正了这个习惯，使我能够做到全面阅读与多向发展。

李昊龙　在高中600万字的阅读目标中，哪一本书让您印象深刻？

陆知睿　让我印象最深刻的书是《消失的地平线》，这是当时老师推荐的书目。它没有什么特别惊心动魄的情节，却有一种温暖人心的神奇力量。

钱是翰　《雷雨》话剧表演过程中有什么让您印象深刻的？您是怎样看待这样的表演形式的？

陆知睿　《雷雨》话剧表演是我们学校的特色：由学生自己排练、参演、评选。我当时是负责组织的，所以个人对于总体的感触最为深刻。我认为“话剧”这种较为特殊的表演形式，给我们带来了一个机会——一个得以静下心来、去揣摩去畅想作品的更深层次意义的机会。老师只是提供建议，服装、道具、舞台效果甚至人物动作基本都是靠我们自己去揣摩。我们会思索：这个人物在这件事或这个情境下，说出这样的话或有这样的行为，他应该是什么样的表情？应该有什么样的肢体语言？这就远不是剧本上油墨印着的“端起茶杯”和“眉头紧蹙”可说道得清的了。而且这种活动也很好地促进了同学之间的友谊。

李昊龙 我们通常把散文、小说当作阅读内容，那么请问您是否对诗歌、古文等进行过阅读？过程中有什么难忘的经历吗？

陆知睿 说实话，我更青睐于小说、古文和诗歌。我是一个很爱读诗的人，最喜欢的是古诗，因为能够从那短短的几行字中体会出一种美而朦胧的意境。在这为数不多的方块字组成的小世界中，呈现的不仅是诗人当时的情感，也是先人对语言文字简洁而深刻的理解与应用。

古文方面，我读过《古文观止》，注重少而精。所以我对感兴趣的古文能抽时间去学习与背诵。最喜欢的就是《吊古战场文》，忘了是课本中哪一篇文章的引用，看见了就非常感兴趣，课后就去读了全文，给我的感觉真的非常震撼。很多的古文用字简练，而这份简练恰恰给予了我想象的空间。就好比古文搭起了一栋房子的框架，给了装修的主题，剩下的便是凭个人的偏爱去装饰了。阅读古文对我的高中学习影响很大，可以说让我在紧绷的学习氛围中“偷得浮生半日闲”。

薛涵月 您对“终身阅读者、负责任的表达者”的概念有什么见解？

陆知睿 提到“终身阅读者”，我第一个想到的是我的两位语文老师——张丽娟老师和顾黎艳老师。她们两个都是热爱阅读的人，身体力行地给我们做了终身阅读者的榜样，传递了这样的观念。特别是张丽娟老师，我有的时候会去她办公室——也有别的班的同学慕名而来——去跟她聊天，说说自己最近读了什么书，探讨一下各自的看法。有的时候她也会向我推荐她最近读的书，借给我看。跟她聊天很有意思，因为她有很多自己的独到见解。

负责任的表达者，我想到的是唐江澎校长。唐江澎校长每次出去参加政协会议之前，都会在全校发起一个提案收集，然后“择其善者”带到会议上去发表。而且他发言时阐述的看法，我觉得都很能证明一个“负责任的表达者”应该有的模样——不偏颇，不过激。我个人是非常喜欢这样的表达风格的。

钱是翰 匡园培养终身阅读者的这种方式，会不会激励您下定决心，自觉地成为一个终身阅读者？

陆知睿 会，当然会！首先我本身是一个热爱阅读的人。阅读，正如许多古圣先贤带我们经历几乎不可能再发生的事件，体验不同的视角，感受不一样的生活。这是很有趣也很有意义的事，人的思想品格往往从中得到锻炼与提升，从而超脱自我，穿行万物，回归本源。

上了大学后，我也依旧热爱阅读。或者说，因为匡园，我热爱阅读。

8. 俯仰终宇宙　不乐复何如

（邱兰昕）

邱兰昕简介

2021 届匡园毕业生，现就读于厦门大学。曾获省锡中校级优秀生、“语文报杯”全国中学生作文大赛江苏省三等奖、“苏教国际杯”作文大赛二等奖等荣誉。

寄语匡园

于学习，愿学弟学妹们心中有向往，日月有积累，戒骄戒躁，勿懈勿怠，不断精进。于阅读，希望大家不囿于功利心，多涉足不同的类型与风格，形成自己的体系。观大千世界人生百态，怀人文精神悲悯情怀，做大气恢弘、理性宽容的中国公民。

访谈成员 刘一可 陈怡家 金雨萱

指导老师 章东锋 顾黎艳

刘一可 回望三年的阅读历程，哪一本书或哪篇文章令您印象最为深刻？

邱兰昕 我觉得是《瓦尔登湖》。其实这本书的详细内容我已经记不得了，当时读的时候也没有刻意去琢磨他的写作目的。应该是高一吧，当时有段时间情绪比较低落，我有点走不出来。那时候我偶然间在家里的书柜中发现了《瓦尔登湖》，被这段话打动了："让我们像大自然那样从容地度过每一天，在前行的途中，不要因纤芥之微而改变初衷；让我们早早起床，用或不用早餐，都从容优雅而无丝毫不安；任熙熙攘攘，人往人来，由钟声鸣响，孩子哭喊，决意过好每一天。我们为什么要随波逐流，让步屈从？我们切勿栖身在日中的滩涂之上，你为一种名之正餐的可怕旋涡和激流弄得忐忑不宁、张皇失措。历经这些艰险之后，你就会安然无恙，因为前面都是康庄坦途。不要松弛了你的胆气，充满朝气，去远航，去寻找另一条道路，像尤利西斯那样将自己缚在桅杆之上。"

刘一可 它对您的学习与生活产生了怎样的影响？

邱兰昕 在当时那种情况下，这段话触动了我。那种感觉好像只可意会不可言传，之后在心情压抑的时候，我再阅读那段话，还是能体会到当时那种轻松、豁然开朗的感觉。它好像化解了我学习的压力，至少我可以轻松地前进了。

陈怡家 匡园的阅读生活丰富多彩。学校组织了话剧、辩论等活动，您是否参与其中？在参与过程中是否有印象深刻的人或事？

邱兰昕 这些活动我记忆犹新。印象最深的要算高一下学期进行的《雷雨》表演，虽然最终年级表演的时候我只是作为观众参与活动的，但实际上在选拔、准备表演的过程中，几乎人人都要出力。每个班抽签，抽取《雷雨》中的一章来表演。班主任一般会组织班上的同学先分组表演，然后再选拔演员，最后再在全校表演。虽然我只是观看表演，但是我也体会到，在话剧表演中，演员要揣摩人物的性格、心理，要对它有一个透彻的理解。当然首先要把台词背出来，再确保在台上有感情地表演。

陈怡家　对这种延伸阅读的方式您有何看法？

邱兰昕　这样的活动其实是很有价值的。像话剧这种文学体裁，如果没有学校组织的活动，很多同学是难以接触到的，比如说我自己，就对戏剧不太感兴趣。学校组织了这样的活动，就让大家有机会去深入理解这样一种文学体裁，说不定会给一些同学打开“新世界的大门”，他们之后就会去阅读更多本来没有机会读到的作品。当然还有诗歌朗诵、辩论会等活动，同样值得一提！当时我们班上参加学校朗诵的就是我的朋友，尽管在台下听，我的心情同样很激动。

金雨萱　环境往往也能影响一个人的阅读体验。匡园的阅读氛围与校外的阅读氛围是否有所不同？它是否带给您不同的影响？

邱兰昕　匡园的图书馆给我留下了极深刻的印象，如果没有匡园图书馆，我遇不到那么多好书。小书屋也是很赞的，一边吃饭一边看书是一件挺美的事。在匡园阅读与校外阅读还有一个很大的不同：在匡园阅读不仅能和同学一起讨论，有时还会被同学拉着去图书馆阅读，这就带动了自己阅读的积极性。

金雨萱　在繁忙的学习生活中，如何平衡学习与阅读的时间？您更倾向于整段时间阅读还是碎片化时间阅读？

邱兰昕　在作业还没布置下来的时候，如果碰到好看的书我会先看书。等作业布置下来后我会抓紧时间完成作业，等作业全完成后再看书。抓紧阅读课的时间也是很有必要的。如果没有整段时间，碎片化的时间可以看一些篇幅较短的文章或一些浅显的作品。

刘一可　在三年的阅读生活中，选择阅读的书目类型是否会随着时间变化与阅历的增长而发生改变呢？

邱兰昕　这个肯定会的。高一时比较喜欢历史社科类的书，就去看了资中筠、刘瑜、梁文道的书。这些书有些读不懂，总觉得每本书讲的内容都差不多；正好在语文教材上接触到了小说并产生了兴趣，就去读了贾平凹的《废都》和其他一些小说。后来比较喜欢汪曾祺的文风，很闲适淡雅又富有感情，老师正好推荐了一本《人间草木》，写了花花草草和很多美食。到高三，就开始看《作文素材》，用处也很大。

刘一可　有没有推荐给学弟学妹的书籍类型或具体的作者及书目呢？

邱兰昕　首先看出版社，中华书局和商务印书馆的书基本都是经典的，古诗文类型的肯定首选它们。中华书局的一系列“黄皮书”可以了解一下。外国名著可以选择上海译文出版社的图书。广西师范大学出版社和“理想国”品牌图书都很有人文情怀，比如刘瑜、陈丹青的书。历史类的书有蔡东藩的《中国历史通俗演义》，从前汉到民国，章回体，可以当故事书看；还有《明朝那些事儿》和《万历十五年》。我在图书馆看过《光荣与梦想：1932—1972年美国叙事史》，很有趣，别国的历史总能给我们以启发。如果想了解美国还可以看看资中筠的《美国十讲》，挺有见地，敢提出观点。别的类型像传记（比如苏东坡、张居正、李鸿章、梁启超的传记），“大家小书”系列，都可以挑感兴趣的读。梁文道的书有《常识》（公民启蒙课）和《噪音》（讲音乐和电影），值得一读。社科类的书有资中筠自选集如《坐观天下》《感时忧世》《闲情记美》，还有刘瑜的《民主的细节》《观念的水位》《送你一颗子弹》。余世存的《非常道》很有趣，很细腻；费孝通的《乡土中国》或许有助于作文和论述类文本阅读。《世说新语》讲的是一些人物的小故事，反映的是时代；《十日谈》看着很轻松有趣，联想到时代背景却很伤感；《娱乐至死》《乌合之众：大众心理研究》《美丽新世界》可用于议论文中分析社会问题产生的原因。《堂吉诃德》国内名家译本众多，不同译本可以都尝试一下。

刘一可　匡园致力于培养终身阅读者，您认为阅读的意义和价值是什么？

邱兰昕　阅读塑造自我，反过来，自我的性格又决定了自己阅读时的选择偏好。以自己为例，我一直以来对历史和社科类书籍的偏好来自小时候对这类书籍的阅读。阅读就像是穿梭在不同的世界。在阅读中，我们可见上流社会的浮华，可见民生之多艰，可见虚幻与现实、过去与未来，从而影响我们对世界的认知。阅读会照进现实，我们成为什么样的人，看见什么样的世界，最终会形成自己的信仰、自己的精神支柱——或许是对自由的追求、对生活的热爱、“作民之良”的信念等。这在很大程度上将影响我们的精神气质、人生走向，让我们找到最适合自己的生活状态。而国家的未来，就是由每一个个体的命运构成的！

9. 执着于理想，纯粹于当下

（陆可颖）

陆可颖简介

2021届匡园毕业生，现就读于华东政法大学。喜与文字、音乐共乐，也喜与运动共生，还喜与镜头里的世界共振。大学曾获院级三好学生、综合奖学金等荣誉。

寄语匡园

成长，是重要目标。高中三年一定要重视自己的历练与成长变化。用书籍拓宽视野的广度，用思考加深灵魂的深度。要用一以贯之的努力，成就不得懈怠的人生。高考不是人生的终点，而是起点。学弟学妹们在匡园奋力向前迈进，在最美年华为最高梦想尽最大努力，才不负此生。

访谈成员　刘宥初　浦哲砚　李俊伟
指导老师　王　哲

刘宥初　匡园要求在三年内完成600万字阅读。高中课业繁忙，时间紧张，您是如何安排这么大的阅读任务的呢？

陆可颖　唐江澎校长提倡我们要做“优雅生活者”，我认为读书就是助力我们更好地、更优雅地生活。600万字的阅读量听着感觉是一个很庞大的数字，但其实落在平常的阅读中并不是一件很难的事情。当心中想着阅读这件事情，自己就会挤出时间去读书。我的安排是尽量在高一、高二多读，高三学业最繁忙可以适量减少。高一的时候我周一到周五基本会有三四天做完作业后有比较多的时间，大概40～60分钟，这些时间我就会用来阅读。因为是比较长的阅读时间，所以一般用来阅读必读书目中长篇和有思考难度的书。周六周日做完学业方面的事情后，我就会抽出1～2小时进行深度阅读，时间一般都是在晚上。高二分科之后科目减少，但是难度加大，我还是会一周用两三个晚上进行阅读。平时在学校还要利用好碎片化的时间，比如午休前的十分钟或者比较长的课间，或熄灯前十几分钟，或在食堂排队的时候。我在食堂排队时经常看见很多阅读爱好者拿着书津津有味地读。这些是比较碎片化的时间，可以读容易衔接、不太需要成体系思考或者独立分段的书。大家可以在必读书目里选择这样类型的，比如传记、散文、好的杂志等。高三虽然学业繁忙，但是这个时候阅读便成了一种放松的方式。高三为应对高考，我会阅读比较多有思考性、社会性的书籍，比如《乌合之众：大众心理研究》《身份的焦虑》，还有很多对议论文有帮助的书籍、杂志，比如《作文素材》。只要合理安排好碎片时间，就一定可以完成大量的文字阅读。

刘宥初　在高一的必读书目中，同时也作为四大名著之一的《红楼梦》，带给了您怎样的阅读感受呢？除了《红楼梦》，在您的匡园阅读记忆中有哪些让您感同身受或印象深刻的文字呢？

陆可颖　“满纸荒唐言，一把辛酸泪”，《红楼梦》写了一个封建大家族的逐渐败落，无论是地位、权力、仕途、爱情都走向没落。最大的感受，就是对于爱情我们到底应该是什么态度。一开始为宝黛二人的爱情悲伤，后来又渐渐体悟到，世间忠贞爱情总会经历各种考验，并不总是顺风顺水。书里的一些新思想，比如宝玉流露出的男女平等的思想、女性应当如何自立等也让我印象颇深。书中还有对于各色人物的描写，真是洞悉人性。

浦哲砚　书籍如繁星点点，您一般是如何进行选择的呢？是会侧重于经典的摄入还是更注重自己的喜好呢？选择的书籍是否会随着经历更多而发生改变呢？

陆可颖 我一般选择的都是必读书目与自己感兴趣的书目，在选择过程中我会比较注重作者，比如余华、杨绛、阿兰·德波顿都是我比较喜欢的作者。但更多的还是以推荐书目与经典阅读为主，因为经典之所以为经典，一定是它自有精华之处。高二下学期和高三对历史、政治和哲学的学习比较深入，所以我选择书籍的类型也发生了小小的变化。王晓建老师讲起哲学，那生动的语言、幽默风趣的例子，把哲学讲得非常透彻明白。周宏斌老师讲得更加深入，他总是面带微笑，手插口袋，在教室里踱着步讲着课，我的思维一直跟着他。加上我自己本身对这方面也很感兴趣，我就去阅读《电影院里的哲学课》这种哲学类书籍。随着我们的成长，我们的经历会越来越多，对书籍的选择也一定会随之改变的。

李俊伟 在广阔的校园之中，肯定不乏同您一样喜爱阅读这类书目的同学，您有与他们分享与讨论的经历吗？另外，您与您的语文老师之间有没有发生什么让您难忘的事情呢？

陆可颖 有的。我们时不时就会在课间、去吃饭的路上或者周末有空的时候讨论最近看了什么书，大致内容是什么，以及对书籍的感受。还记得高三上学期的一个大课间，外面淅淅沥沥下着小雨，做完室内操，我和我的同桌竟同时拿出王小波先生的《沉默的大多数》。我们相视一笑，分享着手里的虾味菜园小饼，闲适地讨论起这本书。王小波对生活的很多方面抱着一种比较积极的态度，用幽默的口吻讽刺这个社会的种种现象。一起讨论看过的书籍就会有很多思想的碰撞，还有很多意外的收获。高三和语文老师经常会聊到写作与阅读的事，老师很鼓励我们在高三坚持阅读。

浦哲砚 匡园的阅读活动丰富多彩，我们参加了名家讲座、现代诗朗诵等语文活动。在匡园，您肯定也参加过类似的活动，您对此类活动有什么样的感受和难忘的回忆呢？

陆可颖 我们也参加过诗歌朗诵活动，当时我最好的朋友参加了，她读的是《月华》。这首诗歌悲伤凄凉的情感融入她深情的朗读，让我们身临其境。我们还参加过张晓风女士的读书讲座、傅元峰教授的作文讲座等，都收获颇多。我们学校语文组举办的活动质量都很高，可以给我们带来很多新的见识。比如诗歌朗诵增加了我们高雅的生活意趣，激发了我们对诗歌的热爱；作文讲座让我们直面高考作文，从不同的角度看待或用不同的思维去思考高考作文。

李俊伟　作为匡园的优秀毕业生，经历过三年风雨，您对我们这些学弟学妹在学业上有哪些具体的建议呢？

陆可颖　首先呢，我觉得一定要珍惜在匡园的时光！毕业之后才发现匡园的菜最好吃，匡园的风景最美，匡园的条件最好，匡园能让我带得走的东西最多。总是想起暮光之下走过的樱花大道、定波双桥，春天波光粼粼的乐群湖上落英缤纷，真的美到极致。还想起高三的冬天，操场上大白灯刚刚亮起，我在寒风中发抖，但是背书的心是滚烫的。学业上，我想给的建议还是那句话：最美年华为最高梦想尽最大努力！高中三年的学业，奋斗是必不可少的，为自己的梦想奋斗的这几年，不管未来什么时候想起，一定会万分怀念。我觉得匡园三年让我从一个懵懂的对未来不是很清楚、没有那么努力的小女孩蜕变成一个坚定执着、努力上进并且对未来十分有把握的姑娘。自我的成长和变化是最重要的！对于高考，我觉得一定要把握好对待它的态度。不能过于随便，但也不用太过紧张。要知道高考不是人生的终点，而是人生的起点。还有，对自己的学业要有规划，每个学期、每个月、每一周甚至每一天都要有计划。我三年来养成了列日计划与周计划的习惯，特别是高三，周计划非常实用。制订计划这个习惯直到现在都陪伴着我，让我的大学生活也井井有条。制订计划这个习惯需要长年累月的坚持才能养成。最后，一定要知道自己当下在做什么，做一个目标清晰的人。

2020届匡园毕业生访谈

1. 种自己的玫瑰

（王石依依）

王石依依简介

2020 届匡园毕业生，现就读于北京大学。爱好阅读、绘画、音乐。曾获全国中学生英语能力竞赛高二年级组全国一等奖、2019 年“七彩语文杯”江苏省“中学生与社会”作文大赛特等奖、2018 年无锡市优秀学生干部等。

寄语匡园

前路道阻且长，理想在水一方。愿学弟学妹们能在匡园领略崇高、塑造自我！

我们充当着匡园的过往、当下与未来，而匡园将永远是我们的后盾、近旁与前方。

访谈成员　缪琳熹　吴思齐
指导老师　黄翠华

缪琳熹　在您的匡园阅读记忆中，有没有对您影响最大的一本书？

王石依依　对于我来说，《小王子》是意义非凡的书。我买了好几个版本，甚至为了它想学法语。

缪琳熹　很多人说《小王子》是适合大人看的童话，对此学姐怎么看？

王石依依　我觉得既然是童话，最主要的受众应该还是小孩子。不过我认为对于“孩子”的定义每个人或许有不同的理解。《小王子》里面有一句话说，“不要忘记，每个大人都曾经是孩子”。我觉得可能每个人读完之后，都将成长，成为所谓的“大人”。

吴思齐 《小王子》里有没有让您特别感动的片段呢？

王石依依 有。看四十四次日落的情节让我很感动。有一次傍晚散步时我仿佛看见了书里的夕阳，想起了书中的情景。

缪琳熹 这本书给您带来了什么改变吗？

王石依依 “爱是付出时间。”这本书让我对“爱”有了更深的理解，爱就是付出时间，建立起彼此间的纽带和责任感。

缪琳熹 您会专注于上面这类书还是涉猎广博？有没有推荐给学弟学妹的书籍类型或具体书目呢？

王石依依 我会选择后者。我会推荐朱光潜的《给青年的十二封信》，书中的每一个章节谈的是不同的领域，从高中生的角度来看，读这本书既可以积累素材，又可以提高文学欣赏能力，开阔眼界，而且里面的语言很漂亮又不失韵味。我还建议你们可以去看看曹林的《时评中国》，可以利用碎片时间阅读，比较适合高中生。

缪琳熹 匡园为我们设立的三年600万字阅读量的目标，学姐是否实现了呢？每周的阅读量能够达到多少呢？

王石依依 据我的计算，这个目标是完全实现了的。我在高一时，如果不忙考试的话，基本上一周读一本书或者三周读两本。

缪琳熹 阅读量与阅读时间紧密相关，您是如何将阅读与繁忙的学业有机结合的呢？

王石依依 首先就是我刚刚提到的，尽量选择章节类的书，利用碎片时间阅读。比如利用三餐饭后的那段时间做阅读摘抄，可以让自己更加专注。阅读的时候如果看到很妙的段落，但又没时间抄整段，就可以做旁批，通过写批注来加强记忆。

缪琳熹 有没有关于时间管理的小方法教给我们？

王石依依 关于时间管理的方法，我觉得最重要的就是抓紧阅读课吧，其实方法还是得每个人根据自身情况去探索和总结。

缪琳熹　大量的阅读离不开每日与书籍的近距离接触。匡园教室里溢满书香的小书屋给您带来了怎样的惊喜与故事?

王石依依　说实话，高一时看自己的书比较多，并没有经常去借小书屋的书看。但给我留下很深印象的是，一次我们班级内部举行诗歌朗诵大会的选拔，我们组当时选择了《长恨歌》，到处找不到原诗，后来在小书屋里找到。小书屋真的挺方便，拉近了我们与阅读之间的距离。还有高三时班主任让我们每人选一本书留言，给下一届的学弟学妹看，挺有意义的。

缪琳熹　您会不会在那里和好友共看一本好书?

王石依依　印象里是有的，会和同学互相借书看，现在想想也是很美好的。

缪琳熹　您是如何从了解到理解，有效地把书籍的内容内化为自己的知识，从而变成作文素材的呢?

王石依依　作文素材一部分来自阅读摘抄，其中来自议论类图书的比较多。小说情节类的得总结，找一些书评，真正用起来是有难度的。我们还组成一个专门的小组，进行分享，这样素材会变多，相当于实现了资源共享。

缪琳熹　学姐的读书笔记会怎样做?

王石依依　在做读书笔记的时候，我尝试过把一篇文章的框架，也就是论证思路写出来，这对议论文写作挺有帮助。

缪琳熹　匡园无疑成了我们阅读的引路人，在您的记忆里，阅读给您的人生带来了怎样的机遇与哪些有趣的故事?

王石依依　阅读当然会给我的写作提供很多的素材和灵感，想法多了，也会让我在写东西的时候逐渐得心应手。有趣的故事嘛，比如在高三，我们《红楼梦》翻阅的次数多了，就会情不自禁地开始用“红楼体”对话。同学生日的时候，大家都说“莫失莫忘，仙寿恒昌”，或者“不离不弃，芳龄永继”，现在想起来，还会忍不住发笑。

缪琳熹　匡园致力于培养终身阅读者，在您看来，阅读的价值和意义在哪里?

王石依依　我觉得表层的话，在于发现自己，包括发现自己的喜好、志同道合的伙伴；深层的话，在于发现自己内心是什么样的人，就好比我喜欢《小王子》，可能我就是个期待被爱与被守护，也会努力爱别人的人吧。我们每个人的内心都有一个小朋友，阅读帮助我们内心的“孩子”成长，帮助我们记录当下、憧憬未来、回顾风景、分享感受。

2. 八九月的答案

（刘欣然）

刘欣然简介

2020届匡园毕业生，现就读于中国人民大学。喜好阅读游记、散文、小说等。相信“读万卷书，行万里路，胸中脱去尘浊”。喜欢通过书籍、电影等文化产品的积淀与自己亲身经历的积累，来更全面、更冷静地观察和感知世界。

寄语匡园

不论是学弟学妹或是我自己，希望我们将来的阅读不仅是为了积累知识、锻炼表达能力，更是为了积淀一种行事的底气，为了培养自己独特的思维方式与眼界格局，这样才能真正做到终身阅读、负责任地表达。我高三时很喜欢一句话：“年轻人，你的职责是平整土地，而非焦虑时光。你做三四月的事，在八九月自有答案。”感恩母校给了我们“三四月”时最好的文化熏陶环境，为了未来“八九月”的收获，我们共勉。

访谈成员　范心怡　喻　悦
指导老师　吴　燕

喻　悦　您在匡园这三年的阅读过程中，是否有记忆深刻的片段与我们分享？

刘欣然　确有几段记忆令我印象深刻。有一次，我们语文老师带我们去图书馆看书，当时大概是三四月份，中央大道上的樱花开得很美。我和另一个同学当时就决定不去图书馆了。我们就待在乐群湖边，坐在樱花树下看书。我看的好像是《红楼梦》。现在回想起那幅画面，两个女孩并肩坐在湖边看书，身后樱花飘落，觉得很安静很唯美。还有一次是在专心准备物理竞赛期间，当时我处在紧张刷题的阶段，特别想要看书，让头脑劳逸结合。我记得当时看了《时评中国》《非常道》等书。

喻　悦　在整个阅读历程中，您有没有特别钟情的书籍或作家？其中吸引您的是什么？

刘欣然　对我影响大的，是三毛的书。她在书中传递出一种很洒脱的生活态度，并不是去逃避生命中的不幸，而是接受它们并且从中获取力量和重新开始的勇气。我比较喜欢的是《撒哈拉的故事》和《梦里花落知多少》。虽然，在这两本书之间三毛经历了她丈夫荷西之死，但我在《梦里花落知多少》中读到最多的是三毛怀念荷西、旧友，以及她拥抱新生活、遇见新朋友、领略新风景的勇气。三毛的很多描写，让我觉得她的文字纵使荒凉却散发着生命力。

范心怡　《论语》言："君子以文会友，以友辅仁。"在匡园，学姐是否交到了阅读见解相似、志趣相投的朋友？平时同学之间会交流阅读感想吗？

刘欣然　遇到了。比如我高三时候的同桌，我们经常会一起交流读过的一些小说，像村上春树的作品，还有《三体》。我们的想法会有相似之处，也会有分歧，在讨论中能更理解对方，自己的思考也会更成熟、更深刻。

范心怡　高中三年是否有哪位老师的阅读指导使学姐受益匪浅？可否与我们分享一下他（她）的阅读见解以及您的收获？

刘欣然　我觉得我在省锡中遇到的语文老师都很有情怀。最早激起我的语文学习兴趣的是李茂林老师。当时他并没有按课本教书，而是带领我们读了《孔子世家》，还有很多小说。他也经常带我们去图书馆自由阅读。他让我了解到语文学习并不单单是为了考试，文字中还有许多有趣的东西值得我们去探索、去挖掘。还有王哲老师，他给我们推荐过一个公众号叫“真实故事计划”。他告诉我们有一个重要的东西叫“生命经验”，就是我们学习也好，阅读也好，都是为了吸收别人的生命经验，再从自己的角度感受体会，把别人的经历内化为我们自己的生命经验。

喻 悦 学姐的分享让我想起了我的语文老师，我们在匡园的成长离不开老师们的悉心指导啊！那么学姐，您认为阅读对您在匡园的学习生活有什么帮助？

刘欣然 首先我觉得阅读可以让我们放松，帮助我们在紧张的学习中调整心态，劳逸结合。其次阅读会给我一些方向上的引导，会使我对社会有一些更深刻的思考，对很多事情有更强的共情能力。再次，阅读可以积累写作素材，阅读和写作肯定是密不可分的，阅读可以让我学会怎样去表达自己。最后，阅读可以了解社会，通过阅读我们可以去了解外面的世界是什么样子的。就像我以前读过《西线无战事》，是一部讲战争的小说。它让我了解到一种完全不一样的生活，读后会有很多思考。

喻 悦 匡园的新华书店、校图书馆、班级小书屋为我们提供了良好的读书氛围，省锡中注重阅读的校园文化对学姐有什么潜移默化的影响？

刘欣然 我很喜欢班级小书屋，很近，借阅很方便。我曾经有个同学说她把整个小书屋的书都看了一遍。省锡中确实很重视培养学生的阅读习惯，在我们刚进学校的时候唐校长就说过，在省锡中三年要达成600万字的阅读量，我不知道我有没有达到，但我可以感觉到这是一个注重阅读、鼓励学生阅读的学校。

范心怡 学姐认为阅读对自己性格的培养和认知的构建起到了什么作用？您会如何对待书中传递的思想？

刘欣然 我主要从认知的构建方面来说吧。我之前抄过《大公报》办报宗旨中的一段话：“随声附和是谓盲从；一知半解是谓盲信；感情冲动，不事详求，是谓盲动；评诋激烈，昧于事实，是谓盲争。”它教会我怎样在现在的舆论环境中，尽量避免做那些盲目的事情。

喻　悦　学姐是如何理解学校所提倡的“做终身阅读者”的？您对自己未来的阅读有什么规划？

刘欣然　省锡中有两个提倡：一个是做终身阅读者，一个是做负责任的表达者，这两者是密切相关的。我们会在终身的阅读中学会怎样负责任地表达，然后去拓宽自己对世界的认知，这是一个不断成长的过程。今年我给自己定了一个计划，一年内看完几本书，有意识地做一些评论、书摘。希望以后的每一年都可以完成这样的目标。

范心怡　最后学姐有什么感悟或建议想对学弟学妹说吗？

刘欣然　首先是阅读的全面性，对于一种观点、一件事情、一个作者，尽量多角度地了解它。其次就是重视自己的想法，可以把与书中观点相左的一些想法记录下来，或者跟别人讨论，这是很有价值的一件事情。最后我想推荐一个App，叫“一言”。它里面有很多喜欢阅读、喜欢写作的人发的一些生活感悟、诗歌、书摘、影评等，对我帮助很大。希望学弟学妹们在以后的生活中能时刻与书相伴。

3. 始于热爱，“终”于灵魂

（沈琳奕）

沈琳奕简介

2020届匡园毕业生，现就读于西安交通大学。在匡园的培养下发展了许多爱好，热爱读书，喜欢欣赏戏曲、音乐剧，喜欢于篮球场上驰骋。

寄语匡园

匡园，你的星空和湖影，严谨和浪漫，给了学子们宽阔的成长空间，很高兴曾经是其中的一分子！学弟学妹们，祝愿你们所得即所愿，在匡园的栽培下开启美好的人生！

访谈成员 范心怡 宋沛轩 喻 悦
指导老师 吴 燕

喻 悦 首先想请问一下学姐，在匡园这三年的阅读过程中，您是否有记忆深刻的片段与我们分享？

沈琳奕 比如午休的时候，有一段时间我们可以去图书馆借阅品类非常丰富的图书；省锡中是一个环境非常优美的学校，乐群湖是一个非常漂亮的地方，我们有时，就在乐群湖边的椅子上读书，阅读环境非常好。所以我们的阅读经历也非常丰富。

喻 悦 匡园的书店、校图书馆、班级小书屋为我们提供了良好的读书氛围，省锡中注重阅读的校园文化对您有什么潜移默化的影响？

沈琳奕 我本来就非常喜欢读书，这样的读书氛围实际上对我们非常包容，它从不以功利的目标来要求我。省锡中的阅读氛围教给我们的是那种一以贯之的坚持阅读的态度，以及终身阅读的决心。对于我来说，还是要坚持读书，以防自己陷入颓废的境地。

喻 悦 整个阅读历程中，您有没有特别钟情的书籍或作家？其中吸引您的是什么？

沈琳奕 老舍的《四世同堂》和《茶馆》是我非常喜欢的。我觉得老舍文笔非常优美，他的语言平和，我读他的书能够感到一种很强的叙述感，感觉作者就在我们面前，带着我们走过那些他所描写的纷繁世相，目睹他笔下有声有色的市井生活，或者体验时代裹挟的悲喜笑泪。他能够从非常平易简单的事件或者语言中表现宏大，读起来让人非常地感同身受，甚至能让人看到世界的另外一面。除此以外，因为高中同学们都要学写议论文，所以我也读过一些社科类的书，比如尼科尔斯的《专家之死：反智主义的盛行及其影响》。像这一类书，我觉得作者有一种对社会现象的全方位分析，阅读它的意义在于让我们中学生在面对社会事件的时候，懂得教育环境、社会结构等许多因素对事件的影响，因此，我们在面对这些事件的时候就不会人云亦云，而是会有自己更加清醒的认识。当然，在高中三年，我也会读一些自己感兴趣的东西，比如江少元的《民俗与迷信》，我觉得从这类书中能看到一些中国的人文景象，看到中国人毕生对福祉的追求，以及他们对精神原乡的溯本求源，或者是面对死亡时候的态度与探索。总之，我觉得高中阶段读书不仅要有功利的一面，也要根据自己的兴趣对阅读面加以拓展。

范心怡　在匡园，您是否交到了阅读见解相似、志趣相投的朋友？平时同学之间会交流阅读感想吗？

沈琳奕　我和刘欣然同学在体育课的时候，会讨论到我们同样喜欢的一个作者叫阿城，讨论他的《棋王　树王　孩子王》那本书。对一个作者及其文笔、风格的喜爱，使我们有了共同话题，也增进了我们的友谊和情感，同时又能促进我们对共同话题以及共同爱好的一些求取或者评判。

宋沛轩　请问学姐，在交流的过程中，你们是不是会有争执？我就会跟其他同学争论，因为有的时候会出现对某个人物形象的理解，每人都略有不同的情况。您是怎么处理这种争执的？

沈琳奕　是的。每个人对于角色或者作者思想的理解或认同感，都会因为个人成长环境、经历等的不同而各有差异。我有个同学曾经告诉我，我们是要求同存异的，但我觉得其实这不算争执，我们只是互相讨论、相互表达自己的想法而已。

范心怡　除了学校规定的阅读时间，您会如何分配阅读时间？能否分享一些阅读习惯？

沈琳奕　学校安排了午休的时间，可以读自己喜欢的书，体育课的自由时间也可以适当利用起来，然后就是在宿舍熄灯前。我高中时读社科类和哲学类的读物比较多一点，因为要写作文。另外，我喜欢读文学类的书，除了读故事和韵味外，我会去学其中的风格或者描写。读社科类的书，我会在它的页眉页脚处写下自己对作者思想的一些看法，锻炼自己的思维，也能丰富自己看世界的角度。

宋沛轩 我想请教学姐，平时会不会做素材积累之类的工作？

沈琳奕 老师指导过我们要做素材积累，主要是社会方面、自然方面和自我方面的素材。关于素材积累我很想推荐几个公众号，它们比较深刻又紧跟时事，有助于我们获得不同的新鲜的观点，比如说“南风窗”“南方周末”“南都观察”“新京报评论”，这些都是我高中时期觉得思想先进、观点新鲜的公众号，有助于发散我们的思维。

宋沛轩 除了单纯的记录，我们老师要求把每个句子或者例证，以及可以写的角度、关键词都列出来，此外还有什么方法有助于对素材的理解？

沈琳奕 我刚开始积累素材的时候也不是很得法。后来，当素材越来越多的时候，就会忽然发现积累的这个素材和以前某个素材有内在联系，甚至有可能不只某一方面的联系，我就会挑一些空的时间把这些素材串联起来，下次写作的时候一下就会想起这个素材链。如果有比较长的时间的话，可以针对这几个有相关性的素材写写自己的想法。通常我的素材本上会有许多我“奇怪”的想法，只是写成一个个小片段。这样的话，针对某些素材就会有一些自己独到的思想。

喻　悦 高中三年是否有哪位老师的阅读指导让学姐受益匪浅？可否与我们分享一下他（她）的阅读见解以及您的收获？

沈琳奕 我们升入高一的时候，语文老师是李茂林老师，他带领我们读过《孔雀东南飞》，那个时候他没有完全按照课本来教我们，而是对那个故事进行个性化的解读，并带领我们用丰沛的情感来阅读这篇文章。

喻　悦 学校要求“做终身阅读者，做负责任的表达者”，学姐对自己未来的阅读有什么规划吗？

沈琳奕 省锡中教育我们要终身阅读是希望学生不断沉淀自己，以更高的标准要求自己、成就自己、服务社会。对于未来读书的规划我觉得还要增强毅力，要多读书。书籍对我的吸引力始终都在那里，但是环境也很重要。要始终给自己一个助力，让自己去发现更多的好书。

范心怡 回顾自己高中的阅读经历，学姐有什么感悟或建议想对我们说吗？

沈琳奕　我就功利性地来谈一谈吧。虽然对于我们高中学习，阅读可能总归会带一点功利性的目的，但是我觉得个人兴趣以及自己的思想是非常重要的。素材积累其实是一个人对自己思想的某种记录。在素材积累以外，我们可以对自己的素材进行整理，然后表达自己的思想。我高中三年保留下来的东西——那几本素材积累的本子，到现在我都舍不得扔。还要注意的是，没有哪一次的阅读是没有用的，就像《民俗与迷信》，很显然是我个人的爱好，当时只是觉得很有趣。但是在后来的作文中我还真就遇到了这样的题材。所以我觉得阅读是一个私人同时又非常有意义的事情。

4. 阅读的研与悟

（许依诺）

许依诺简介

2020 届匡园毕业生，现就读于北京大学。曾获 2020—2021 学年国家奖学金和“北京大学三好学生标兵”之荣誉；在 2022 年北京冬奥会期间，担任赛事服务志愿者。

寄语匡园

在高中三年里，受益于学校对学生阅读的重视和老师们对学生阅读的培养，我深深领悟到阅读在人生中扮演着重要的角色，阅读也渐渐成为我生命中不可或缺的一部分，对此我感激不尽。同时，也希望母校能继续坚持“培养终身阅读者”的教育理念，让书香常驻匡园！

访谈成员　李娅卿　王昕月
指导老师　周　健

李娅卿 省锡中的校园文化十分注重阅读氛围，有没有哪一次活动令您印象特别深刻？

许依诺 我印象最深刻的是疫情期间在家时的校长阅读课，唐校长推荐了许多与疫情有关的书目，如加缪的《鼠疫》。整本书的阅读配上老师的讲解与分析，进一步加深了我个人对这次疫情的理解。

王昕月 高中三年里，您读过印象最为深刻的是哪本书？

许依诺 印象最深刻的书应该是高考前读的白岩松所写的《白说》。其中最让我有感触的一句话是："最幸福的生活状态应该是，总有一个踮起脚就能够着的目标，吸引你踏踏实实始终向前走。"这句话虽然本意是对幸福生活状态的诠释，但在我心中，它也同样适用于对幸福学习状态的追求。在高三下学期那段充满着疲惫与压力的备战阶段，正是这句话指引着我，把那个遥不可及的终极目标分解为一个个触手可及的阶段性目标，为自己取得的一点点进步而欣喜，脚踏实地地向梦想靠近。

王昕月 您认为读书对高中三年的学习生活有什么帮助？毛姆说："书是随身携带的避难所。"您有过这样的经历吗？可以与我们分享一下吗？

许依诺 阅读在我高中三年的生活中不仅助推了我的语文学习，提升了我的写作水平和思维深度，也成为我的一种精神支柱，起到了毛姆所说的"避难所"之功效。还记得高三上学期学业上的一段低谷期，在物理竞赛的失利和高三巨大的压力双重打击下，我对自己各方面能力都产生了怀疑，一度产生过"我考大学没有什么意义"等极度消极的想法。所幸的是，偶然在匡园书屋买到了一本《小王子》，于法国作家安托万创造的童话世界中我渐渐找回了原来满腔斗志的自己，放下了之前困扰我的种种失败与打击，在这个"避难所"中重整旗鼓，重新出发。

王昕月 高中的阅读时间并不充足，阅读难免带有功利性，许多同学也的确是为了议论文素材而读书，您怎样看待这种情况？在您的认知下，怎样的阅读方式更健康？

许依诺 我觉得这种情况很正常，在寻找、积累议论文素材的过程中，大部分人也的确吸收了许多书中的精华，甚至为了应试牢记了许多典故、名句，可能这辈子都不会忘记。在功利性的目标鞭策下开始大量阅读、摘抄、读背，最终在与某个事例、金句偶遇时感受到阅读的快乐，这未尝不是一种健康的阅读方式。功利性或者非功利性，在我看来，并不需要特加区分，甚至褒一贬一，只要能落脚在阅读上，就都应加以鼓励。

王昕月 经典著作与畅销书目的矛盾一直是同学们阅读过程中遇到的难题，随着近年来经典著作地位的提升，我们在选取阅读书目时是否需要偏重经典，能谈谈您的看法吗？

许依诺 我个人在选取阅读书目时不会特别偏重经典著作。从功利性的角度来说，经典著作固然会有许多金句和典型事例，但畅销书可能会提供一个别具一格的阅读领域，并且能够与时俱进地剖析当今时代的一些问题与现象，对我来说更有助于议论文写作。当然，单从阅读的角度考虑，大浪淘沙，经典书目或许有更多的可读性和更深刻的内涵意义，值得每个人细细研悟。

李娅卿 面对当下网络小说质量良莠不齐的现状，以及部分同学沉迷于低质量的网络小说无法自拔的现象，您有什么看法？对于此类同学，又有什么建议？

许依诺 我是很支持网络文学发展的，它身上带有一股子热腾腾的烟火气，为大众提供了一个以文学形式反映当今现状、发出自己声音的平台，再者，任何文学体裁都会存在良莠不齐的情况，不能以偏概全地将网络小说全盘否定，而应留心加以鉴别。对于那些沉迷低质量网络小说的同学，我的建议是利用在省锡中住宿的三年，不携带“违禁”用品，也不要偷偷购买网络小说的实体书籍，戒掉对这种“精神鸦片”的依赖，回归正常的学习、阅读生活。

李娅卿 如何养成终身的阅读和摘抄习惯呢？您可以给我们分享一下您的经验吗？

许依诺 我认为当一个人体会到阅读带来的好处时，无论是为了言谈上的自如、写作上的流畅、生活上的指引、视野上的拓宽，还是为了精神上的丰富，就会不自觉地进行阅读，最终成为一个终身阅读者。摘抄同样也是这样，当将摘抄看作是挖掘、储存精神财富的物化表现时，就不会感到枯燥乏味，而会不自觉地进行摘录整理。阅读和摘抄的习惯，使我认识世界的角度不断刷新，深度不断增加。可以说，每当我读完一本书或者完成一次摘抄，都能清楚地感觉到我在向更好的自己迈进。

李娅卿 学弟学妹们刚刚踏上阅读之旅，还有没有其他一些建议？比如，每天的阅读时间如何分配？

许依诺 我的课余时间语文阅读、摘抄与数学的刷题练习占同样比例。当然，相比数学所要求的整段时间，阅读可以穿插在每个课间、午休等零碎时间，这样既可以进行大量的阅读，又可以高效地利用课余时间。

5. 无用之用，是为大用

（周镐源）

周镐源简介

2020届匡园毕业生，现就读于清华大学。爱好篮球、羽毛球、游泳等体育运动。

寄语匡园

毕业生们对于匡园的印象会逐渐淡化，但匡园在每一个学子身上留下的印记，却会随时间推移而越发明晰。阅读与思考的习惯、良善而笃行的品质，是在匡园氛围中熏陶而得的终身财富。

访谈成员　郭怡成　刘佳烨　陆　星
指导老师　黄翠华

郭怡成 来匡园之后，学校都会在周一和周四的中午安排深度阅读。来匡园之前您会不会抽出大量时间进行阅读？

周镐源 会有一定的阅读，但有限。比如说买到一本自己喜欢的书，有空闲的时候，就翻一翻，一直到看完它。但不会有到匡园之后常态、持续的阅读习惯。高一、高二阶段安排的阅读时间会让我有想去阅读的冲动。

郭怡成 今天您又回到匡园了，看着熟悉的风景，您会不会想起匡园里有什么使您爱上了阅读?

周镐源 阅读并不是一种需要外界督促的要求，而是一种自发的喜好和习惯。但对我们学生而言，要养成这种习惯，氛围很重要。匡园之所以能让我爱上读书，环境是很重要的因素。学校有着优渥的读书条件、浓郁的读书氛围。就比如我们现在正坐在小书屋里，书架上都是从图书馆里借来的书。很多同学会在课间来小书屋走一走，翻一翻。如果挑到自己喜欢的书，就拿到教室里读一读。这就是一个特别方便的阅读渠道。除了小书屋，还有教学楼下的书店，大家习惯在大课间去书店寻找有没有自己喜欢的书。我经过的时候也能看到许多人在里面翻阅。书店里的书种类繁多，我们可以在那里找到自己喜欢的书。然后是图书馆，大家一般会趁着午饭后的时间去图书馆走一走，看看有没有自己喜欢的书。省锡中图书馆的藏书很丰富，一些在小书屋借不到的书，就可以去图书馆借。正是因为匡园具备这些充足的读书条件，给我们提供了非常好的阅读氛围，让同学们互相影响、互相熏陶，让我也形成了良好的阅读习惯。

郭怡成 从您的回答中，我们可以看出，匡园自身浓厚的阅读氛围对您形成阅读习惯、培养阅读兴趣起到了很关键的作用。那有没有老师或者同学对您的阅读产生影响呢?

周镐源 袁晗毅老师教我三年语文，对我的语文学习影响特别大。他会经常向我们班同学推荐两三本好书，这些书他都是亲自读过的。如果我们觉得很感兴趣、想要购买的话，他就会请课代表组织购买。买了之后，可能第二或第三天就到了，我们就怀着兴奋、新奇的心情开始阅读。这种感觉很奇妙、很美好。因此，在这三年期间，袁老师给我们推荐了很多书，比如《人间草木》《南渡北归》《中国哲学简史》《孤独的勇气》等，这些书涉及文学、艺术、哲学、美学等很多领域。

陆　星 对于我们理科学生来说，有些家长认为阅读只能对语文学习有所帮助，对整体成绩未必有用。还有一些同学会说："名著只有多少多少分，跟数学一道大题比起来差远了。”您是怎么看待这种观点的？

周镐源 阅读肯定对语文学习有帮助，但是提高分数并不是阅读的主要目的，也不是阅读的本义所在。阅读给我们带来的最好的礼物，是让我们养成阅读和思考的习惯，由此提升我们的共情能力、思辨能力、表达能力。这些其实也都是我们高中三年语文学习的内核所在。我认为这些比分数更重要。在这里，我将袁老师给我们常讲的一句话送给大家：无用之用，是为大用。

陆　星 那您有节省时间、抽空阅读的好办法吗？

周镐源 我们省锡中的学习生活节奏松紧适度。学校一方面提供了自主阅读的时间；另一方面，我们课外也有充裕的时间来选择自己喜欢的书籍进行阅读。当阅读成为一种生活方式，你就会自己从日常生活中挤出时间来阅读。当天没有阅读，会有一种虚无感。

刘佳烨 您在假期当中是怎么安排自己的阅读计划的？

周镐源 我阅读比较随性，一般不会有书面的阅读计划。高三一年我买了几本书，有些翻阅了几遍，有的看得不多，因为高三时间比较紧张。高考结束后，我就把手头几本书全部阅读完，同时也在网上找想要阅读的书籍。

刘佳烨 那您在假期当中阅读的时候也会像在学校一样做读书笔记吗？

周镐源 做读书笔记是很好的阅读习惯。在学校，老师一直要求我们一边阅读一边勾画、摘抄、评点。在家里的话，我也会想保持好这种习惯，就会在阅读的时候手里拿着笔，这有助于阅读走向深入。

刘佳烨 我们这一届高一曾经下发过一个“做好阅读笔记”全校倡议。那您认为，做阅读笔记对我们语文学习的帮助具体表现在哪里呢？

周镐源 做阅读笔记对语文学习有帮助，因为你一边读书一边拿着笔，就可以在阅读时有一种仪式感，拿起笔，就可以让自己更多地投入到阅读中，有更深层次的思考。当碰到一些好的词句或者特别精妙的观点时就可以把它顺手摘录下来，不但能加深阅读印象，以后再次翻阅读书笔记的时候还很容易检索到。阅读笔记让我们处于一边阅读一边思考的状态。但如果你不拿笔记录，就会很随意地翻过去，读书就变成了翻书。

刘佳烨 那您觉得是记录一下书本当中的具体素材有用，还是去记一些作家的富有哲理性的句子，对其进行深入的思考更有用？

周镐源 这些并不矛盾，但纯粹的读书目的很重要。积累素材、摘录句子有助于我们阅读的积淀，但专注于文字内容、与作者进行对话交流才是我阅读的真正目的。

刘佳烨 最后您再给我们学弟学妹提供一些学习语文的方法和建议吧。

周镐源 有些惭愧，我自己语文成绩不算特别好，班级均分上下吧。但语文学习尤其是阅读的过程，让我受益良多。三年的阅读学习，开阔了我的人文视野，让我学会了独立思考。因此，我希望学弟学妹们不要将语文学习窄化为做题、考试。尤其是我们身处匡园人文气息如此厚重的环境里，要将培养自己的语文能力作为语文学习的目标。

6. 书卷多情似故人

（王丁熠）

王丁熠简介

2020届匡园毕业生，现就读于北京大学。爱好种花、手工。曾获北京大学学习优秀奖、苏嘉奖学金一等奖。

寄语匡园

希望学弟学妹们能够在国学馆感受深沉而厚重的文化，在西学馆仰望浪漫而永恒的星空，在生活中关注不期而遇的惊喜，在心中燃烧生生不息的希望，从而构筑属于自己的匡园阅读记忆！

访谈成员　刘佳烨　陈冠豪
指导老师　黄翠华

陈冠豪 在匡园我们都有固定的阅读时间，现在学姐在家里会不会像在学校里一样抽出大量的时间来阅读呢？

王丁熠 我在家会在晚上进行一些阅读，因为我比较喜欢安静的氛围。于我而言，平静的夜晚会使我更容易沉浸于书中，感受书中的氛围与情感。

陈冠豪 现在学姐在家里仍然保持着非常好的阅读习惯，那如果换做是三年前呢？如果没有受过匡园阅读氛围的影响和熏陶，您还会像现在一样坚持每天阅读吗？

王丁熠 三年前的我对阅读确实有兴趣，但并没有像现在如此热爱阅读。对之前的我来说，阅读就是可以提升我语文水平的工具，但是三年后我已经把阅读当作一种爱好，贯穿在我的日常生活中。

陈冠豪 这样来看，学姐在匡园中逐渐把阅读变为更贴近生活与灵魂的事情。那么在匡园里有哪些是助力您阅读的呢？

王丁熠 我记得一个早晨，我的语文老师袁晗毅老师让我们去学校随便找一个地方早读。记得我当时是去了“氧吧”（行政楼旁边的草丛），读的应该是《基础与常识》（学校内部读物）上的文言文实词。虽然我觉得这算不上一次正经的阅读，但是在这次体验中，阅读给予我的感受真的非常美好。

陈冠豪 听了学姐的分享，我相信学弟学妹们也都能在匡园中收获属于他们的阅读宝藏。在找到宝藏之前是需要一个指引人或者一份地图的，正如学姐所说，老师在您的整个阅读过程中起到了举足轻重的作用。那么袁老师有什么指导建议是对您阅读的品位、取向，或者是对您阅读的见解起到关键作用的？

王丁熠 我三年的语文老师都是袁晗毅老师。首先我觉得三年都是同一个语文老师，我已经非常幸运了。其实在刚进入高中的时候，我的阅读还仅仅停留在浅显的层面，但是进入高中以后，袁老师给我们推荐了很多书，比如有关于美学、哲学方面的，还有其他各种各样的，几乎所有种类都涉及了。不仅如此，袁老师还在语文课前抽出些时间把他认为好的文章或者一些诗句与我们分享。我觉得袁老师在应试教育的大环境下，也没有放弃对我们语文素养的培养。

陈冠豪 那我在这里想问一下学姐，您是怎样使用素材的？很多同学会面临这种情况：有素材，但不知道什么时候可以去使用，考试的时候很难想到合适的素材去使用。您有什么好方法吗？

王丁熠 我觉得素材积累不是单纯地在读书的过程中把一些好词好句或者事例摘抄下来，而是在读到一些好的例子、好的故事时，自己定一个主题，比如说勇气、孤独、自我，再根据定的主题写一个小的片段。这种方法也是袁老师教给我们的阅读方法，就是一个从素材到作文转换的过程。虽然这些片段以后不一定都能被直接用到，但是每篇作文都大概是那些母题下面的产物，坚持这样去做的话就可以帮助我们将素材运用到作文中。

刘佳烨 进入高一之后，有些同学会觉得高中的学习和初中的学习相差很大，不仅需要课堂上听讲，课后可能还要花更多的时间来巩固知识，或者是刷题。那么学姐是怎样在如此繁忙的学习生活当中抽出时间来读那些学校没有要求但自己很喜欢的书籍的呢？

王丁熠 首先我不会占用任何自习课的时间去阅读，因为对于高中生来说，学业肯定还是第一位的，刷题的话应该也是对成绩帮助最大的一种方式。我会选择在排队吃饭的时候进行阅读。虽然食堂比较嘈杂，刚开始可能会不太习惯在那种喧闹的环境下阅读，但时间久了就能学会沉浸在自己的世界中、书的世界中，周围的环境不再会有很大的影响。如果需要这样进行阅读的话，我不太推荐去读一些连贯性比较强的小说，可以选择去读一些简短的文章，可能中午吃饭排个队只要五分钟，一篇文章也就读完了。有的时候我也会在晚自习后晚一点走，比如说九点二十分下晚自习，我会到九点三十分再走。十分钟内也可以做一些简短的阅读。

刘佳烨 那您觉得阅读笔记对于我们语文学习的帮助，它具体表现在哪里呢？

王丁熠 首先就是作文，我觉得一个作文好的人，他也应该有很多优秀的阅读笔记；其次，阅读笔记对我们的阅读理解也是很有帮助的，通过阅读我们可以培养一种语感。也许阅读不能快速提高语文成绩，但阅读一定可以潜移默化地影响整个人的语文素养。

刘佳烨 您在匡园跟着袁老师学习了三年的语文，您有没有一些学习语文的小方法，或者一些比较好的习惯跟我们分享一下？

王丁熠 主要还是作文吧，袁老师对我们作文方面的积累帮助特别大。可以说，我作文方面的积累大部分都来自袁老师的语文课堂，袁老师也特别注重改作文。他有时会把每篇作文每一段非常细致地跟我们讲：你这段这句话该怎么写，这个标题该怎么写……每一篇作文不管写得好与不好，我肯定是会改两遍的，有的时候可能还要改三遍，一些认真的同学会改到满意为止。虽说这么一个重复的劳动可能会让人感到心烦，写的时候可能会感到很烦躁，但是经过这样的磨炼，能够切实地感受到自己作文水平在慢慢提高。阅读理解方面，袁老师经常给我们复习一些题目，把同类型的题目归在一起，让我们不断地进行训练，去感受解题的思路与方法。

陈冠豪 学姐在老师的引导下体悟到了阅读的乐趣与价值。那么在学姐眼中，整个社会的阅读趋势是怎样的？是消极的，还是积极的呢？

王丁熠 我在高中阶段，虽然没有完整地读过，但是浏览过一本书——《娱乐至死》。我觉得处于新媒体时代的很多人可能对阅读的理解就是在微信公众号上找到一篇文章，接着快速地翻阅。我觉得以这种方式阅读，更多的应该是获取信息，而没有产生自己的思考。在如今的社会环境下，人们确实越来越焦虑。大家对于一些真正的好书，没有足够的时间和精力去品味。我认为，作为新一代的青年，应该有责任也有义务去影响整个社会的读书氛围。可能我们并不能影响很多人，但至少要从我们自己做起。去阅读一些有价值的书，提升个人品位的同时带动周围的同学一起去营造一种阅读的氛围。

陈冠豪 顺着学姐的话说，整个社会的氛围是很焦虑的，有些身边的同学会觉得阅读就是一种提高自己分数的方法，并没有很认真地对待阅读，甚至说出："名著不过多少分，既没有什么大用处，也没有一些网络小说来得有趣。"您是怎么看待这种现象的？

王丁熠 首先谈谈网络小说。其实我本人从来没有读过网络上的小说，当然我有同学会读，但他们也不会在学校读。也有一些成绩非常优异的同学喜欢看网络小说，但他们也只是把看网络小说作为一种日常休闲的方式。把读网络小说作为一种消遣的方式我觉得是完全没有问题的，只要不上瘾就可以。当然我们也不应该如此片面地看待网络小说，我觉得现在网络上也有很多优秀的小说，它们丰富了我们的课余生活，也提供了非常广泛的题材。可能有些人觉得印刷出来的书都比较深奥，会读不懂，网络小说可能比较浅显易懂。如果能够通过网络小说培养自己的阅读兴趣，我觉得也是非常好的一个方法。再来说一下功利性阅读这种现象。我觉得不能把阅读功利地看成语文作文素材的积累。其实我在阅读的过程中也会考虑素材方面的积累。但是，阅读更多的是对一个人气质和素养的培养，而且我觉得阅读与素材积累其实并不冲突。如果能去好好地品读名著，我相信也可以用到作文中，只要有自己独到的见解，任何素材都不会过时的。

7. 于书中寻一份遗世的静美

（袁依凡）

袁依凡简介

2020 届匡园毕业生，现就读于南京理工大学。热爱旅行、电影和阅读，曾获“语文报杯”全国中学生作文大赛江苏省一等奖，立志做最文艺的工科生。

寄语匡园

离开匡园两年有余，偶尔想起教学楼天台的微风，浅浅怀念操场上奔驰的身影。也会羡慕正值韶华的学弟学妹们，在这片土地上肆意挥洒汗水。少年风华正茂，自当熠熠生辉。

访谈成员　王费芸　吴　双　朱涵希
指导老师　黄翠华

王费芸　每一届匡园学子在刚入学时，就会定下“高中三年 600 万字阅读量”这样一个目标。我们把记忆拉回到三年前，您当时面对这样一个目标有什么想法?

袁依凡 刚听到时觉得很难完成，后来慢慢积累，也达到了这个阅读量。

吴　双 在落实这个目标的过程中，您有什么样的体会?

袁依凡 我一直有一种观念，从言情小说、网络文学到名家名篇都是值得阅读的，都可以从中读出自己的思考。虽然对作文素材积累可能不太实用，但思考不能少，它可以帮助自己在作文中踩到又新又好又深刻的点。我曾经写过一篇作文，引用了张爱玲的言情小说，议论了爱情在婚姻里为什么会变质，就令老师眼前一亮。省锡中将培养学生的阅读习惯落到了实处，我对自己的阅读充满自信，在阅读中受益匪浅——与书中的微言大义对话，对本来的“司空见惯”进行思考，从生活的平淡无奇中窥得生命的奥秘，在世界的广阔无垠中回归简单纯粹的热爱。

朱涵希 可以谈谈对您有重要影响的书，以及在您阅读经历中起重要作用的同学、老师吗?

袁依凡 对我影响最大的作者是蒋勋。我是他的忠实读者，他的书我几乎都看过。但必须说，我妈妈并不非常支持我读蒋勋，她总说我被蒋勋带得有些消极。其实我的思想并不是消极，我只是喜欢道家思想，“无为而治，随遇而安”，这种思想有利有弊。比如高三一年，我过得没有想象中的辛苦，它使我能够用平静的心态面对高考。对我有重要影响的书有蒋勋的《无关岁月》《舍得舍不得》和《孤独六讲》。《无关岁月》是伴随着我整个高三的一本书，它促使我思考，让我真正关注到生活本身，即便是一些“司空见惯”或者“习以为常”，生活本身也蕴藏着巨大的欢欣，隐藏着无数被我们忽视的美好。《舍得舍不得》让我了解了执念并懂得了“得与失”的一点点真谛，这本书有很神奇的让人心安的力量，即便我面临着高考的竞争、紧张、压力甚至浮躁，也能在读这本书的片刻之间心安下来，重新投入学习中去，并维持一种平静的状态。《孤独六讲》相比前面两本，哲学的味道要更加浓厚一点。如果说《无关岁月》让我对话外界从而得知本我，《舍得舍不得》让我发现了自我，那么《孤独六讲》就是让我继续向内探寻超我。它告诉了我孤独的意义和必要性，也给予了我空间与原始的自己交谈。

在我的阅读经历中起了重大作用的应该是我的父母，他们在我小的时候以身作则，让我对阅读产生兴趣，逐渐让阅读成为我的爱好和习惯。同时，在我成长过程中给予我很大程度的阅读的自由，让我的阅读面大而杂，从而使我收获了更多维度的思考。

印象深刻的阅读有读汪曾祺先生的《葡萄月令》和《跑警报》，这两本书的内容也在我后来写的议论文中多次出现。初读《葡萄月令》其实感触不深，这本书文字平实，内容简朴，不具备触动很深的阅读效果，也缺乏让人眼前一亮的点睛之笔。后来了解到汪老曲折坎坷的人生经历，便对他产生了由衷的佩服。在经历了无数让人觉得不堪忍受的挫折之后，汪老在字里行间展现出的却是人间温情——对一草一木的关注和爱护，对平淡生活的巨大热情，对对于他来说并不温柔的世界报之以歌。由此可见，一个经历了无数黑暗的老人心中依然怀抱着爱和光明。而《跑警报》则以面对苦难截然不同的态度深深吸引着我。生死攸关的大事，在汪老的笔下俨然成了游戏般的乐趣。悠然中不见慌忙，乐观中不见黯淡，超越了自怨自艾、怨天尤人，更不同于“苦难是珍珠”式苍白无力的“心灵鸡汤”，它让人拥有面对苦难的底气，让人即便面对苦难也拥有粲然一笑的能力。

让我对语文阅读产生兴趣是在小学。我记得特别清楚，有一天，雾很重，能见度不足五米。那天我的语文老师让我们写关于雾的作文。那是我小学写过的最长的作文，花了很多时间。老师给我打了一百分，从此我就对阅读、写作产生了极大的兴趣。

高中对我影响最大的语文老师是袁老师，也是他教会了我怎么阅读，怎么写议论文。

王赀芸 对您而言，阅读与学习（具体指学业任务，带有面向高考目的性的学习）是一种什么关系？在有限的时间内，您是如何安排二者的？

袁依凡 阅读与学习的关系一度深深困扰着我。如果在阅读时无时无刻不掺杂着功利的摘抄等完成作业的心理，那么阅读的质量一定会大打折扣。而不问作业单纯地读书，那在重要的高中阶段无疑是“奢侈”的。我认为阅读的过程一定是简单纯粹而不带有功利目的性的——在阅读过程中，沉浸于书海并积极思考，从而获得属于自己的思想观点。而阅读的结果或者说成果，一定是具有功利目的的——一切思想观点、道理或事实论据都为我们的考场作文服务。有限的时间内还是要“在正确的时间做正确的事情”，安排阅读的时候阅读，而应该学习的时候不要打着“阅读”的名号偷懒。在自主安排时间时，不妨于做理科题目做得头昏脑涨时看一篇短文作为调剂，但是切勿就此沉浸在阅读的海洋无法自拔。其实，有些时候在不经意间已经进行了阅读。比如我很喜欢的一个节目《奇葩说》，有空的时候用它适当地放松，顺便积累素材，提升思考高度。虽然它含有娱乐成分，但里面的一些论题和论据值得思考。我记得有一期问“博物馆失火救猫还是救画”，“猫”代表生命，而“画”代表艺术，很值得深思。生活中的点滴一定要关注，要思考，留在脑海里的就是自己的。

朱涵希　如今，我们阅读的内容、形式等更具有多样性，您怎么看阅读与时代的关系？为了更有效、更有益地进行阅读，您会如何选择？

袁依凡　在回答问题之前，我先将所谓“时代”狭义地定义为“过去、现在和未来”。阅读让我们了解到古人的智慧，让我们一览华夏文明五千年的源远流长、博大精深，也正如俗话所说的能让我们“站在巨人的肩膀上看世界”。潜移默化中，我们对于现世的为人处事也会受其影响。而未来则让我联想到了科幻小说，它让我们在有限的维度内展开对于未来的畅想，也能从一些畅想中看到现在人性的影子。我就很喜欢刘慈欣的科幻小说，节奏紧凑，情节生动，并且在看似平实拙朴的语言中，浓墨重彩地渲染了科学和自然的伟大力量。他擅长将工业化过程和科学技术塑造成某种强大的力量，作品中洋溢着英雄主义的情怀。在阅读内容方面，我更鼓励“把面铺开”阅读。虽然在一个专门领域阅读能让人获得在这一特定方面更多的知识，但是阅读内容多元化能让人在思考问题时拥有更多的角度，从而获得别具一格的认知。

朱涵希　唐江澎校长一直强调“成为终身阅读者，做负责任的表达者”，您认为“终身阅读者”和“负责任的表达者”对人生发展有何作用？并且谈谈您对阅读的认识。

袁依凡　我认为终身阅读是负责任地表达的前提，两者的关系密不可分，互相影响。只有在践行终身阅读之后，我们才能收获思想上的广度和深度，才会去考虑我们的一句不经意的表达可能对他人产生的影响，从而肩负起表达的责任。虽然我们都是普通人，但表达的责任是我们肩负的最大的责任之一。在精神麻木的时代，缺乏鲁迅式振聋发聩的“呐喊者”，读书人责无旁贷；而在当下网络信息泛滥的今天，因为缺乏阅读、缺乏思考而诞生的“随口一提的恶评”“事不关己的微博骂战”则真真切切地使许多本该灿烂无比的年轻生命从此黯淡无光。负责任地表达是我们的目标，更是每个时代迫切需要的，而在此之前，养成终身阅读的习惯则是每个中学生的义务。因为终身阅读，我们才有思考能力，从而能够担起表达的重任，并为说出的每一句话负责任。

由此可见，浮光掠影、走马观花式的翻动书页不算阅读，真正的阅读与思考密不可分。阅读需要思考，有思考才会负责任地表达。没有思考，那么阅读也就失去了意义。

吴　双　学姐就阅读与语文学习再为学弟学妹提出一些建议吧。

袁依凡　第一，思考。思考是对语文学习、写作文、阅读都非常重要的东西。看完一本书，合上，思考。以前我写作文前会列提纲，但现在不会。我尊重在创作过程中迸发出的灵感，可能一开始未想到的，在写完两段后突然忆起。另外，阅读是个性化的事情，要尊重自己，学会独立思考。有志同道合的小伙伴一起讨论、共同学习固然是一件好事，但是独立阅读与思考的能力是必不可少的。语文学习方面最好要有自己的想法，结合老师的建议制订最符合自己的学习计划并落到实处，不要一味依靠老师，要有自主学习的能力。

第二，交流。高二的学习相对辛苦，这也是高中学习的分水岭，而高三的学习更是紧张与压力并存。在遇到困难、遇到问题时，要积极与老师和父母沟通，在必要时找机会和学长学姐聊聊也是不错的选择。我们和学长学姐生活在几乎同一个年代，经历着相似的学习过程和心理状态，所以，和他们谈心或许能成为事半功倍的交流。

8.“普通读者”不普通

（冯若琰）

冯若琰简介

2020 届匡园毕业生，现就读于江苏师范大学。擅长演奏吉他和二胡，爱好摄影和旅行，空闲时喜欢阅读名著，偶尔看看杂书或者听听相声。

寄语匡园

祝愿每一位匡园学子能在最好的年华做让自己无悔的事，争取让三年高中生活不留遗憾。人生的每一个阶段都有风景，不要焦虑，只要前进就是理想生活的模样。愿匡园成为万千学子的筑梦摇篮，让每一位学生感受到明天的希望，在浓厚的校园阅读氛围中更上一层楼。

访谈成员　陈沁蕊　李欣芮
指导老师　刘浠文

李欣芮　省锡中一直努力为学生营造良好的阅读氛围，例如学校的图书馆、小书屋、阅读研究性课程等。这对于您来说有何帮助？在这样的情况下，您的在校阅读计划和时间又是如何安排的？

冯若琰　学校创造的氛围对于我来说大有裨益。首先，小书屋就是一个很好的读书环境。学校会从图书馆里精心挑选适合高中生阅读的书目并送到小书屋来，对我们学生来说很方便。我们在校阅读的时间十分充足，譬如每天的下课时间、学校特意设置的阅读课等。我经常利用一些碎片时间来阅读，效率会很高。

陈沁蕊　高三是学子们冲刺高考的时候，时间方面很紧张，这会影响到您的阅读吗？

冯若琰　完全不用担心这个问题。我们的语文老师注重对学生语文素质的培养和阅读素材的积累，一个星期会给我们安排一节课的时间专门阅读。有时候还有一些名家前来我校做讲座传授经验和知识，这样我们的视野又会变得更开阔。

李欣芮 阅读带来的乐趣常常表现在分享阅读领悟的时候。在匡园阅读的过程中，您是否与同学分享阅读领悟？是否有与老师一起讨论过关于一本书的情节、人物？

冯若琰 我会有很多和老师关于阅读方面的互动。我们平时经常写一些读书笔记交给老师。老师在阅读完后会依次找我们讨论他关于这本书的看法，或是主旨，或是人物，或是整本书的文学价值。他也会适当地教我们如何利用一本书中的素材，提出如何写好读书笔记的建议。我与同学之间的交流就更多了。我们会在课间休息时讨论对于某书的看法，互相推荐一些书目。譬如之前我与我的同桌同时在读《飘》这本书。我们花了一个多月读完它。在这一个多月的时间里，我们会交换彼此的读书笔记，在小书屋里讨论关于这本书的阅读感受。

陈沁蕊 当您在读一本书时，您觉得比起自我消化和理解，与他人分享式的阅读是否更好？

冯若琰 当然更好，每个人对于一本书、一个人物的思考出发点和维度是不一样的，所以与他人分享式的阅读更能丰满自己的看法，自我对于人物形象的见解也会更有层次感，更加透彻。

陈沁蕊 在阅读过程中，您是如何将获取到的信息转换成自己特有的见解，提升自我修养的？

冯若琰 在阅读过程中，我会先用荧光笔把认为极好的片段做个标记，再抽时间摘抄，但只是小篇幅地摘抄一些词句。我也会适当地在片段之下写下自我思辨的过程。

李欣芮 阅读后的读书笔记整理有什么小诀窍吗？

冯若琰 平时在整理阅读笔记的时候，我会使用活页本，一些相似的主题与素材就能归类整理在一起。或者我会把一本笔记本分为两个部分，前面写摘抄，后面写感悟，之后翻阅就会快捷许多。

陈沁蕊 《论语》曰：“诗三百，一言以蔽之，曰‘思无邪’。”阅读其实也是心灵净化的过程。在阅读过程中，是否有一本书使您觉得“思无邪”，心灵得到了净化？

冯若琰 让我觉得“思无邪”的书应该是《平凡的世界》。一开始阅读，我就能深刻地体会到自己的脆弱与渺小。书中描述了社会不同阶层的人的形象，人们为生活的奔波与努力，追逐梦想的路上的挫折与痛苦，拼搏之后的成功与喜悦。尤其是主人公孙少平认识平凡、选择平凡的行为，让我感触极深，我也渐渐体会到，在求学路上，大多数人都会遇到或多或少的挫折、困境，克服困难、摆脱束缚、学会生活、懂得珍惜才是我们该做的。这大概就是这本书净化我心灵，使我“思无邪”的部分。

李欣芮 作为一名高中生，我们尚未摆脱浮躁、稚气等阶段特质。在如今科技高速发展的年代，无论在哪，我们都能接受到文字传递的信息，但我们容易被误导、牵着鼻子走，成为“骑墙派”。阅读其实也是一个引领的过程。在阅读中，我们会接收到关于作者或好或坏的思想。那么，如何在阅读中坚持自我，培养独立思考和判断的能力呢？

冯若琰 其实读者本来就是站在一个客观的角度。我会一个一个片段“择”出来，每当看完一个片段便写下自己的感悟。之后，我又会将每一次的感悟进行比对，去观察我的思想和观点是否产生了变化，这种变化有利还是有弊。如果有利，那就说明作者给了我一个很好的引领，并打开了我的思维新世界；如果有弊，则摒弃。当然，权衡这种利弊的标准就是判断我产生的观点是否建立在正确的道德观上。

陈沁蕊 著名意识流女作家弗吉尼亚·伍尔夫提出“普通读者”这个概念。她认为“普通读者”是一群“未受文学偏见污染”“判定诗歌荣誉”的人。她甚至认为：“作家和读者是一个创作共同体，读者是作者潜在的回应者和对话者，两者之间存在一种友好的伙伴关系，一种亲密而平等的无形联盟。”某种程度上说，读者具有一定创造力。请问，您如何看待读者这个身份？您是如何践行这个身份或理念的？

冯若琰 我很喜欢“普通读者”这个概念，我也恰恰认为自己就是一个“普通读者”。我常常认为阅读其实是一种时空层面的流动，并且是双向的，譬如作者和读者的互动。加缪的《鼠疫》就是一个很好的例子。他通过一系列的描写特意给出了一个思考的空间，他想让读者去思考关于

“鼠疫”的象征意义。当然，读者给出的反应和思考也很热烈。例如我就会在阅读的过程中去思考这个象征意义并写下感悟。在一些阅读类 App 上，譬如豆瓣，会有很多书评人和读者就这个象征意义进行交流。我觉得，其实作者不仅仅是写下一本书，也不仅仅是在我们的精神构建上扮演重要的角色，他更像是给我们提供一个平台、一个世界，我们可以在这个世界里互动，一起去探索无限的可能。

陈沁蕊 您有自己钟爱的作家和书籍吗？如果有，请推荐一下并简述原因。

冯若琰 我最爱的作家是王开岭，他撰写的《精神明亮的人》，我非常喜欢。首先，他的语言细腻优美，感情极其丰富，对我写作有很大帮助。其次，他的作品在我的精神构建上也扮演了很重要的角色。他深刻的生命体验和锐利的思想与他诗意的表达结合之后，给予读者无限遐想，帮助我对生活、生命有了更加丰富的体悟和了解。沉浸在作者描绘的精神洞穴之中时，我发现了自己所缺少的儿童般的明亮清澈的目光。在即将成年的年纪里，渐渐走入成人的世界，漫无目的地摸索着成人的游戏规则、与人打交道的经验逻辑，使我渐渐麻木、无精打采，但是阅读完此书之后，我突然发现只有精神明亮、有孩童般的纯真才能在这个有无数缺憾的世界里发现生活的美好。除了王开岭，我还爱看王小波等大家的作品。

9. 书香伴成长

（陶旖旎）

陶旖旎简介

2020 届匡园毕业生，现就读于南京医科大学。擅长国画和吉他，爱好阅读与旅行。

寄语匡园

沐风雨，育桃李，感恩母校培养。今日我以匡园为荣，愿明日匡园以我为荣。读万卷书，行万里路，希望我们都能享受阅读。人生匆匆，愿我们共享美好时光，愿我们的梦想不落空。

访谈成员　赵静怡　卫子煊　赵　亮
指导老师　李雪娇

赵静怡　在匡园三年的学习生活中，相信学姐一定读过不少书籍，其中印象最为深刻的是哪一本书？请简单谈谈原因。

陶旖旎　我印象最为深刻的应该是艾伦·德肖维茨的《最好的辩护》。因为在匡园三年我的目标大学一直是中国政法大学，所以我接触了与法学有关的这本书。艾伦被誉为“最伟大的人权捍卫者”，成功代理过许多重大案件，包括辛普森案、五角大楼秘密文件案和美国总统大选案等。很多律师写书只写自己如何胜诉，但艾伦不一样，他有意谈了几个败诉的案子，他选择的是最富挑战、最困难、最有代表性和开创性的案子。他真正地、最为直观地告诉了我何为职责，教会了我何为担当。这本书中错综复杂、幽深莫测的经历揭示了真实的法律世界，然而也正是见过了心照不宣的潜规则与灰色，才可能真正坚定地保持着赤诚理性的立场。

赵静怡　校园生活学习任务重，您是如何保持学业与阅读的平衡的？

陶旖旎　我的阅读大部分都在高一、高二时进行，高三比较紧张与疲惫，没有太多的精力花费在阅读上面，所以这个时候的阅读只能利用每天零碎的时间，五分钟、十分钟，可能只是放松一下我们紧绷的神经。在高一、高二的每一天，我比较习惯于在放松宁静的环境里阅读，比如在午休的时候、晚自习下课后，都可以自行留在教室里看一会儿书。而在周末，时间就比较自由与宽松，我一般会在做完一阶段的作业之后阅读一会儿，同时进行摘抄。长时间的单调的学习会让人感到疲惫，所以阅读可以充当调剂的角色，以使我们更高效地进行下一阶段的学习。

赵　亮　匡园小书屋中的图书一直是一大特色，这对您的阅读有没有提供便利和帮助呢?

陶旖旎 有一定的便利与帮助。事实上去小书屋借书的同学不是很多,但它的价值还是不可否认的。首先,它有一定的熏陶作用。小书屋书柜的存在让我们都看得到阅读,平时从小书屋进进出出,书柜就像在向我们提问:“今天你阅读了吗?”时时刻刻督促着我们。其次,它为碎片化阅读提供了可能。去小书屋借书的同学可能是少数,但偶尔翻看一会儿的却大有人在。在小书屋可以进行哪怕是五分钟、十分钟的碎片化阅读,可以记下两句名言,或是一个素材事例的积累就始于这一点一滴之中。所以,我希望学弟学妹们都能够继续甚至更好地利用小书屋的图书角。

卫子煊 您在匡园良好的阅读氛围下养成了好的阅读习惯,能否传授学弟学妹们一些呢?

陶旖旎 一个经验是摘抄,在每一段文字后面注明适用的主题,比如勇气、担当等。然后名言、好句好段、素材可以用不同颜色的笔摘抄下来,或者直接用活页本分类写。如果复习的时候有时间,可以专门做一本作文素材本,分类归纳一遍。另一个经验是在课间的时候,可以和同桌进行阅读交流,分享一个好的句子或者一个素材,这样就进行了更高效的积累,扩充了知识量。

赵 亮 张潮说过:“年少读书,如隙中窥月。”高中三年的阅读对您的视野和格局有没有一些拓宽与提升呢?

陶旖旎 高一、高二的时候,我的阅读往往是为作文服务的,这难免过于现实。为了特定结果去做的事情很难让人产生欲望,所以高一、高二的时候,即便我花了大把的时间去阅读、去摘抄,其实真正留在我脑子里的、真正属于我的东西少之又少。而高三,当阅读成为我自发的选择时,它体现的价值就不仅仅拘泥于写作当中,它会为我的内在加持。“读万卷书,行万里路”还是有道理的,当我们没有时间或其他条件去行万里路的话,拓宽我们视野、提升我们格局的最快而有效的方法就是阅读。阅读让我们不必行万里路,即可阅尽日月星辰、山川湖海。在我们这个年纪,不以特定的目的去阅读是很难坚持的,但仅以特定的目的去阅读也是万万不行的。所以,希望我们都可以尽量让阅读在功利之外进行,尽量享受阅读。

卫子煊　您觉得哪些书是需要“牛嚼”的好书呢？请推荐并说说理由。

陶旖旎　经典原著及具有时代代表性的作品，有时间的话可以原本、译本对照进行阅读，因为译本可能有些地方不是很完美，同一个句子，一千个人有一千种理解，而同一个人读一千遍也会有不一样的思想花火。经典承载的不仅仅是不可复制的文学性，更是著作者表达的感情及思想。大家在写作时，只是要写出自己对生活的所感所思或自己的欢欣与疼痛。作者是写给自己看的，或者是等待有分量的读者。曹雪芹在窘境中写《红楼梦》，只是想写出“一把辛酸泪”，并没有想把它做成经典。经典关注事物的内部，触及事物的内核，揭示生活的本质。对于轰动一时的新闻事件，经典总能深入其中，烛照事件背后人性的晦明。《安娜·卡列尼娜》和《包法利夫人》都取材于其时沸沸扬扬的桃色事件，是大报小刊追逐之八卦，但人们往往忽视了驱动故事萌生、推进的内力。只有经典才能够描绘主人翁的热情与梦想、挣扎与无奈，揭示人物的魅力与局限。

卫子煊　您是如何理解并将如何实践唐江澎校长所言“成为终身阅读者，做负责任的表达者”的？

陶旖旎　我认为首先要成为终身阅读者，才能成为负责任的表达者。终身阅读是负责任表达的前提与基础。负责任的表达者首先要敢于表达。我上面提到过的艾伦，就敢于接很多律师不敢接、不愿接、接不了的引起全民广泛关注的争议案件，敢于表达出与时代大势所对立的立场，而这恰恰是律师对社会更大的、超出具体案件的贡献。其次，负责任的表达者要做到客观、理性。作为个人，生存于世，我们仅有爆棚的正义感是远远不够的，还要充分认识到认知的局限和所谓“真相”的局限。保持理性，才能为我们说出口的每一个字负责。

第二章
匡园阅读印记

2022届毕业生的匡园阅读印记

1. 匡园阅读小记

殷藤萱

殷藤萱简介

2022届匡园毕业生，现就读于华东理工大学。爱好阅读，曾获省锡中“校优秀学生”、全国英语大赛二等奖等荣誉。

寄语匡园

劝君惜取少年时。真正的努力定会得到回报。唯有自己的成长才最不可辜负。

在匡园关于阅读的深刻记忆来自《雷雨》：我们犹记得那个晚自习，窗外雷声轰鸣、大雨倾盆，我们在小书屋里赏读剧本，品念白的堂皇和对话的深切；又深入人物的内心，探寻时代的压迫和人性的扭曲，恍惚间真是分不清书内书外。最后站在舞台上时，恍然觉得剧本自己就这么活了起来。

也记得读加缪的《鼠疫》，纵使身处因疫情而略显冷清的匡园，我也能从书中获得一点同病相怜的慰藉和战胜疫情的力量，如同晦暗夜色里始终有前人的明灯指引一般让人心安。

高一研创课程选的是研读《红楼梦》。如今仍记得一起读“红楼”、小组分工写文章的艰辛——我们组永远会被分配到故障电脑和奇怪鼠标前，永远是“吊车尾”，却仍然乐此不疲地研究“红楼”中每一个人物的悲欢离合，体会“千红一哭，万艳同悲”的惨状，与书中人物同喜同悲，感受巨著的冲击。

高二的课文我们篇篇精读，还写人物分析，写文章赏析。记得晚上殚精竭虑地读《孔雀东南飞》，几页文言文翻得烂熟，批注写得密密麻麻。我们用新时代独立女性的视角，痛批焦仲卿和焦母，为刘兰芝惋惜不已，读出了旧社会对女性的迫害和打压，读出了女性的挣扎和反抗，也体会到了黑暗的时代里一点烛火般的真情如何动人。当时只觉得作业费劲，读得累人，却在不知不觉中打下了深厚的文学基础。

还记得为了写议论文而看的《时评中国》。感叹于其中明白晓畅的语言和鲜明深刻的观点，寥寥数语便能鞭辟入里地分析问题。读了数遍，亦步亦趋地用在自己作文里，现在看来可笑，却也是初写议论文时一点努力的痕迹。

大概也是那个时候发现了张佳玮。无锡作家写的文字分外亲切，深浅宜人。没有他，我也不会知道博尔赫斯和雷诺阿，更不知道除了代表作之外，作家还有如此鲜活的人生。他给我的匡园生活增添了许多富有人文气息的乐趣，成为我向各方向探寻的起点和契机。

重读鲁迅是因为学了一篇《春末闲谈》。以前觉得晦涩的字句如今因为多了点阅历而愈发明白了，理解了“吃人”的时代下斗士们的孤独和伟大。鲁迅的笔锋如刀般剖开表面的虚与委蛇，其力量震撼人心。《故事新编》最为神妙，喜欢它的荒诞华丽、天马行空，也喜欢它字里行间的辛辣讽刺。以前只觉得鲁迅思想伟大，到那时才明白其文字的精妙绝伦，几乎是艺术。

到了高三，时间陡然紧张起来，但我还是挤出时间来看书。想方设法读完了两大本《飘》，看完了电影《乱世佳人》，小说深邃，电影宏阔。那时在匡园里眼前常浮现出郝思嘉美丽坚毅的脸庞和她“绝不、绝不放弃”的信念，这也可称为我高考的一点动力。

虽然天天喊着高中时间紧张，细细数来，我也见缝插针读了不少书。具体书目无法列举，但因阅读所获的必然与匡园一同成为历久弥新的温暖记忆，始终为我提供着前行的力量。

2. 书卷中的记忆

尹语凡

尹语凡简介

2022届匡园毕业生，现就读于华东理工大学。曾获省锡中双语诵读比赛三等奖、校读书征文三等奖，获“阅读之星”、“匡园辩论”班级最佳辩手等荣誉。

寄语匡园

愿学弟学妹们在匡园尽情挥洒青春的汗水，追逐自己的梦想，愿匡园桃李漫天，人才辈出，欣欣向荣。

“你喜欢王尔德吗?”简短的询问成了我与匡园好友结交的契机，也起笔勾勒了我在匡园与书卷的邂逅。

走进匡园之前，我不算是一个很喜欢阅读的人。高一的时候，能够自主安排的时间比较充裕，加上班里的阅读氛围很浓，于是在周围同学的感染下，我也慢慢沉下心去阅读，开始喜欢张晓风文字中的行云流水，沉浸于卡勒德·胡赛尼字句间的悲欢离合……那个时候老师总会布置随笔，而阅读所获也成了我随笔的重要素材。大约从那几篇随笔开始，我慢慢习惯于动笔记录自己的阅读心得。

空闲的时候，同学之间总会分享自己的阅读感受。我们曾为《追风筝的人》中“为你，千千万万遍”的深情而震撼，也曾反思哈桑的全盘付出是否是友谊的真谛……不同观点的碰撞使我们对书中人物的理解、对事件的思考更加全面，也为我们造就了更加立体的阅读世界。

我们每个人都参与了《雷雨》的话剧表演。站在剧中角色的位置上，我们真真切切地感受到了人物的揪心和无奈，体会到了另一个时代下截然不同的人生。

到了高二，我们被要求对一些课文以近似小论文的形式写下自己的理解和感悟，而老师更会用上几节课的时间让我们轮流上台分享自己的论点。于是，简短的课文融注了我们对字句的细细斟酌，而我们也更加深刻地理解了社会和历史，小小的课堂因此成为我成长的机遇。从单纯的聆听到自己也走上分享的讲台，我与文本中的人物似乎越来越近。后来，学校举办了匡园辩论。从相关信息的收集和阅读到自我观点的提炼和整合，再到辩论赛中对观点的坚定阐释，我在匡园的阅读从简单的汲取走向了内化和表达，现在想来，也正是这场辩论赛点燃了我成为律师的理想之炬。

即将进入高三时，我曾忐忑是否会因为学业的压力而不再有阅读的时间。仍记得上一届的学姐在给我的信中强调:“高三还是可以看书的……”这样简短的话语却是给我吃了颗定心丸。

步入高三，在寒暑假中，我们仍然会在老师的指引下选择好书，进入书中的世界，享受身心的放松，在匡园征文中留下自己的笔墨。而在校学习期间，阅读的重心则放在了高考作文素材的积累上，但每周四中午的阅读时间却始终承载着同学们心心念念的阅读期待……

再翻开那熟悉的书页，眼前的已经不仅是简单的文字，更是我回味无穷的匡园时光。而今，我虽已经从匡园毕业，但我与书本的连接将难以斩断。

3. 得未曾有

毛　扬

毛扬简介

2022届匡园毕业生，现就读于南京信息工程大学。爱好阅读、摄影、电影、旅游，擅长书法、写作、古筝。

寄语匡园

没有人天生就知道自己应该做什么，适合做什么，你需要一点点去尝试，去探索，去接触不同的领域。跳出安逸区，重新构建自己的空间，才能看到新的世界。请记住：人所应该遵循的是来自头顶上方的精神力量，而非身边俗世人群的推抬哄搡。

笔端的故事在飞扬的思绪中轻盈起来，尘封的记忆潜入了往昔的悄然，遣散在如水的光阴中。当那一笺失色的诗行爬满了浓郁的心房，我在心海中央，种下了一颗回忆之树。这树枝繁叶茂，土地湿润，常年花开，四季不倒。回首在匡园学习的三年，阅读在我的成长中起到了无法代替的作用。

高一时，刚刚升入高中的种种不适应让我陷入自我怀疑，常常为美好想象与现实之间的差距而苦恼。在难以自我排解之时，我遇到了让我印象至深的作者——庆山。她的文章结构，断句切换，抑或是时间的流动和对于生活静怡的安排，都像是遵从自然而得的生命揭示。

在反复阅读《镜湖》这本散文集的时候，所有可以被通透到内心的语句，都像被附上了一种珍贵且自由思考的状态，慢慢地将内心引向书里的每一处。她描绘的时光，一尘一土，都是绵延而深长的；她的思考状态和对于事物的审视，都在感知一种特殊且兀自开来的缘分。

重逢、机缘巧合、所有的真实或迷蒙，都是一种与日递增的循环。那些情感强烈的人事，或者摇摇欲坠的梦境，都是往返人生旅途的常态，时而看不清楚轮廓，时而又明晰。时间感知着一切生命迹象的自由，从生发到枯萎，都只是这一生。正如她所说：“仍是凡夫俗子，芸芸众生中的一粒尘埃。”

面对青春期成长的阵痛，我从庆山的文字中获得平静的力量，慢慢摸索着自己的人生哲学。而后接触到的罗翔老师的书更是为我的人生指引了方向。

我们都会迷茫：人生有什么意义？我们有办法完全认知这个世界吗？对于第一个问题，罗翔老师的回答是：“不是所有的怀疑都会导致虚无，很多怀疑是为了更加确信。”我怀疑，所以我寻找。我寻找，意义便由此产生了，活着本身就具有意义。虽然我还没有认识到人生的意义，但我愿意在我有限的一生里探寻、创造意义，这便是他对我人生的指引。

对于第二个问题，他一再强调人的能耐是有限的，我们不可能画出完美的圆。然虽不能至，心向往之。“无数个摸象的盲人就能拼凑出一个关于大象的整体看法。”法律在探索，我们也在探索。也正因我们在探索，我们才更加接近真理，法律才更加接近正义。即使我们永远无法达到正义，我们只能“做我们觉得对的事，然后接受它的事与愿违”。但是我想，这也就足够了。这并不能阻止我们追逐正义的步伐，我们对正义的追求永无止境。正如《法治的细节》中卷首语所说：惟愿公平如大水滚滚，使正义如江河滔滔。这不光是每一个法律人的追求，更是整个社会、整个国家的追求。

罗翔老师常说，他扮演的是法律殿堂的守门人，指引所有心怀梦想的学子踏入神圣的法律殿堂，他的文字让我在心中埋下学习法学的种子。

在匡园的三年，是不断阅读与不断成长的三年。回忆起无数次与同学讨论分享，向老师请教探讨的画面，满足与感激涌上心头。花开梦里，且行且歌，在匡园恋上了文字，习惯用文字记录那些远走的时光。当岁月掠过时间的长河，苍白了记忆，而那些美好的阅读记忆便成了一道永恒的风景。往事成歌，唱在过去，飘向未来！

4. 匡园岁月的馈赠

孙陈晨

孙陈晨简介

2022 届匡园毕业生，现就读于扬州大学。喜爱阅读、观影、听歌；曾获“苏教国际杯”作文大赛二等奖、省锡中读书征文二等奖和三等奖等荣誉。

寄语匡园

祝愿匡园年年桃李，岁岁芬芳，再谱华章，永驻辉煌。

好书明理，促人精神成长。正如匡园一直以来的训育目标之一：培养终身阅读者，培养负责任的表达者。我想，匡园给予我最好的馈赠便是与阅读同行的三年，这途中经历的点滴转化为思考感悟，将成为照亮我未来之路的明灯。

印象最深的是我高一的语文老师李茂林老师，是他指引我学会阅读，让我真正体悟到终身阅读者的意义。他是个有趣的老头儿，从不在意分数的高低，却很注重我们的阅读与思考能力。他的语文课堂教学并不局限于枯燥的题海与生硬的课本，而是有各式各样的文章阅读、纪录片感悟、影视剧欣赏，践行着“培养终身阅读者，培养负责任的表达者”的训育目标。我高一对语文有着十足的热忱。也是在那个时候，我明白了阅读不局限于阅读书籍，我们也可以阅读人物、阅读社会。

有段时间晚自习的语文作业便是阅读，我于桌前拿出购买的《玩偶之家》，黛色的封面如同窗外那深邃的夜空般深不可测，世间万物似乎都笼罩在皎洁的月光下，我沉浸于书本中。书中的娜拉看似天真单纯，实则聪慧坚强。她会为了救治病重的丈夫而忍辱负重，会为了不再烦扰弥留的父亲而假冒签名。她是那么娇俏可爱，骨子里刻着的是对自由的向往。然而娜拉所在的社会女性是没有权利的，她只是一个被当时社会轻视的女子。小时候爸爸的想法就是她的想法，长大后丈夫说什么她就应该做什么。为了他们，娜拉甚至愿意牺牲自己的名誉乃至生命。可自始至终，娜拉在他们眼中只是一个玩偶。爸爸将她叫作“泥娃娃孩子”，他和娜拉玩就像是和一个娃娃玩；她的丈夫海尔茂，总称她为“小金丝雀”“小夜莺”。印象最深刻的是第三幕中娜拉的觉醒，在她看清了丈夫的自私与虚伪后的那一段话：“我相信我首先是一个人，与你一样的一个人，或者至少我要学着去做一个人。”娜拉扮演了太多的角色，称职负责的女儿、妻子、母亲，渐渐地，她被外界的纷乱迷了眼。可到后来她才发现，原来自始至终她真正想做的只有她自己。她爱吃杏仁饼干，可因为丈夫的不许她只能偷偷摸摸吃；她想说脏话，可因为社会的歧视她也只能憋在心底偶尔爆发。这不是她所向往的自由，所以她选择勇敢地离开，离开那个关押她、束缚她的牢笼。

这让我不禁为之一震。

说起娜拉，有些人或许并不熟悉，但萧红这个名字大家一定不陌生。不知是何种巧合，当我还沉浸在娜拉出走后的震撼中没有完全走出时，李老师在语文课上给我们观看了《大师：萧红》。从中我了解到，正是受到娜拉的启发，萧红才会拿了嫁妆逃去北平读书。尽管她很清楚出走后难以预料的后果，但通过追求自己想要的生活，她真正改变了自己的命运。我想，如果没有娜拉的出走，也许成就不了之后的萧红。

高二时，语文组组织我们研读鲁迅先生的作品，其中一篇《娜拉走后怎样》唤起了我高一时期的阅读记忆。他指出娜拉出走无非两种结果：一种是没法生活，然后回家；一种是堕落。可是我认为，尽管她并不知道前路有多少艰难险阻，但那至少是她自己的选择，她可以做她自己，而不再是一个受操控的傀儡。不管她活得精彩与否，至少她是一个完整的有灵魂的人。再说娜拉也并非是个毫无生活能力的人啊。放眼现实，如今，有多少父母已经为他们的孩子规划好了一切，给他们铺好了一条平顺的道路，但那是他们真正想要的吗？未必吧！这样只会制造出更多的“玩偶”“傀儡”，那么这个时候，谁又来承担社会责任呢？

卢梭说过：“人是生而自由的，但却无往不在枷锁之中。”其实我们每个人都有自由独立的权利，我们可以勇敢地选择自己想要的生活。自己选的路或许会困难重重，但那至少是自己的选择，是无憾无悔的人生。

这段匡园岁月，让我懂得了许多。当我告别匡园后，在匡园学习的知识或许会很快被忘却，但于匡园的阅读记忆将永远不会消散，只是被暂时封存起来，同时所养成的阅读习惯也将与我携手余生。与娜拉的相遇让我明白了人要学会独立，学会勇敢选择自己的道路，而不是待在别人规划好的一切当中，做一个没有主见的玩偶。

5. 读在匡园

陈美婧

陈美婧简介

2022届匡园毕业生，现就读于南京林业大学。爱好阅读、运动、音乐等。

寄语匡园

祝愿匡园越来越好，桃李满天下！希望学弟学妹们能好好把握住三年的学习时光，无愧于未来的自己。

高三，周末的午后，与好友一起早早从宿舍出发，便有了充裕的时间去逛逛匡园书屋。

徘徊于书架之间，目光巡睃于书脊，在紧张的学习生活中，寻得一段喘息的时光。

在书海中纠结半晌，最终挑了最为中意的那本。将手里的几本一一放回原处，又不甘地记下了书名，只待高考后与之再续前缘。

一号楼里的匡园书屋，承载了我三年的阅读记忆。

从高一到高三，在匡园书屋，我曾读过各种类型的书籍。科幻小说开启了我天马行空的想象力，各类科普拓宽了我的知识面，名著引导我探索人性的本质……大量的阅读为我奠定了厚实的文字功底，更让我有意识地去对生活中的事件进行深层次的思考。

除了匡园书屋，我最常去的地方还有图书馆。

犹记一日午时，匆匆走进图书馆，步速便放慢下来。图书馆里的同学不少，都安静地找寻着自己想看的书。走过一个个书架，处于中间的那一排基本无人问津，我却对其情有独钟。在那里，有一排散文与诗集。我认为，并非只有小说是图书馆的宝藏，散文、诗集同样能吸引人的目光。散文类的书籍，与小说的重情节不同，它们自带一种宁静悠远的气质，阅读时，心灵能得到放松。

而最深刻的阅读记忆，源于高中三年的语文阅读活动。

高一时的话剧《雷雨》排演，让我将曹禺的几本著作重又翻出阅读。剧本这一独特的文学表达形式，既能让读者深切体味人物的动作、心理，又能让读者走入剧中，用自己的眼睛去一窥故事的原貌。我虽未成为剧中的演员，却有幸成了副导演，参与了道具的设计等活动，并听本班的导演讲了他自己关于《雷雨》表演的理解。

高二时开展以“研究鲁迅”为主题的深度阅读，我用学术研究的方式发现了一个新的鲁迅。

高三时，一次参加作文竞赛的机会，让我与南宋诗人陆游结缘。传记与诗集，是了解这位伟大诗人的主要途径。将一个人物钻研透彻，是指导老师的要求，也让我受益匪浅。在高三快节奏的复习之余，每周仍有午间半小时左右的时间，能够让我走入诗集与古人交谈。

“成为一个终身阅读者”不仅仅是一句口号，它应当且已经成为我人生的信念。

6. 阅读，可以随时随地发生

邹惠荞

邹惠荞简介

2022 届匡园毕业生，现就读于江苏师范大学。热爱阅读与写作，曾获“语文报杯”全国中学生作文大赛全国一等奖。

寄语匡园

匡园是一张名片，彰显着学校的底蕴；是一场见证，目送着相传的薪火；是一份温情，守护着师生间的点滴日常。青春不会消逝，只会迁徙。希望各位学弟学妹珍惜在匡园的时光，以求诚求敏的姿态开启奋毅飞扬的精彩人生，以足够的知识储备与热爱热血，行你所行，无问西东。

当被问及“阅读给你带来了什么”时，也许很多人会认为语文成绩是最有效的体现，然而我不愿说这些，因为在我看来，阅读仅有关素养，无关应试。

故事可以从四张奖状说起！

那是《雷雨》演出的优秀表演团体奖、语文课上的模拟主持人大赛金奖、匡园辩论的博学善思奖、“语文报杯”全国中学生作文大赛全国一等奖……这是我在匡园三年的阅读见证，亦是“培养终身阅读者”宗旨给一个不曾放弃阅读的孩子带来的意想不到的馈赠。

也就是在这里，我开始明白，阅读，原来可以随时随地发生。

当初中的幼稚与青涩触及匡园的角落，“诚敏”二字便扎扎实实地在第一节语文课上被传授——阅读校训释义。体悟匡仲谋先生的教育价值观，同学们衷心信服，相互勉励；解读十大训育标准，以身心健康为先，保持生命旺盛。同窗诵读铿锵有力，响彻匡园。“诚”，是守诚，是持正，更是明义，是“立身有诚实之美德”；“敏”，是敏捷，是高效，亦是乐群，是“做事有敏捷之习惯”。先贤的谆谆教诲便在这样的声声诵读中成为我们做人做事的根基，而代代匡园学子也就在这样的实践中逐渐拥有严密而敏捷的思维方式，建立起乐观、开朗、积极向上的人生价值观，培养起社会共情能力。

在奠定下“诚敏”的基础后，便迎来了我们2019级的共同记忆——《雷雨》话剧演出。

自由组合，自由分配角色，自行排练，对人物心理的激烈讨论直至现在依旧声声在耳，语文课上的层层筛选更是让每一个同学在演员与观众的角色中切换自如；十六个班级，两个星期，三个小时，沉浸式接龙话剧体验让每个参与者的脉搏随那个新旧交替的年代的各种矛盾冲突而跳动；道具的摆放、人物的站位、演员的语气语调，精彩的表现背后是整本书阅读和体悟式教学的双重乐趣；主持人、评委、记分员，我们在不同的角色中体悟同一本《雷雨》。

在这样的细细揣摩与精心演绎中，我们唤醒了剧中人——虚伪又残酷的周朴园、坚韧却痛苦的鲁侍萍、沉郁兼反抗的周蘩漪、单纯又美好的鲁四凤……语文教师的悉心指导，演出同学的尽情挥洒，学生评委的公正评分，我们班终于收获了属于我们自己的匡园阅读记忆：《雷雨》演出优秀表演团体奖。

在语文课上，我也收获了属于自己的模拟主持人大赛金奖。

高一的李老师认为语文不应局限于听课，便以当时央视选拔主持人的方式，每节课前抽出十分钟组织同学们进行即兴演讲。三分钟的读题思考，五分钟的联想陈述，正是在这样轮番上阵的实战测试中，“敢说”不再是虚无缥缈的梦想，“我来”成了接力的号角。站在讲台上演讲的那一刻，我想，无论是紧张得冒汗，还是自信的笑容，甚至是突发的卡壳红脸，都会成为我们人生中的高光时刻。我也很幸运，从无助扭捏到落落大方，有金牌作见证——记忆里，背后是临时考验的题组，身旁是点头鼓励的老师，面前是一脸期待的同窗，无论是谁都会牢牢记住这个场景吧！

来到高二，阅读从涉猎广博逐渐走向专、精，如何摆脱思想的“回音室”，使阅读书籍与现实问题形成良性互动，成了摆在我们面前的课题。就在这个时候，恰逢社会对“数字鸿沟”问题关注颇多，于是，一场以“网络使人更亲近/疏远”为主题的辩论赛便拉开帷幕。

经过层层选拔，我成了反方二辩。辩论的前期准备是一个极其考验语文素养的过程，无论是对相关文本的深入研读与鉴赏，还是写作表达与口头沟通，都离不开论辩的逻辑性、清晰性、准确性、敏捷性——“负责任的表达者”的要义便在于此了。晚自习时我们进行“头脑风暴”，明晰立论与基本概念的边界；课余时我们提前预设，以假设应对突发；立论写作时我们大量搜集资料，在追求数字型论据的可信度的同时，亦不放弃对人文关怀的坚守……

然而即使准备得再充分，也依旧存在不可控的因素，于是，辩论台上的我们在商量之后果断放弃对准备材料的过度依赖，放眼台下的广泛对象，以观众反应探测思维强度。现在回想起来，被大胆放置在一边的、准备了七八版的讲稿，在我脱离了它们还能滔滔雄辩的那一刻，才算是真正发挥了作用！

唐江澎校长在现场点评时的几句话亦让我记忆犹新。他说：“我们不能因为表达的需要而设定自己的人生立场。”在我看来，就语文学习方面，更应注重思维的磨炼，用开放式、对抗性的活动，使同学们完成对某一现象或现状的深入思考、析毫剖厘。人生发展中需要增强思维的丰富性，需要时刻用辩证的眼光去看待所有事物。所以这次的博学善思奖，仿佛是对我走出地域偏见、时代偏见的一种鼓励。

说到时代的烙印，不得不提的就是新冠疫情。特殊时期，居家的日子，孤独烦躁不可避免，但阅读依旧有抑制烦躁、克服恐慌的力量，校长阅读课即于此特殊时期诞生。无论是向传统文化寻求心灵救济，还是以言语传递力量，一个个专题背后是对持续阅读的坚守。同样，每个寒暑假，学校都会推荐三五本书，鼓励学生阅读并将所撰写的读后感进行评比。课堂上，在老师的指引下，我们会发表对同本书多维度的解读，探究思维新境界，思想的深度与阅读的乐趣得以交织；教学楼下，张贴的获奖红榜是鼓励阅读产出的见证，收获的兑换书券亦可以在匡园书屋领取到一份精神食粮。如果想要收获免费读物的话，寒暑假的读书征文不妨好好把握哦！

有点小骄傲地说，在高二、高三紧张的学习氛围下，我还是将小书屋的图书基本看遍！匡园在鼓励阅读“投入”的同时，亦开放了“产出”的空间：“语文报杯”全国中学生作文大赛、“苏教国际杯”作文大赛……

语文素养便这样在“听”“说”“读”“写”“演”中潜移默化地融入我们的成长，滋养我们的生活。

刘勰曾言：“登山则情满于山，观海则意溢于海。”回首在匡园的三年阅读时光，我很满足，也很庆幸，因为在这里，阅读，可以随时随地发生。

7. 自深深处

黄晶琦

黄晶琦简介

2022届匡园毕业生，现就读于南京大学。热爱阅读，勤于写作，曾在“苏教国际杯”“叶圣陶杯”等作文大赛中获奖。

寄语匡园

感谢匡园，感谢我的语文老师，带领我自由地阅读那些滚烫鲜活的文字，在其中寻得灵魂的归属。祝学弟学妹们能始终践行“终身阅读”的理念，以文字为终身师友。

“永远热烈，永远尽享欢愉。永远心跳，永远年少青春。”

三年阅读之旅，于济慈的诗篇启程，在这个阳光灿烂的盛夏落幕。

从“培养终身阅读者”的理念，到“600万字经典阅读”的倡议，匡园以务实行动为我搭建了最好的阅读平台。于是，书店成了我最常去的地方，宿舍床头堆着一摞待我翻开的新书，而一个个故事、一段段文字，占满了自修课写完作业后几乎全部的时光：刚刷完题的手腕还有些酸痛，又在笔记本上抄下莎翁的第十八首十四行诗。

“建立自己的阅读根据地”，唐江澎校长的阅读课推动我对“何为阅读”进行无声而持久的追问。浮光掠影与潜入深海，走马观花与苦心探寻，其间差异何啻天壤？这就是匡园带给我的改变：诚恳而深入地阅读，是通往文学殿堂的唯一路径。

至今记得“苏教国际杯”作文大赛初赛的试题：做一个善读者。怎么才算得上“善读”？我想起曹林在《拿什么拯救被“梗”住的文字“失语者”》的评论：“读书是从容、双向和可以反复的，默读的孤独性和理性思考，有助于建构‘理性自主的自我’，让思维在默读和静观中保持文字生成的活性。”还原时代语境，解构文本细节，剖析思想内核。深度阅读后，我跨越岁月的巨流，抵达文字与时代的深处。

杜拉斯的恒河在时间彼岸流淌，普希金手执画笔为大地刷上一层忧郁的昏黄，百代千年后的我回溯从前，仍能感受到掩藏在“风云有鸟路，江汉限无梁”下的苦痛，惊异于“且就洞庭赊月色，将船买酒白云边”中的奇思；仍能与孤独却自由的“海棠花未眠”（川端康成散文《花未眠》）共情，也在读到“奥雷里亚诺，马孔多在下雨”（《百年孤独》）时叹息不已。

“南大·锡中”双高课程，是我最终选择走进南大文学院的契机。三四月的春风轻柔如喁喁细语，树下阳光洒落一地碎金，竟让我产生“风乎舞雩，咏而归”的错觉。书香浓郁的教室里，徐兴无教授讲到“诵”“读”二字的区别，信手写下《说文解字》中的篆字与释文，投影屏上是千年前先贤的哲思，活页纸上刚记下来一句：“六艺群身之诂皆训其义。”

这是一种站在更高维度的阅读，我在泛黄的地方志与编年纪中找寻一个属于我的位置。

多年之后回首往昔，我不必竭力回忆点滴细节，只需翻开那些已经泛黄的书页，注视那些挤在边角处的小小的手写字，就能与封存在记忆里的滚烫的青春再度聚首。

在通过文字回望历史时，在于空白处写下数行评点时，在与作者隔着十年、百年、千年遥遥对话时，渺小如我，凭借着一瞬间的机缘，定位自己在时光长河中的坐标。

方知我确实真实存在于这世界上，正读着、爱着、笑着，方知人间匆匆走一遭，不算白活。

8. 昨日之旅

吴　恬

吴恬简介

2022 届匡园毕业生，现就读于南京师范大学。爱好阅读、摄影等。

寄语匡园

愿母校人才济济，桃李满天下。

愿学弟学妹们奋发有为，精彩腾飞，创造锦绣前程，为母校争光，为专业献力。

本文标题借用了茨威格的小说《昨日之旅》之名。把它从几十本书下面翻出来花了我不少工夫，随手翻阅几页，看到那些铅笔的划痕、寥寥数字的笔记、扉页上记录的页码数字，无论潦草的还是工整的，一切都还清晰如初。

它是我在匡园翻开的第一本书，也是我高中摘抄本的开篇。摘抄本保存得不如书那么悉心，几条细细的折痕横贯封皮，里面纸张有的受了潮，有的折了角。“昨日之旅”四个字写在第一页第一行，下面断断续续地摘录着主人公路德维希事业与爱情的波折。这字迹多变的三面纸，仿佛是他半生的注解。

它是开始，也是转折。在高中之前，我对阅读的热情不是很高，多数时候，读书宛如消遣。直到进入匡园，看到小书屋里满架的书，我才后知后觉地被打动。公共图书上面不能做标记，因此我养成了摘抄的习惯。摘抄不再是枯燥的语文作业，而真正成了值得享受的体验。每当我逐字抄录那些动人的文段的时候，文字仿佛变得更加鲜活生动起来，它们不再像是被“写”下来的，而是如水一般从笔下流淌出来的。我时常随手撕一张草稿纸，在上面记下想要摘抄内容的页码以及其他一些信息。上面存在着各种颜色不一、排布随性的笔迹，歪斜的诗行、零碎的词语、不成文的短句。它们也许没有意义，没有深刻的含义，有些甚至没有用处，但它们拥有着美丽的共性。文字的美丽是他者的语言无法细致描述的，那种美丽依附于文字。它们都是我读得投入时随手抓过来记下的，得空时再转抄到摘抄本上。

高中的时间很紧张，我的阅读也往往被切割成碎片，散乱地排列进任何一段空闲时间中。大多数时候，我用午休时间充当阅读时间。周围十分安静，我不必争分夺秒地速读，不必在本子上奋笔疾书。从窗帘外渗漏进来的明媚的阳光，周围此起彼伏的呼吸声，门外偶尔经过的脚步声……所有这些，构成宁静而温暖的昨日记忆。

匡园给我的不只是图书资源，还有告别浮躁与干扰的珍贵的阅读氛围。偶尔，会有同学过来询问我在读些什么；偶尔，也有人与我聊起我们读过的同一本书。那些诸如“原来你也喜欢这本书”的一拍即合的欣喜，讨论情节、交流看法时思想碰撞的酣畅，都不断加深着我对阅读的喜爱。同时，一些阅读活动也引导我去探索阅读的广度与深度。例如《雷雨》话剧表演活动激发了我对话剧类作品的兴趣，也教会我细致品味作者的每一个字，探知人物的一言一行及其经历、性格之间的潜在关联。这时，阅读就不止步于读书本身，而更有读人、读生活、读社会的意义。“终身阅读”原来不是一句空洞的口号，而是真正可以实现的，确实有所裨益的。

当我写下这些的时候，我也进行着一场昨日之旅。阅读本身也犹如昨日之旅，那些平白的纸与文字承载着过去世界的缩影，潜藏着属于作者的回忆的投射。“阅读意味着在他人之手的牵引下做梦”，在这梦里，视界延展至昨日的昨日，而思维延展至明天的明天。通过对“昨日”的追忆与探索，从而审视“今日”，开拓“来日”，我想这便是这趟昨日之旅的题中之义了。

9. 在匡园，我谈了场“恋爱”

陆欣澜

陆欣澜简介

2022 级匡园毕业生，现就读于华东政法大学。爱好读书、绘画、摄影、弹吉他、看电影、羽毛球；擅长思辨，高中期间曾多次获得校内外作文比赛奖。

寄语匡园

记忆中的匡园总会在我疲劳失落时，指引我的目光投射于远方、未来。学弟学妹们，相信匡园也会细心地指引你们，以青年的张扬去大胆触摸心中之向往。努力吧，徜徉书海，埋首勤读，肆意奔跑。匡园那人间一两风，总能填你十万八千梦。

月光悄悄探进了书房，亲昵地抚摸我手边的纸页。似有所感地抬眸，任由蝉鸣与夏风载着我的思绪在时光长河中逆流，最终，在匡园停泊。书香立刻向我涌来，着急地拉着我步入校园。于是，在盛满了繁星的乐群湖畔，与书、与匡园的回忆如层层涟漪缱绻勾绕着我的心房，将我带回了那场独特而甜蜜的“恋爱”。

其实，小时候我便享受阅读，怯怯地拥抱着阅读带给我的诗与远方。如今回想起来，或许在那时，阅读于我，更多的是神圣而非亲切。甚至有时我会因情节的离奇而感到虚幻、不愿接受。可我依旧感激阅读带给我哲理的收获，可以说它是我私密的伊甸园，更是我茫茫心海上的灯塔。但直到尝试出演《雷雨》，我才渐渐向“书的内心”走去，真实地触摸它的面容，接纳它的一切模样。

演出《雷雨》，是每个匡园人都能拥有的特殊体验。与大多数人一样，有趣、好玩是我对这项活动的第一印象。可在一遍遍揣摩剧本、反复与搭档磨合、不断分析改进后，我才真切意识到演出的本质是一次次深入的阅读。我们必须深深坠入作者编织的“幻境”，沿着他的笔触走进生命的轨道。我尝试不再以抵触、冷漠甚至戏谑的态度去看这一场悲剧；不再冷静地看待命运的荒诞，然后轻叹故事背后隐含的深思。直到后来，不需要刻意暗示自己，便能自然与之共鸣。于是，看着舞台上被命运逼至生命底线的“鲁侍萍”空洞地跌倒在逐渐变暗的舞台上，我不禁心头一酸，久久无法自拔。我想，是匡园剥离了我“看客”的身份，慢慢教会我去做“书中人”，细细品味不同时空的喜怒哀乐、柴米油盐。便是这样，我与书的距离渐渐拉近，直至与其成功“牵手”。往后更是共同成长，一起在不同的世界历练。

我不会忘记，在匡园，有许许多多的“助攻”见证了我与阅读的情感。

唐江澎校长教导我们如何做才能更懂得阅读。他说，要选定一个领域，然后深入研究下去，如此便能一直有话可说。正因此，我不断研究鲁迅，翻看他的作品、大师对他作品的解读、他的传记等。终于，小学初识时对先生话术的无法理解自然为对先生那“一身黑色下的热烈”的敬仰所替代。随着阅读的不断深入，我心中的先生变得越发立体，他的光芒也更为纯粹、更为闪耀地照耀着这一方天地，滋养着当下的这一群人。

老师也是书的“热恋者”，她与我共享阅读交流的快乐。她会精心挑选文章，推荐喜爱的文学作品，传授我许许多多与书的“恋爱”锦囊。在较为封闭的学校，我仍能接收新鲜而深刻的时事汇集资料，它们刺激了我对生命、对人性、对人情法理、对社会现实的辩证思考。象牙塔中的稚童于是探出了脑袋，望向了外面的世界。

同学与我共同摸索这场“恋爱”的技巧。我们在樱花树旁分享心得与思考，在思想的交锋中逐步向前。带着些青春的懵懂，我们努力，磕磕绊绊地成为与阅读相伴相随的优秀读者。

但一场“恋爱”，或许终究无法避免一些苦涩。高三是我与阅读“冷战”最多的一年。当学业压力逐渐加重，我无数次地动了要将那些书永远锁在小书屋的柜子中的念头。可我终究没有这样做，只是将正在读的书搁置在座椅下。虽然依旧没有那么多时间去品味书中的世界，但我知道它一直在。我知道有很多同学和我是一样的，因为每次在长时间考试过后的休息时段，我们都不约而同地拿出了书——阅读，带着读书人的劳累、失落或是满足。我只记得那些时刻，教室里很安静，大家很安心，时不时的翻书声让每个人的心中都升起了一丝丝隐秘的快乐。虽说时常“冷战”，但我依然喜欢这种对书的依恋，喜欢对书的倾诉，喜欢它对我的温暖安抚。也正是高三一年的快速成长，让我找寻到了阅读的宁静、生活的宁静。

过往三年，在匡园，我与书有场青涩的“爱恋”。十分幸运的是，匡园，匡园的人、物、情总会以美好的方式帮助我与阅读和解，与阅读长相守。而今，我相信这份“爱恋”已经由青涩转为深沉。我知道，正是与书的一次次交流，让我成了一个心境更为开阔的人，看到了更远的天空，同时又不忘饱嗅细微的芳香；正是这场独特的“爱情长跑”，让我能更为清晰地画出自己，更有自信地讲出属于我的故事，从容地向顶峰攀爬。

我怎能不感念匡园，不感谢这缘分的加油站、青春的驿站？

但我注定要与匡园告别，就在这美丽的夏天。再见，我的母校，请收下我这份以书为媒、以记忆为妁的礼物。

2021届毕业生的匡园阅读印记

1. 阅读是连接另一个世界的桥梁

张梦圆

张梦圆简介

2021届匡园毕业生，现就读于吉林大学。爱好阅读、书法、太极等，多次获得校级优秀学生奖、苏嘉优秀学生奖、惠山区优秀学生干部等荣誉。

寄语匡园

母校的深厚底蕴使我受益匪浅，如今我仍谨记“诚敏”二字并引以自勉。希望学弟学妹们珍惜在匡园的求学时光，力学笃行；趁着少年意气，广泛阅读以构建精神港湾，独立思考以塑造思维体系！

高中之前，我循着兴趣去读书，最爱的不过是在图书馆独自穿过一排又一排的书柜，在茫茫书海中拾取那一两片贝壳的闲趣。来到阅读氛围浓厚的匡园之后，我在漫漫阅读与探索中，终于明白了读书于我的意义，便是让我去往另一个世界体验一遭。

犹记得，几个昏昏欲睡的冬日中午，大家把教室窗帘拉上，灯关了，开始趴在桌子上午睡。一片静谧与昏暗中，靠窗的我悄悄钻过窗帘，戴上棉帽，迫不及待地打开刚刚从图书馆借到的王小波的《红拂夜奔》。冬日的阳光从窗外缓缓流淌进来，奇异的大唐画卷在我脑中展开。王小波在前言中如是说道：“这本书里将要谈到的是有趣。”随着主人公李靖进入洛阳这座奇幻之城时我确实感到眼花缭乱、兴奋无比：新奇之物琳琅满目，有趣之事数不胜数。年轻的李靖聪明、乐于创造，年轻的红拂叛逆、不愿被拘束。我仿佛是城里一个路人，默默跟在他们身后，看着两个奇异的灵魂相撞、相融。然而，随着李靖成为大唐卫公，一切变得不再有趣：李靖为自己亲手打造了一座名为长安城的牢笼，装傻充愣，恪守规则；红拂则多次求自杀而不得，只因自杀还需达到指标。直至故事落幕，最后那句“我只能强忍着绝望活在世界上”将悲伤的我温柔地推出那个世界，我才重新感觉到打在身上的冰冷的阳光，一切仿若黄粱一梦。恍惚中我意识到，我所看见的其实是王小波自己的生活缩影，是一个知识分子灵与肉异变的倒影。窗帘隔开了我与熟睡的大家，也仿佛隔出了两个世界。

我仍然清清楚楚记得高中生活中这样一些场景：夜深人静之时，我开着台灯，在阿来的《尘埃落定》中漫游于藏区的麦田、罂粟花海和神秘的土司堡垒；运动会时，烈阳下我把校服披在头上，在《老人与海》的海上生命拉锯中绷紧神经，随后淡然走向 1 500 米的赛场；在图书馆古色古香的中文馆中缓缓踱步，我与《阅微草堂笔记》的作者会面并听其悲叹着讲述；在精美雅致的西文馆中，我在不知名校友悠悠的钢琴声中缄默于《悲惨世界》里冉·阿让生满杂草的墓前……

每当我沉浸书中，就好像《1Q84》里天吾乘着火车进入猫城一般，在另一个世界里见证另一种现实。等到再回来时，常常泪沾巾，不知今夕何夕。我在一个又一个不同的世界见证了一段又一段不同的人生，不断积累着人生经验，同时理性反思自己的生活，并坦然地走下去。

除了学校为我们营造的良好阅读与思考的环境，我也十分感激我的两位语文老师。

第一位是张丽娟老师，一位浪漫的“丁香姑娘”。她让我们认识各类诗体，让我们改诗、写诗，例如把《兵车行》从古体诗改为律诗。我们曾为写诗时的某个用字而搜肠刮肚，也曾为了创造意境强说愁。她还喜欢字斟句酌，喜欢与我们探讨一些字恰不恰当，能不能换，并讲述她独到的看法。在她的指引下，我们仿佛穿越到诗人所在的时空，并努力尝试着与之感同身受。

第二位是成惠芳老师。她喜欢激发我们的好奇，让我们去主动求索。她不直接揭示标准答案，而总在我们以为答案已经如此时忽地提出一个新的角度，引起我们新一轮的思考。令我印象最深刻的是她提出的将阅读内容联结并构成知识网络的观点。我也曾在阅读中感到某些内容之间的相通，但是没有想过搭建这种系统化的知识网络。她的提示无疑给了我很大启发，让我零零散散的阅读构成了体系，让我把一个又一个独特而又有重叠的世界连接起来，从而更能从中捕捉到人类社会某些共通的规律。

如今我身处北境的白山松水之中，窗外是纷纷扬扬飘散的雪花。执笔之时，时光的流速仿佛忽地减缓下来。桌上泡的茗茶氤氲的清香带着我的思绪悠悠穿越千山万水，穿越那层层叠叠的记忆，重又回到那座象牙塔……

2. 生长

陈欣玮

陈欣玮简介

2021 届匡园毕业生，现就读于中国传媒大学。爱好国画、摄影、阅读，曾设计匡园 2020 级新生入学通知单，曾多次获校级优秀学生奖。

寄语匡园

恪守育人之旨，续先辈传承之荣光，求实创新，捷报频传，匡园必将大展宏图，蒸蒸日上。学弟学妹们正值大好时光，愿你们秉持初心，把握机会，追寻理想，一谱青春锦绣篇章。

在匡园的第一次阅读，是在桂花香中开始的。翻开落叶厚重的秋，随意拍开时光的尘埃，心灵旅途拉开帷幕。

我们在校园的清晨里与青春的绿竹共同清醒，在乐群湖的波光粼粼里沉浸，在匡园的小书屋里与书邂逅……在阳光下捧读，一页一页翻开，那些白纸上的文字好像成了现实的图卷。四季的流年与成长相随，柏拉图理想国式的思考和现实意义的探讨，洗涤了一个稚嫩单纯的心灵，让灵魂获得深度的锻造。

看一本书，是一次深度思考后的对话，也是人生片段的不经意积累。落入历史尘封的画卷，在另一个时空里漫步。看《流动的斯文》，会怀念那个撕裂但又充满了希望的时代。从合肥龙门巷到苏州九如巷，张家融合西方新思想和中国传统文化，演绎了一段厚重的故事。从分裂走向“和为贵”，从聚集一堂到天各一方，他们的命运彰显了人物的不屈，也与中国的发展紧密相连，让人感受小家在大时代下的飘摇，让人看见独立的思考如何闪耀光芒，让人读懂气度和风度如何在秋日的校园里明朗，让人了解如何挣扎着活出民族的尊严。通过一个家族，看见那些为中国文化传播而努力的先进女性，看见情感和理性相互激荡碰撞出思想的火花，会明白一句“家是最小国，国是千万家”，家国情怀厚植土壤，郁郁生长。

他们身处动荡的时代，可从不屈服宿命的安排，一笔一画勾勒的是不甘的命运画幅。那片冰冷的秋就成了火红的颜色，被热烈、奋斗、青春的光芒融化。所以辗转反侧，内心难抑激荡，万千言语不敢轻易表达，但气度已然内化于心。而从书页间回归学习，我会眷恋它感性的故事、理性的分析，会让逻辑表达自然地在言语中吐露，传递出真实的声音。

我喜欢看中国故事，喜欢《山海经》编织出的绮丽多彩的神话传说，喜欢孔孟的现实主义教诲，喜欢老庄的浪漫情怀和超脱灵魂的辨析，捧读太白书写的盛唐气象，共情于易安居士家国破碎的不幸遭遇。同样的，我也喜欢外国文化多角度的叙述，看川端康成描写的夜里的海棠，欣赏《飞鸟集》的美，读列夫·托尔斯泰描摹的人性转变。因为阅读是灵魂的碰撞，那些形态和模式的差异，国界和文化的区别，都可以在其中得到真切的体验与感动。因为阅读，我窥见人生百态，知道世界不只是局限在书桌的方寸之间，还有光明的远方。因为阅读，我坚定未来的选择，努力生长。我从书中走出自己沉迷的幻想国度，让黑暗和阴霾迎我而来，无畏地带好自己的佩剑，一往无前踏上江湖。

如今，我就读国际新闻传播专业，阅读理论著作和新闻作品成为我的日常。但我回想起自己的高中三年，一定是从丹桂飘香时节温柔的墨香开始的。因为有了阅读的体验，我才懂得理解西方视角的话语，才能回归现实的故事，表达如今的中国。历史书籍描绘的画卷，民间故事展开的哲学思考，文字表达的中国精神，使我心中的信念长成葱郁大树。

从此刻开始，翻开一本书，让梦想落地，让未来起航，由秋日开篇，在冬日招摇，在春日盛大，在夏日完成三年的积淀塑造。湖水摇曳，遥远的声音呼唤着我们前去，在书中寻找，那心底一切的一切，都真实而具体地生长。

3. 聆听流年

许　赢

许赢简介

2021 届匡园毕业生，现就读于山东大学（威海）。喜欢阅读、绘画，热衷于公益事业。曾获校级优秀学生、“公益之星”、校级学术论文比赛一等奖等荣誉。

寄语匡园

希望学弟学妹们能在匡园富有学术气息与人文精神的环境中找到自己的闪光点，自信、坦然地书写属于你们的故事。祝愿母校越来越好，未来大展宏图，再谱华章。

我在匡园的大部分阅读时光都给了各色各样的小说，合上书本，或觉荡气回肠、酣畅淋漓，或觉胸中淤塞、难以释怀，仿佛做了一个个悠长的梦，那么真实却又那么遥远。

我时常觉得读小说，无论是短篇的还是长篇的，都是在听一个灵魂缓缓讲述，都是一个灵魂对另一个灵魂的安抚。在匡园的三年，我聆听了无数灵魂——长者的、智者的、痛苦的、平静的、愤慨的、冷漠的……向我诉说或惊险跌宕，或意气昂扬，或艰难苦痛，或余味悠长的过往。那是过去的故事，是时间的故事，或许也是未来的故事、我们的故事。

高一学习柳永的《望海潮》和王安石的《桂枝香·金陵怀古》时，戴老师对我们说，优秀的文学作品从不是为了卖弄才学，而是有不得不吐露的真情。当时从宋词中领悟了一二，但真正理解“不得不吐露的真情”并为之热泪盈眶还是在阅读小说的时候。

2020年疫情期间，居家线上学习的语文课变成了古诗文鉴赏课和小说鉴赏课，也是在那个时候，我跟随成老师去探访林斤澜的矮凳桥、冯骥才的团结大楼、博尔赫斯的交叉小径的花园。那些富有哲理的故事跃然纸上，于厄运中享受自我、寻找光明，于永恒岁月中思考既定的命运与何为真实。

矮凳桥的“鱼非鱼小酒家”质朴的气息氤氲着过去的冲撞与妥协，但过去怎么样对溪鳗来说早已不重要了，眼下的生活受改革春风的吹拂，已在寒冬后迎来春天，一切终将好转，生命终有期望。文章写得很隐晦，蒙着一层溪上弥漫的水汽，初读时会有点云里雾里的感觉，但在成老师分析完溪鳗、镇长的关系，又给我们介绍了作者背景后，我方才觉得这种微妙的笔法是在温柔地叙述不光彩的甚至残忍的过去，十几年的委屈终在柴米油盐中得到救赎。

“今日春梦非春时，但愿朝云长相处。”与其追忆似水流年，不如珍惜眼前人事，深刻领悟之后能给予一份不动声色的宽恕。

如果说溪鳗能与丈夫、女儿这般平淡度日也是幸运的，矮丈夫与高女人的永别便是真实地将有价值的东西毁灭给人看。高女人和矮丈夫“可笑”的结合让他们饱受窥视与侮辱，最终在嘲讽讥笑与指指点点中天人永隔。愤慨之后，成老师让我们思考，是什么造成了他们的悲剧，这样的悲剧是否又时时刻刻在上演。痛定思痛，才发觉偏见一直都在影响我们，刻板印象束缚着我们，使我们无法宽容更多的不合我们“常识”的存在，甚至明知这样是残忍的。这个世界需要的不是幸运的人对不幸者的愧怍，而是更包容的心态、更深刻的共情能力。

“那伞下好像有长长一块空间，空空的，世界上任什么东西也填补不上。”（冯骥才《高女人和她的矮丈夫》）读到这里，总是想起归有光的“庭有枇杷树，吾妻死之年所手植也，今已亭亭如盖矣”（《项脊轩志》）。不幸的家庭各有各的不幸，但面对不幸时人们的感情总是能相通的。

从团结大楼的黯然神伤到交叉小径的花园，一切又变得理性、神秘，仿佛步入迷宫，进入不曾接触过的领域。现在其实已经想不起文章的具体内容了，它像小说，却又像在给我们科普作者眼中的宇宙、时间、永恒。学完这篇文章后成老师又带着我们读了《沙之书》，这本书有着具体的书形，却蕴含抽象、广博、深远的不断分岔的时间。至今我也不觉得自己真正理解了博尔赫斯的作品。阅读是无穷无尽的，总有领域注定不是自己能深入探索的，但我很感谢成老师带我领略这伟大的思想，虽只是蜻蜓点水却也让我陶醉许久。

“人死了，就像水消失在水中。”（博尔赫斯《另一次死亡》）这位盲人作家的大彻大悟使流逝的时光看起来那么丰富，这是无数人孤独的瞬息，是永恒生命的价值。

与成老师一起鉴赏小说的时光如今也成了我回忆的流年，细细咀嚼，仍能再现思想碰撞的火花。抚摸每一本读过的小说，回忆某个宁静的阅读场景，那是我在体验不曾有过的经历，在找寻酸甜苦辣的共鸣，在感悟属于他们也属于我的人生。

匡园的阅读经历已告一段落，但我的阅读生活永远不会落下帷幕。

4. 人间烟火

杨致远

杨致远简介

2021届匡园毕业生，现就读于厦门大学。爱好阅读、音乐、篮球、羽毛球。

寄语匡园

桃红李白，芬芳馥郁，一堂济济坐春风。愿少年，乘风破浪，他日毋忘化雨功。

喜欢汪曾祺先生的文字，赤诚而又淡然，对生活怀着无限深情。写草木，写吃食，时而像风流的名士，时而像天真的稚童。第一次被汪老的文字打动，是高一时读的《受戒》。

“她挎着一篮子荸荠回去了，在柔软的田埂上留了一串脚印。明海看着她的脚印，傻了。五个小小的趾头，脚掌平平的，脚跟细细的，脚弓部分缺了一块。明海身上有一种从来没有过的感觉，他觉得心里痒痒的。这一串美丽的脚印把小和尚的心搞乱了。”小和尚与小英子朦胧的爱情，清新纯洁，轻易就触到了人心中最柔软的一块。净土难得，人们向往桃花源；美好易逝，人们渴望美好。汪老在《受戒》中将这样的美好勾勒得淋漓尽致，世俗化的宗教、乡村的生活，充满自由与温情，展现出了健康积极的人性美。这样的文字柔和可亲，不觉得过于沉重，也不觉得高山仰止，就像摇椅上爷爷讲述的故事，透着看懂生活还热爱生活的智慧。

自那以后，我看遍了汪老的散文和小说，高邮鸭蛋、汽锅鸡、手把肉、马铃薯图谱，他将美食写得接地气又极富画面感。“四方食事，不过一碗人间灯火”，热闹的市井气息，最能抚慰人心。当然也不乏文人雅趣，他极爱侍弄花草，紫苏、珠兰、报春花、虎耳草……“如果你来访我，我不在，请和我门外的花坐一会儿，它们很温暖，我注视它们很多很多日子了。”（《人间草木》）草木有心人有情，何愁生活中缺少美好。此时回想，汪老的意趣倒是契合唐江澎校长“优雅生活者”的理念，对生活怀着赤诚的爱，将生活经营得既有烟火气又有诗情画意，平静旷达，处变不惊。

读汪老的书，尤其在这样的时代，绝对是一件幸福的事。我一直认为，书是心灵的避风港，无论现实中有多少困难挫折，至少可以“躲进”书中寻得一时半刻的解脱，在阅读之时物我两忘，烦恼顿消。尽管还是要回到现实，心灵也已经得到了短暂的休整。现代社会生活的喧嚣与竞争的巨大压力对人们的精神健康造成威胁，而汪老笔下的人间烟火所蕴含的宁静恬淡，能够拂去焦虑，具有恒久的价值。

如今身在厦园，忆着匡园；看着海潮涨落，想念着乐群的微波；看着苍劲的凤凰木，想念着依依的杨柳树。母校的教育之恩怎能忘却，现在良好的阅读习惯，有赖于高中时的熏陶。

小书屋就是一个小图书馆，为我们借阅书籍提供了极大的便利，将阅读与生活紧密结合，使得与书为伴的理念植根于我们心中。寓教于乐的各类活动也让我们从兴趣出发开展阅读。高一时成惠芳老师开设的戏剧表演选修课，不仅让我参与到表演之中，还让我对莎士比亚的作品产生了阅读兴趣。诗朗诵会也令人颇为难忘，让我们以一种更为直观的方式感受诗歌的同时，受到美的熏陶。

高中的阅读记忆不胜枚举，不仅有记忆犹新的片段，更多的是润物细无声的教育，带着一股独属于匡园的书香。

5. 有幸曾打乐群湖畔经过

朱玥玟

朱玥玟简介

2021届匡园毕业生，现就读于北京外国语大学。曾担任“模拟城市”媒体中心负责人，曾两次获得校长特别提名奖，擅长项目统筹、人际沟通与媒体宣传。

寄语匡园

> 匡园教会我的不仅是学习的技能，更重要的是看到了生活的延续性、成长的必要性、人生的可能性。我也希望学弟学妹们能在乐群湖一次次的亮灯中逐步为自己勾勒出未来的模样。

“你想念了吗?”在一个深夜我问自己。这个问题的发端或许是灯光一盏盏熄灭之后，我看到月光洒在桌面上，那个画面与记忆交叠：我曾透过玻璃看晚自习后熄了灯的教室的回忆。不经意地回头一望，这记忆竟在离开后仍如此深刻。我还记得那时手里还有一本诗集，是刚买来想要睡前抽时间阅读的。

细想那画面还是有些诗意与浪漫的，忙乱而紧张的学生终于摆脱了当天的作业与压力，拿起手边的诗集，在皎洁的月光下踩着斑驳的树影向宿舍走去，与同伴就着这月色思考一些过去与未来，感叹字里行间的喜怒哀乐，批判古今中外的是是非非。那是透过文字解读世界的声音，也是成熟道路上青涩而真挚的表达。

我很怀念和同伴们一起走在路上讨论文学的日子，或许是冬季灯下晨读时的某一段文字，或许是昨晚入梦前的某一份感动。我们并不总能解读出《美的历程》中所有的美学理论和思维，也没有办法通过读《身份的焦虑》就真正减轻学业上所有的心理负担和压力，但我们在思考，在寻觅。哪怕讨论的只是《穆斯林的葬礼》中的悲剧到底是什么，《红楼梦》里人物的辈分怎样、地位如何，我们也能从这些看似小而浅薄的方面入门，一点点从嬉笑打闹中理解文学，理解什么成就了文章，文字的背后又有什么。这一切都是自然而然的。

或许当你某日经过乐群湖畔时，就能在被雨打湿的樱花花瓣前看到美的短暂，体会黛玉葬花的心境。并不是因为老天突发奇想决定眷顾你，而是那份对于文学的体悟正在一次次向内深入，直达心底最柔软而敏感的部分。那里有一个地方永远在感受生长，只要你用文字灌溉，不断地给它内容加以充实，它就会将触角伸向更远的地方，带你去探寻更宽广的世界。于是我将“触角”伸向了北平的胡同，伸向了肖申克的监狱，伸向了佛罗伦萨的艺术小镇，伸向了阿尔的那个小屋。那时候，我所在的地方并不大，但我能看到的世界很宽广。这就是阅读的魅力，是匡园努力指引我们的方向，也是我受益颇多、感触最深之处。幸亏在一次次经过乐群湖畔以后没有麻木与黯淡，那些或激昂或幼稚的争辩，那些书中的文字突然跳出纸张来到眼前的瞬间，都是匡园埋在我心底最深的烙印。

阅读不仅是为了获得内心的丰盈，也是为了在表达时能够真正负责地表述自己的观点却又不失个性与风格。生而为人之所以各有不同，是因为他们拥有不同的特征，而学会说话至关重要，不仅要说得明白，还要说得新颖有趣有思考，却又句句在理、句句真实。这是匡园教会我的，也是高中语文课堂最让我怀念的地方。语文课上从来不应该怕表达，因为观点本身都是值得尊重的。我很感激高中遇到的成惠芳老师和戴桂林老师，他们的引领让我敢于且乐于敞开心扉表达自己，同时为我适时地指明可行的方向与道路，掐灭一些不成熟或没有价值的火苗，潜移默化地让我认识到何为负责任地表达，让我学会在表达之前先用心深入思考。而这些思考的产物，无论有多么标新立异，都被予以尊重和理解。当我毕业以后重新翻开这三年来摘抄批注上与老师们的交流，我仍会为打了星的句子喝彩，也会为做了标注的句子沉思。我感恩老师们尊重每个人的个性，引领我们去探索不同的道路。成老师会在雪天把作业留为写诗，无论是对仗工整的绝句还是想象丰富的现代诗都很受欢迎，批注的文字永远不带有褒贬，只有观点与看法。戴老师会用他无懈可击的知识体系与我们每一个人交流探讨，或是风格鲜明的金庸，或是深奥晦涩的卡夫卡；用最宽广的胸怀去接纳，用犀利批判的目光去审视和引领；对于文本、对于文学，甚至对于生活、对于人生，戴老师总有专属于他的独到见解。

理解与表达，是人走过这一生最重要的两个任务，而我在匡园的三年养成了用心体悟文学与生活的习惯，也习得了如何才能够负责任地表达自我却又不被教条拘束。我无比怀念那样简单而快乐地汲取知识，输出属于自己内心的声音的日子，怀念那些为了一句话一起琢磨半天的时光，怀念在匡园遇见的每一位个性鲜明、有观点有态度的老师，怀念在那个园子里成长的自己。

此生有幸曾打乐群湖畔经过。

6. 凝视

余雨茜

余雨茜简介

2021届匡园毕业生，现就读于南京大学。2022年春季获南京大学行知书院奖学金。爱书，买书成“瘾”；也打排球，是南京大学商学院院排球队的一员。

寄语匡园

关情一花一草，念想群师众友。由衷地感谢匡园，在这里我熟悉常识、收获知识、培养志识。祝愿学弟学妹们在匡园努力成长，在追随理想的道路上不懈奋进！

做阅读笔记的本子上留下了我在匡园的记忆。2021年4月9日，距离高考不到两个月的时间，早已经忘记了当时的气温、“一模”的成绩和心情，却清清楚楚地记着去听了傅元峰教授的讲座。

讲座主题是有关优化高考作文的方法，乍一看以为换汤不换药，不过是重复老师课上的内容。哪料，傅教授一开头就另辟蹊径来安慰我们：“写好高考作文需要我们的水平走下坡路。”就这一句话我们被逗乐了。

后来傅教授讲到象征主义的诗和诗人。屏幕上显示的是佩索阿的黑白照，戴一顶黑色礼帽，白色衬衫外面套一件黑色西装，脸微侧，遐想的目光透过眼镜向下。照片上方有一行诗：“我是自由的，以致我能感受到悲伤。”傅教授又列举了《峨日朵雪峰之侧》中写断崖峭壁之上只有一只小得可怜的蜘蛛，与诗人默享大自然赐予的快慰。很久没有读诗的我，与这些灵动的话语相逢，如梦初醒。因高考复习而紧张疲惫的心灵，变得柔软沉静，细腻丰盈。他引用这两首诗的目的，是告诉我们要像象征主义的诗人一样，去体察这个平凡甚至平庸的世界，进而在平庸的废墟上建立美。

如何体察呢？傅教授强调了一个词——“凝视”，花上几分钟的时间停下来仔细看看。长时间限于几点一线“泥潭”之中的我，好像被一双强有力的手拉了上来，让我看到平行于烂泥之外的美的世界。“凝视”是一个美丽的词，却是一个很慢的动作，一个与高考复习快节奏水火不相容的词。但是“凝视”是更高位的视角。它的意义远远超过“提高作文成绩”本身，而成为一种从容的心态，一种寻美的追求，一份置身于平庸的清醒。

讲座持续了两三个小时，下午的课也因此停了好几节。讲座结束后，我买来佩索阿的诗集来读，还不忘时常停下来凝视，留意生活中的美。心态变了许多，脚步也更加沉稳。其实，考前两个月讲提高作文分数的方法，其效果恐怕有限；但是那场讲座给我带来的影响，从四月一直持续到六月，从高考前一直到成为一名大学生。

匡园的文化积淀厚重，阅读积累踏实。语文老师们舍得花精力，学校也愿意挪出大块时间，极力给我们提供聆听名家讲座的机会。虽然讲座内容与考试本身没有多大的直接关联，但是那几个小时中，我们能与大师零距离地思维碰撞，感受他们高层次的思考视角和广阔的知识涵养。我每次听完一场讲座，用通俗的话来说，就好像被净化了一样。

匡园的文化熏陶是平缓而深长的，这就是凝视者的姿态。这是一个凝视的好地方，一个读书的好地方。在匡园，我愿意去凝视：暴雨疾驰，湿答答的徐霞客雕塑上俏皮地别着一朵明艳的黄花；暖风乍起，漫天的樱花舞起细碎的瓣子，卷开一帘帘的花幕；晨雾霭霭，对面湖畔的路灯荧荧闪烁，扑朔着细长的魅影。因为知道世界上除了分数以外还有太多的美要亲眼看看，于是心里功利的东西少了，在最后时刻才能沉住气。

所有关于匡园的阅读记忆，都是美得那样醉心，那般令人留恋。

7. 阅读与生活

顾溢文

顾溢文简介

2021 届匡园毕业生，现就读于浙江大学。爱好摄影、旅行。

寄语匡园

“生命旺盛、精神高贵、智慧卓越、情感丰满”，匡园独特的人才培养理念吸引了初中毕业时的我，成就了高中毕业时的我。谨以校歌寄予学弟学妹：匡园薪火传，省锡中在前进。努力吧，快趁年轻！

连着飘了两天的小雨，今天下午终于见到了太阳。阳光斜照在橙色的宿舍楼上，让人感到温暖。楼下传来除草机的轰鸣，声浪中夹带着草的清香，一时让人无法分清是秋天还是春天。这样一个悠闲而温暖的下午，总能让人不自觉地忆起过去。

同样的除草机引擎声，同样的温暖阳光，是匡园周末的日常。高中生活给人的印象常是忙碌的，似乎难以与慵懒的午后相联系，但阅读创造了这样的可能。这是一种颇为主动、需要定力，甚至需要牺牲的创造——作业在身后穷追不舍，周围同学认真学习的模样也让阅读者内疚和不安。但我是一个没心没肺，还爱偷懒的人。那就阅读吧！

进入高中前我几乎只看小说，阅读的目的也很纯粹：消遣娱乐，觉得哪本书好玩才去翻一翻，这直接导致我阅读量不足。

很长一段时间里，对于学校的必读书单中的一些书，我总是抱有恐惧心理，买来之后很少去看。学校对必读书目是要进行考查的，我没有办法，只得拆掉封皮，翻看起来。记得高一时要求阅读王开岭的《古典之殇》，我阅读了几章，心中竟有些愤愤不平——当时觉得他在无病呻吟，过分崇古，把现代文明贬得一文不值。如此自然是不能完整读完这本书了，简单翻阅了剩下的部分，我再一次放弃了必读书目，跑去图书馆借“好玩”的书去了。高中生活时间紧张，碎片化时间多，读小说经常阅读到后面已无法记清之前的情节。

状态发生改变是在平板电脑的应用商店下载浏览器后。浏览器里经常更新一些文章，时评、随笔、公众号推文居多。某个周末午休时，刚归还了小说，又不想写作业，便随意点开一篇，看得津津有味、欲罢不能。那个下午，我花了两个小时的时间刷完了平板电脑的文章，开启了新世界的大门。

我开始在小书屋里寻找随笔、文选，这些曾经我不愿阅读的书籍，分明是如此的有趣。复习期间，我看完了《雷雨》；考完后，我便去小书屋寻找莎士比亚。曹禺让我敢于与莎士比亚交流，而莎士比亚又将我带向了英国经典文学。我也在平板电脑上读到了王开岭的文章，觉得颇有道理，便又静下心来看了《古典之殇》与《精神明亮的人》。其中我曾认为偏激的观点，现在也能够客观理性地看待，倒是过去那个苛求价值观统一的我显得偏激了。像这样的书有太多，他们带领我拨开某个文学领域的迷雾，鼓励我前去探索。就这样从一本书到另一本书，我的阅读范围以平板电脑为中心，网一般地蔓延开。自此阅读成了我生活的一部分，并深深影响了我对待生活的态度。

回忆我的阅读经历，儿时看漫画书、故事书，或许算得上“悦读”，但知识性欠缺。进入小学后，有了必读书目，进入了一段痛苦的时期。虽读了许多书，但只是过一遍文字，其背后的意义不得而知。这类完成任务式的阅读，比起“悦读”应是一种退步。初进高中，开始要写议论文，也因此功利地阅读过一段时间，但终究未能坚持下去，输给了下午的困意。

我想我真正的阅读是从高二下学期才开始的。按我当前的理解，它应是一种习惯，一种无意识的行为，它应该达到了功利性与娱乐性的平衡。高三的周末，写了许久的作业后，阅读成了暂时逃离书海题海的好方式，但它又不是全然为了消遣，遇到眼前一亮的论述，我会随手摘录下来，当作素材积累。高考复习时我也仍在阅读，原是想保持语感，同时接触新的观点，但在高强度的复习环境下，阅读也自然成了放松的方式。

高三的生活是忙碌的，很容易让一个人不再关注生活的细节，只是沉迷于题海。幸而阅读总能提醒我停下脚步，告诉我别忘了做一位“优雅生活者”。在竞争极为激烈的高三，阅读让我注意到生活中的诗和远方，而不拘泥于眼前的苟且，它向我展示了生活中的清欢。

于是当阅读成为习惯，我自然拥有了忙里偷闲的生活态度。对于原本花费在作业或是电子设备上的时间，如今有了截然不同的规划。我会在有阳光的午后外出摄影，在有清新空气的公园里跑步健身，在周末回家时骑车绕上大半个无锡城，当然，还有在安静的夜里挑灯读书。我不喜欢一直保持忙碌，因此我庆幸能在不算太晚的时候喜欢上阅读，我很满意它对我生活的改变。我想这不能算是对现实的逃避，这只是为了更好地出发。我不知道进入工作岗位后，寻找阅读机会是否会变得困难；我不知道当生活的重担压下来时，还能不能做到像现在这般优雅。因此在匡园的每一天，我都竭力抽出一些时间翻翻书，不管未来如何，至少我曾经尝试过按我理解的方式去生活。

进大学后不久，我就办好了借阅证，每次去图书馆便会带回四本书。大一确实比之前所有时间都忙，但我仍和在匡园时一样，保持一定的阅读频率。阅读曾向我展示了生活中的诗意，我希望我能继续在阅读中前行，将生活写成诗。

8. 油墨清香的记忆

阮安莹

阮安莹简介

2021 届匡园毕业生，现就读于南京中医药大学。热爱外语、写作与辩论，曾获“匡园杯”征文大赛奖项、南京中医药大学新生辩论赛团体冠军等荣誉。

寄语匡园

匡园老师们总是身体力行地指引每一位学子快乐阅读、深度阅读。得遇此师，幸甚至哉。愿学弟学妹们在文字的锤炼中丰满羽翼，在匡园谱写奋发踔厉的青春华章。

王开岭曾在无锡的读者见面会上真情流露："无锡是一座很有书卷气的城市。"斜倚江南烟雨下的小桥流水，匡园也爱以油墨清香为学子滋养温润如玉的气质。

匡园为何书香氤氲？一言概之，她以书相敬、以书相勉的热诚打动了莘莘学子。她骨子里实在太爱书。获得校优秀学生等荣誉，赠书一本；征文大赛得奖，赠书一本；甚至会有老师自掏腰包，班内每人赠书一本。以至后来无论是策划同学生日的赠礼，抑或是单纯想表达某种感激或鼓励，同学们大抵会去匡园书屋寻找最优解。长久以来浸润在这样爱书敬书的氛围中，我想不仅是我，每位毕业生都珍藏着独家的阅读记忆。

难忘母校每间教室后的小书屋，方寸之间囊括古今中外，它毫无保留地坦露了匡园拓展学生阅读面、丰盈学生阅读量的殷切。毫不夸张地说，我与许多文学文本的初见都是小书屋给予的。在课业压力还不算很繁重的高一，出于对文字的本能热爱与阅读途径的便利，我经常去小书屋借阅各类书籍。清楚地记得自己借阅的第一本书是加缪的《局外人》。那时我与身边热爱阅读的朋友一样，中午阅读时间读，睡前读，放假回家读，甚至运动会期间都把书带在身上。坦率地说，那时对加缪的哲学思想不甚了解，但《局外人》在我心中一石激起千层浪，我第一次开始思考：个人与社会道德，究竟是谁束缚住了谁；真实与道义，又是孰轻孰重。读罢，我忍不住在阅读记录本上与老师分享我的个人见解，无论深刻与否，如今看来都是思想成长中的里程碑。

什么是存在主义？什么是物哀？什么是自由？什么是乌托邦？……在匡园，所有读过的书都会将你引入一扇无边学术世界的大门，或许日常的忙碌让我们只能略知皮毛，但我们有幸在"象牙塔"内眺望千里之外的喜怒哀乐，有幸在应试的局限中也能慨叹学海无涯、天外有天。

或许，大家印象里，推崇阅读的都是语文老师，但在匡园，英语老师也会以同等的热诚告诉学子们，阅读之美不仅仅体现在语文。印象最深的是曾经教授我班英语的吴燕老师。吴老师优雅随和，对英语学科有着深厚的研究与独道的见地。从高一接手我班开始，她便无数次地提出多阅读英文、多写作英文的倡议。因为“你眼前的每一篇文章都有许多妙处，学习英语一定不能把目光局限于课本和考点”。

“诗译英法唯一人”——许渊冲大师的译作便是在吴老师的引导下来到同学身边的。诚然，大师所用的精妙词句鲜有在试卷上发挥的机会，但我依然如痴如醉地沉浸于那些诗词之美、翻译之妙。高二最后一节英语课，我们本以为老师会推荐一些高三学习方法，她却用那节课最后 15 分钟，苦心提倡我们每天抽 15 分钟好好阅读并体会其中滋味。尽管因为高三的学业，我未能坚持下来，但吴老师的每一句谆谆教诲都有如春风化雨。直至今日，我的宿舍书架上依然伫立着《许渊冲译李白诗选》的身影。每天抽空阅读，怎敢忘记，不为其他，只为品悟。

哪怕是最繁忙的高三，英语老师也坚持一人一书，推广英文阅读。坦率地说，若非恩师为我们指引外文阅读的先路，英语在我心中也不过是日复一日的作业与考试，最终英语高考也绝不会取得 144 分的成绩。

我曾遗憾于高考作文不过一分钟阅卷，匡园却告诉我征文大赛中老师将逐字逐句审阅我的阅读输出；我曾浅显地认为英语不过是阅读理解与枯燥的写作，匡园却告诉我英语有的是值得推敲的遣词造句；我也曾妄自菲薄于阅读难以坚持，然而匡园依然温柔地告诉我，她将我培养为终身阅读者的理念不会动摇……诸多恩情，诸多感动，我三言两语怎能说尽！

方才离开匡园半载，我却无数次梦想回到课堂，回到那思辨、论证与理想漫天飞舞的天空；我梦想再度漫步于仰望高远、厚植情怀的母校，倾听一草一木，重温我与书相伴的青春华章。如今步入医学学府，我也未曾放下手中的书本，因为我与匡园有约在先，今后也绝不会放下。

多少诗篇回荡在青春乐章，此生便再难忘匡园墨香。

9. 遇见

宋文馨

宋文馨简介

2021届匡园毕业生，现就读于澳门大学。爱好阅读、书法、篮球。曾获生物竞赛江苏省一等奖，参加女篮校队获区比赛团体第三名。

寄语匡园

百年匡园，沐风雨，育桃李，愿母校积历史厚蕴，更展宏图！情系匡园，难忘“大气恢弘，谦恭厚重”之教诲。回首匡园，仍念“诚敏”之礼，受益匪浅。愿学弟学妹珍惜匡园点滴，迎朝阳，创辉煌！

时至今日，我仍记得清晨操场上整齐响亮的朗读声，樱花大道边捧书结伴的欢声笑语，抑或是傍晚时分湖边静坐慢读，宿舍里互不相让的讨论……在匡园，与阅读的相遇简单而纯粹，存在于每个不经意的瞬间。

在浓厚的阅读氛围中，三年高中时光，我阅读了不少书籍。从必读到自选，令我印象最深且影响至今的，是李娟的《阿勒泰的角落》。

《阿勒泰的角落》记述了李娟在阿勒泰平凡普通的日常生活。初读此书，只是感叹于书中与现代社会截然不同的生活气息。但慢慢读完后，我看到的更是一种生活的姿态，是与各色人遇见之后，与生活的坦然相处。

在那样一个游牧民族聚居之处，居无定所，语言不通，生活环境也可谓艰苦。但在李娟笔下，作为“异乡人”的她，并没有什么悲悯之语，只是平淡地叙述与不同人的相遇，描写的每一件故事都有其独特的画面感与动人之处：脱落的墙皮是风干羊肉香气熏酥的，钻被窝取暖的野猫是漫漫长夜的陪伴与依靠，只需留下名字的赊账，偷偷看着裁缝铺做衣就欣喜的女孩。日常的苦难与难熬的时光，在李娟眼中却有着轻松愉快的一面。她的文字重新唤醒了常常被我们遗忘的天真之美，让我们相信生活中的每一份遇见，都有其美好的意义。

高中时捧起这本书，朴实的对话让我忘却心中烦忧。它教会我用平和的心态去面对、珍惜每一份遇见。形形色色的人事，都需要我们慢慢熟悉，慢慢适应。换一种眼光去看待，学习的压力可以变成动力，冬日迎风跑操也在整齐的口号下热血沸腾。杨绛先生曾说，读书的意义大概就是用生活所感去读书，用读书所得去生活。这在我的大学生活中，更能真切地体悟到。

就读于澳门大学，只身一人来到离家甚远的陌生城市，与李娟一样，我也是个“异乡人”。与内地截然不同的体制与生活方式，让初来乍到的我一时感到孤寂与手足无措。全英授课，粤语交流，大环境的改变也曾让我一度慌乱。加上反复无常的疫情，封关，停课，我一度后悔来到这所大学。但《阿勒泰的角落》陪伴我来到这座城市。当我坐在湖边，再次翻开这本书，遇见李娟，遇见阿勒泰的人们，遇见那些生活点滴。回眸，静静流淌的河水，树丛中偶然蹿过的小猫，孤独或许是静谧美好的另一种体现。不同的环境为新的遇见创造更多机会，于是我选择脱离舒适圈，主动去触碰各色人生。渐渐感受这座城市的“慢”与“自由”，与当地人交谈习得几句粤语，慢慢结识新友，走在远离高楼大厦的小小街巷，听着锅铲乒乓作响……《阿勒泰的角落》让我始终相信，天真看待生活中的一切，苦难也许并不存在；乐观地与每一次遇见相处，能寻得许多遗失的美好。

拥抱生活的琐碎，遇见幸福，是一种后天习得的能力。

10. 我的玫瑰园

徐晨溪

徐晨溪简介

2021 届匡园毕业生，现就读于香港中文大学（深圳）。喜爱电影、写作、摄影等。

寄语匡园

愿匡园承百年风华桃李满天，望学子延先人精神前程似锦。

我将高中的阅读时光比作我的玫瑰园。

军训的时候，花园里只有一本叫作《红楼梦》的书。那是我第一次阅读大部头古典小说，需要逐字逐句地读。如果按照我从前一目十行的读法，那是一点都读不明白的。这样看来，读《红楼梦》好像是我自己在给自己增加负担，其实不然。军训的生活十分劳累，经过一天的暴晒，真的是身心俱疲。而《红楼梦》华丽而古典的语言，成为我的心头好。逐字地阅读并没有让我烦躁，相反，它让我沉静下来，每看完一章，还会给予我因为成就感而带来的喜悦。在人人叫苦不迭的军训期间，因为阅读，我得以置身于我的玫瑰园，闻着花香结束一天的疲惫。

匡园真的为学生们提供了尽可能多的阅读时间。每周四的中午，每周六的晚自习……高中的阅读时光，在我看来是可以比肩午饭前的体育课的。高中读完的第一本必读书，是王安忆的《长恨歌》。王安忆老师笔下的上海滩给我留下了深刻的印象，既繁华又老旧，既先进又传统，几十页的阅读笔记似乎都不足以表达我对它的喜爱，现在我也将它定为我中文课期末论文的书目。从高一到大一，《长恨歌》一直是我玫瑰园里开得极盛的一朵玫瑰。还有许许多多的推荐书目，《阿勒泰的角落》《坟》《古典之殇》……老师们精心挑选，致力于为我们打造一个鲜活的多变的精神世界。我当然也会自己找书看，看到了好的书推荐给朋友；或者从朋友那里借到感兴趣的书，然后在上下课的路上讨论：这都成了我高中记忆里浓墨重彩的一笔。

到了高三下学期，课上的阅读难免变得功利。文章总是一篇一篇地发下来，摘抄好词好句，背诵人物事迹，一本书的完整阅读变得很难得。可是，在数不清的数学试卷、物理大题之后，短暂的阅读显得那么珍贵。端端正正地整理好一面素材，其实是一个放松的过程。因为这个过程不需要我得出标准答案，结果也不是非对即错。所以玫瑰园依然是玫瑰园，依然是我高三最爱去的地方。

《小王子》中提到过："你在你的玫瑰花上耗费的时间，使得你的玫瑰花变得如此重要。"高中的时候，我格外珍视阅读的时光，看重每一本读过的书。我不是一个外向的人，话剧表演、辩论赛、诗朗诵，我始终是一个观众的角色。但是在阅读的时候，我好像可以从边缘走到舞台中间，做一次主角。高中时，常常听到语文老师提到"终身阅读者"，其实大学的生活并不比高中轻松，我选择的专业也使课外阅读看起来可有可无，但是我依然没有离开玫瑰园，或许因为我偏爱翻开书时的沉静，这是高中时养成的习惯，阅读成了我生活中不可或缺的一部分。

让我们一起奔向玫瑰园吧！

2020届毕业生的匡园阅读印记

1. 触摸

许天嘉

许天嘉简介

2020届匡园毕业生，现就读于清华大学。爱好写作、摄影、美食、唱歌、旅游、手工。

寄语匡园

愿省锡中保持独特，温暖包容。愿学弟学妹们自由而恣意地奔跑在风里、雨里、春光里，飞向属于自己的浩浩天际。

走在校园里，经常能看见同学们拿着书三三两两结伴行走——我仍然记得在某一个清晨看到的坐在乐群湖畔长椅上读书的背影，我仍然记得高一时袁老师给每一个人送一本书的“壮举”，也仍然记得在宿舍的一个下午，大家各自拿着书阅读，没有人讲话却有一种微妙的和谐。

在这三年里，我看过很多针砭时弊的书，如与女性社会地位相关的《黑箱》《房思琪的初恋乐园》《小妇人》。我也看了很多关于哲学、美学、历史学的书，美学方面以蒋勋为主，历史学方面偏向关于“二战”的战争文学（如《偷书贼》《数星星》）。这些书大多数都是以小人物的命运或者某一个极其微小的点作为切入口，即使是看起来最抽象的美学，最终也能够落到实处，经过抽丝剥茧抵达的彼岸，始终是一种与社会、人性息息相关的真实。

在匡园的三年，我换了三位语文老师，他们有个很显著的共同点就是会在潜移默化之中引导我将目光投向社会现实，而非做被“象牙塔”隔绝的天真学生。他们教会我看见社会，他们用自身对社会与所有人的关怀和爱影响着我，让我有勇气看见黑暗，触摸迷雾，寻找真实。也因此，在假期里，如果有空，我就会参加公益活动。

和同桌因为《房思琪的初恋乐园》一起坐着安静流泪的那个晚上在我记忆中仍旧鲜活。即使感到了疼痛，也总会有像远处楼房中的灯一样的希望明明灭灭地闪烁着，就为了这些，我要伸出手，我选择去触摸。

2. 匡园三年的故事

沈琳奕

沈琳奕简介

2020届匡园毕业生，现就读于西安交通大学。在匡园的培养下发展了许多爱好，热爱读书，喜欢欣赏戏曲、音乐剧，篮球场上的奔跑也给我注入了活力。

寄语匡园

亲爱的匡园，你的星空和湖影、严谨和浪漫，给了学子们宽广的成长空间，很高兴曾经是其中的一分子！亲爱的学弟学妹们，祝愿你们所得即所愿，在匡园的栽培下开启美好的人生！

匡园三年的故事，好像树脂历久凝结后的剔透内里，纤毫毕现，每每拾起，都是往昔情感的迸发、思维的闪光。

在匆忙紧绷的高中生活中偷得一二清闲时光，手捧书本漫步在秀丽潋滟的乐群湖畔，湖面图书馆的倒影被几只闲鸭一荡，心中亦是一悸，满心沉醉于文豪们描摹的纷繁世相，已不觉课业繁杂恼人。时而与志趣相投的同学逛逛校内书店，源源不断新入的书籍安宁地摆在书架上，即便只穿梭其中，也有安适的趣味。

我阅读《民俗与迷信》实在是机缘巧合。我随性起意去逛书店，从一系列书中一眼看见唯一一本《民俗与迷信》，它即刻吸引了我的目光。其内容提及绣莲的绣鞋——寓意新嫁娘的“往生”。彼时只闻孔老夫子“未知生，焉知死”，未闻五柳先生“纵浪大化中，不喜亦不惧”，时时刻刻都在为死亡之后的沉寂枯索心忧胆颤。这是一个起始吧，从此生死的话题不时浮现在心头。这个话题过于宏大，也许没有哪位大师能真正洞悉它的义理，也许最终的答案仍是民俗宗教的内容。而我，芸芸众生中的一个，在随后的阅读经历中，渐渐读懂了奥斯维辛集中营中犹太歌唱家们“站上屋顶，触碰星空”的不屈、向死而生的态度；读懂了萨特“人的实在作为超越的存在”的通达，拒绝以物质名利塑造流传后世的刻板塑像以求“永生”，而以热切的企望，奔波经营，意图推动社会进步，救民于水火，以此展示其“存在主义”的信仰；……

曾读过王羲之“修短随化，终期于尽”，或陶渊明“一生复能几，倏如流电惊”，又或马远《苇岸泊舟》之意“归亦是寄”，总觉身无着落、惶惑难安。终于在不断地阅读中得了答案：死亡是日光，它投下阴影，同时赋予一切意义。

我们着眼当下，以萨特“存在主义”为盾，堂吉诃德“理想主义”为矛，在自己的人生篇章中奏出华章，无惧前路。

“昼短苦夜长，何不秉烛游”。青年学子不必为百年之后的空茫无所适从，我们就像璀璨烟火，即便是历史长河中的一霎，也是此刻最耀眼的星芒。释放青春的能量，描绘人生的炫彩，这是我们的人生意义。

3. 阅读与思考的相互作用

蔡亚萌

蔡亚萌简介

2020级匡园毕业生，现就读于华东师范大学。爱好读书和运动，曾获奖学金及运动会奖项。

寄语匡园

非常感谢母校对学子们在人生方向上的指引以及人格修养上的栽培。希望学弟学妹们能在这一相对迷茫的阶段里首先充分发展自己，珍惜母校营造的开放包容、积极纯粹的校园氛围。

三年前，当我面临择校问题时，母校的教育理念（特别是对阅读的大力支持）成为我选择这所高品质高中的最终原因。我并不是一个从小热爱读书的人，初中时每学期要求填写的个人阅读书单总是空空如也。虽然明白读书受益终生的道理，我却无法抵御动漫游戏给我带来的诱惑。选择在匡园度过三年的学习生活，也是想借此改变自我，唤起自己对阅读应该拥有的热爱。

在高中阅读学习的整个过程中，虽然之前积累的阅读量不大，阅读速度也并不快，但有一个优点是乐于思考书中或者现实中的一些问题，所以很幸运的，在学习写作议论文之初我能较快地走上正路，上手写一些尚为浅显的因果利弊。高一时，北大学姐盛通通参加“百万百卷读书行动”回校做讲座，袁老师将一本附有盛师姐寄语的书送给我，这本《中国在梁庄》的扉页上俨然写着：热眼，不旁观。当时的我心里的愧疚超过感激，但也正是这份深藏的愧疚，激励着我不断增大阅读量，提升自我的思考高度。同时，我对时评等议论性文章的兴趣也油然而生，想要去学习作家是如何看待现实问题、如何取材佐证、如何说理分析的，只有这样才能有底气发声，而不做冷眼的看客。这样的想法督促着我汲取好书中的观点，进行更深入的阅读，写更多的读书笔记与感悟。

相应的，阅读好书能够提升自我写作和思考的能力。正如新生必读书目《阅读让我们有话可说》的书名一样，阅读并不能定格于读完那一刻。如果只是浏览而不带思考，作者的观点也只能是脑海中的掠影，缺乏自我体悟的可迁移性和普适性，个人思想活动范围就会被圈定，也就是所谓的“成为他人思想的跑马场”。高中三年，通过阅读老师推荐的《时评中国》《观念的水位》以及小书屋中的《常识》等书籍，我能够借助作者的观点，从更理性的视角重新看待问题，懂得争辩的目的从来都不应该是得出一个一劳永逸的结论，而是在两个极端之间看清事情的根源与利弊，如何取舍做决定则是因人、因事而定的。阅读好的书籍激发了我思考的动力，推着我打破思维定式的桎梏，从而收获思考的乐趣。

匡园浓厚的阅读氛围中，阅读交流与分享充盈着我们的学习生活，教室里同学间交换读书笔记、分享读书心得是我们的日常。即使在宿舍里，也总能看到阅读的身影。我很庆幸能够成为匡园的一分子，也非常感激袁老师作为我阅读生涯的引路人，使我对阅读有了全新的认识。过去的我不会在书上留下任何痕迹，看完就算读完，随手扔到一边；而现在，我勤于圈画，擅于感悟，让书为我的思维活动服务。

再次感谢母校的阅读氛围，同时也希望学弟学妹们能够传承下去，成为终身阅读者。

4. 从读书到阅读

宣昀阳

宣昀阳简介

2020 届匡园毕业生，现就读于同济大学。以阅读为乐，以美食为悦。曾获得同济大学本科优秀学生一等奖学金。

寄语匡园

花朝月夕，如诗如画，匡园承载了我太多不舍。愿匡园聚天下英才而育之，也愿匡园未来的花朵们，能尽情绽放你们的青春光芒。相信匡园与我们的未来都在不远的前方晴朗着。

省锡中的图书馆、书店，为我们营造了浓厚的书香氛围。就是这样的环境，引领我从简单的读书走向深度的阅读。犹记得三年前，踏入校门的我还只是喜欢读书，喜欢读那一本本书里的故事，不曾有过多的思考，只当是一种娱乐。但在匡园的三年，我重新认识了“阅读”二字背后深刻的意蕴——这是一种思考的状态。

或许初读“不堪盈手赠，还寝梦佳期”，尚不懂为何月光要“盈手赠”，但蒋勋的《舍得，舍不得》里将那朦胧的诗意细细描摹于读者的心里；或许初品“天下熙熙，皆为利来；天下攘攘，皆为利往”，只能读出一股子的名利气息，唯有在读过“竹林七贤”的故事后才有对“名利”二字的深刻解读……同样是读书，但我在思考中读出了更为深刻的意蕴。

还记得高一下学期刚刚接触议论文的写作，对主题的解读尚不精确。袁老师便让我们通过平时的阅读总结关键的主题词，在阅读中思考语文，又在语文的学习中思考阅读。童心，曾被解读为天真烂漫的活力，到如今还可指一种陷于困难中仍能笑对生活的品性。阅读通过翻阅有限的书页，超越了时间与空间的局限，带给我无限的生命疆域。

匡园的阅读记忆不仅仅停留在纸质书的翻阅上，还包括了很多大师级别的讲座。在高三上学期，尽管复习迎考的步伐已经渐渐加快，但学校依旧请知名作家为我们高三的同学做了一次生动的讲座。

此刻，回想着匡园，留下的是乐群湖畔的晨读记忆，是图书馆的借阅记录，是书架沉甸甸的重量，是与名家面对面的交流……

感谢匡园，感谢各位老师和同学的陪伴。

5. 探寻生命的深度

汤佳璇

汤佳璇简介

2020 届匡园毕业生，现就读于大连理工大学。热爱阅读与写作，曾获江苏省“阅读与写作”作文大赛特等奖，大连理工大学职业生涯规划大赛一等奖、校优秀团干部、科技创新奖学金、校优秀共青团员等荣誉。

寄语匡园

两年之别，匡园的名字最能激发我故土的情思。愿匡园的学子们浸染书香气，永葆赤子心。最重要的是不忘感恩——对恩师同窗，对故土，对亲人，对杏花微雨的江南，还有乐群湖畔曾经稚嫩却又倔强的自己。

匡园与樱花，永远在最美的季节相遇。一所学校，留给世人的永远是两样东西：一是校友，二是学校精神。匡园是一棵有百年历史的樱花树，我们是花。一代代人到来与离去，不足以让学校记起每一个人，却足以让每一个人对她永生难忘。一生只一次的绽放，我将我最美的青春年华留在匡园，也让匡园曾经的岁月有了我的影子。感谢母校匡园，感谢三个春秋的水土之情。在我的记忆深处，这份感激或许已经演变成了一种刻骨铭心的学校精神，植根于心。

在此，我将用生命的四种形式，来诠释：阅读塑造的匡园毕业生形象。

一、优雅生活者：理科生，应当有自己的生命深度

在匡园的三年，我身处理科的基地班，在繁重课业之余，还能于电磁感应和物质结构之外品析文字乐事。我们在匡园，阅读汪曾祺，是在品味一种生活的优雅态度。或许我们不能像贯云石般恣意洒脱、放浪形骸，却可以在杏花微雨的江南，缓步乐群湖畔，任自己诗情高远。

在匡园的日子里，颇有一番文艺青年的趣味，读书的同时写写主题随笔，已从硬性的规定变成了大家的习惯。袁老师从着手带我们班开始，就注重培养我们班弟子们的美学和人文素养，在课外阅读写作方面加深领域意识，使我们有了质的飞跃。我曾嫌思想类书籍太过枯燥，全无小说的趣味性和可读性，高二却是一个转折点，我开始感受到文字背后的思想力度，通读几遍，竟也热泪盈眶。

不是每个人都能成为诗人，但每个人都能为看似平白无奇的生活增加一点诗意。我们要对世界葆有敏锐的感受力，善于发现美、体悟美，感知身边细小的变化与美的发生。看到一朵花的盛开，不会漠然地忽视，而是惊叹大自然的造物之妙，以及微小生命蕴含的勃勃生机，能联想到《烟霞丘壑》中画家的精巧构思，《曲院风荷》所构建的一枝一叶的审美趣味。我们虽没有曲水流觞，却有美的追求。我们或许没有卓越的文学功底，但阅读是让我们离诗意最近的途径。

二、身心健康者：追求精神的深度，做负责任的青年

我们阅读曹林的《时评中国》，不再是一味接受新闻内容的信息复制机，不再对社会风云麻木无感。以感性的灵魂去体察人心，以理性的精神去洞悉人性，我们的思考便获得了一种超越。

社会是写作的一大重要领域。阅读时评，我们的思想便不会停滞于情绪的宣泄，而是要透过现象看到本质，透视社会万象。

我们追求物质层面的健康，也不能忽视精神人格的健全。阅读时评使人理性，这份深度的思考能够构建健全人格的框架。而在洞察人性，反思当下之时，个体也于无形之中进行了内化，我们便于框架之中填充了富有个人色彩的精神内核。

我们终将融入社会，也请师弟师妹们珍惜匡园三年的阅读时光，它将成为你年少阶段坐观万象、距离社会百态最近的阶段。

三、使命担当者：家国情怀，让担当成为人生的深度

我喜欢鲁迅。匡园的小书屋设有图书角。想读《鲁迅作品十五讲》源于一位朋友的推荐，机缘巧合，我在小书屋撞见了它。之前也看过鲁迅的书，我可能是太过浅薄，比如看完《药》也仅仅是知道夏瑜的血被做了人

血馒头，却并未真正走近并体味那个时代的悲哀。从前读罢也只是叹息革命者的悲惨命运，我感受到了先生的悲凉，却并未真正领悟“安特莱夫式的阴冷”、希望与绝望交织的痛苦。

鲁迅先生终其一生，都在以笔动情，以拯救国人为己任，对待生命持最纯粹的敬畏之心。“肩住黑暗的闸门”，是他为后来者铺平的道路。未来，我们将步入社会践行使命，以爱之名担负国家重任。

我的父母都是军人。疫情期间，一个扮演着“最美逆行者”，一个是“守夜人”。我震撼于战士逆流而上的魄力，也感动于幕后守护人民的人。他们或许以不同的面貌出现在大众面前，而我看到的是中国人普遍的凝聚力和家国情怀。

阅读鲁迅，是上天于我的馈赠，使我逐渐明晰未来的方向，想着能否为国家、为人民做些什么；不再做情感麻木、视野短浅的人；不再甘于平庸，碌碌无为地消磨岁月。

我们是否终有一天，能成为像鲁迅先生一样的人呢？

四、终身学习者：往后的路，生命也不能变得浅薄

感谢匡园三年，感谢我的引路人袁晗毅老师。曾经畏惧落笔，而今却已爱上了阅读与写作。感谢老师的提点和指引，不厌其烦地点评和修改。使曾经稚嫩的姑娘早已褪去了青涩与拘谨，有了更开放的平台和更广阔的视野。

做终身阅读者。在碎片化阅读横行的年代，依旧愿意为自己留有闲心，阅读经典、品读诗词、学习时文中的思想、参悟传统文化中的精髓。

阅读的过程是一个成长和发现自我的过程。在阅读中，可以见到不同的人，走过不同的路，品味不同的情感。阅读时光，是治愈人心的旅途，它塑造着我们的身份：平凡，却注定不平庸。

6. 书味匡园

钱信君

钱信君简介

2020 届毕业生，现就读于哈尔滨工业大学（威海）。自认为读书很杂很广，尤其着意于社会学和近代文学。喜欢与人交流阅读感受，探讨思想问题，也喜欢写时事评论，对社会热点问题发表自己的见解。

寄语匡园

桃李不言，下自成蹊。三年日短，就此暂别。惟不敢忘“诚敏”之校训，亦希冀不负母校之期望，毋懈毋怠，作民之良。

那是以前我和朋友每天的日常。现在回想起来，恍如一个美丽的梦，但回到已然毕业的事实，也只能徒增喟叹。

现在想来，怕是人生中没有一个地方能像匡园那么适合读书的了。小学初中不提，大学或也只是一个人在暗处前行，而在匡园的日子却浸透了阳光和油墨书香。匡园是有着真正的读书氛围的：她鼓励我们多读、多想、多说，努力探寻应试以外生活的意义。我记忆中的匡园正是这样一个胜似大学的中学，读书给予我生命的具体和丰满。

这点在高一的时候就得到了深刻体现。那时我们的语文老师杨梅非常鼓励我们进行思想碰撞，让我们在多读书的基础上进行有针对性的研讨争论。平时的随笔，没有任何限制，如同一张白纸让我们随意涂抹思想的色彩。那时级部会定期统一下发语文阅读材料，印象最深的，是杨梅老师会在此基础上额外下发自己整理的文章供我们补充阅读，希冀以此提升我们阅读的深度和广度。我就在那时认识了卡尔维诺、米兰·昆德拉，认识了给予我巨大影响的中青报评论员曹林老师。也正是惊叹于阅读材料上曹林老师充满逻辑美感的分析和思想的广度深度，我才会如痴一般地追读了他的《时评中国》《时评写作十六讲》等，才会迈入时评写作的大门，敢对着社会充斥着喧嚣与极端情绪的舆论场发出自己理性的声音。

什么叫埋下种子？我想，这就叫埋下种子吧。匡园不是教会我去阅读什么，而是教会我去阅读，找到真正值得自己去阅读的东西，在心中埋下一颗读书的种子。当这颗种子生根发芽，长成葳蕤之木，当自己拥有了学识能用思想丈量世界的时候，我想，每个人都会想起这个叫匡园的地方，这个让我们学会阅读的地方。

所以当我得知高三依然有单独划出的阅读时间，小书屋的书籍依然保留，曹维明老师依然给予我们课前交流的机会时，我一点都不意外，内心甚至有一丝释然。若是这些都被“准备高考”的理由给抹去，那匡园也就不是我记忆中的那个匡园了：她将会失去最宝贵的读书的灵气，和其他应试高中变得一样机械死板，直至最后泯然众人。诚如庄子所言：“人皆知有用之用，而不知无用之用也。”匡园视读书为“无用之用”。读书的确切意义是什么？每个人心中都是要有梦的，而读书赋予了我们做梦的权利。阅读让我们可以暂时从现实中摆脱出来，却又不是逃避，而是如同林贤治笔下的那一束幽光，给予我们面对现实的能力和勇气。我想，匡园是明白这一点的。

作为一个已毕业即将踏向远方的学子，回望过去，匡园给我的远远不止一张毕业证，还有替我用书构成的独属于我的大千世界。她还告诉我，在人生的这场羁旅中，读书，可以让我的皮囊从内部被照亮。

7. 皆为序章

沙奕凌

沙奕凌简介

2020届匡园毕业生，现就读于南京工业大学。最为热爱的是旅行和阅读，这两者都是不断充实和提升自我的过程。

寄语匡园

感谢母校给我带来的成长，希望母校奔腾捷进，赢得更高的成就！想对学弟学妹们说，一定要对匡园的日子倍感珍惜，要坚持自己的本心，才不会在未来迷失方向。

我在夏天里遇见的，是一位面颊圆鼓鼓的，总会带着两本书的语文老师。

从高一开始，阅读，便是他每节课上都会提及的重点。在他的教导下，这样的习惯在我的学习生活里生根发芽。老师常会利用语文自习课的时间，来带着我们阅读，解释作者隐藏的含义，让我能够更加通透地习得书中的智慧。他旨在教导我们成为“精神贵族”，通过阅读来升华我们的思想，让我们慢慢变得成熟理性。

我记得高三时，为了让我们都能去思考所阅读的书，而不是走马观花似的浏览而不能领悟内在的思想，语文老师还让我们做过演讲，在书里寻找联系，在书与书之间建立联系，让我们的大脑将阅读中得到的知识和感悟分类归纳，从而成为我们自己智慧的一部分。

轮到我演讲分享的那次，我把那部分的书读了不止三遍，和我的同桌一起，绞尽脑汁去想我们曾经的阅读中有哪些能够关联的部分，实在是想得笔头都快被啃断了。后来，在讲台上做阅读分享的演讲时，即使准备了很多次，我记得我的手和声音还是不住地颤抖，甚至冒了一身冷汗。也许阅读能带给我们的不只是静态的知识，更是在应用知识时的应变能力。我也懂得了为何我的语文老师总是不疾不徐，带着一两本书就来上课，因为从阅读中升华的思想，也能够成为我们自信的资本。

老师曾给我们分享过他阅读时领悟到的一句话：“自性迷即是众生，自性觉即是佛。”三年来，我这个不怎么阅读经典的迷茫小子，日积月累，慢慢能体悟到书中趣味，很多事情，都是在阅读的时候突然开窍的。

我一直觉得高中的校园是最适合阅读的，没有电子设备的干扰，没有功名利禄的诱惑，我们都像一张张白纸，在鸟语花香的校园里装点出自己独特的五彩斑斓。这段安静的阅读时光应当好好珍惜，不知以后还能否有这样的机会，带着纯粹的信念去阅读。

樱花大道的落英缤纷，乐群湖边的鹅雀相呼，图书馆弥漫的阵阵书香，都将成为我在往后多年里无数次的独家记忆。

一切过往，皆为序章。我无数次回味三年阅读里得到的感动，更要带着感动再次出发，在以后的日子里，继续阅读，继续收获感动，续写我独家的阅读记忆。

8. 于匡园读天下

荣翊成

荣翊成简介

2020 届匡园毕业生，现就读于上海交通大学。高中三年秉持着“悦”读的理念，在成长路上孜孜以求，绘就了美好的高中岁月。

寄语匡园

幸运于能在这样一所美好的学校度过我人生中最重要的一段时光，感恩老师们对我不断地引路与教诲。期盼学弟学妹们能在阅读中厚实素养，形成自己的思考能力。

我至今不敢说我是一个会读书的人，或是读书很多的人。但回望我至今的阅读经历，高中确实是一个非常特殊且重要的时间节点。在此之前的阅读多是为了满足尚为幼稚的趣味，且形式多流于屏幕之上，缺乏阅读的深度；但在匡园的三年阅读时光里，我着实没有把“看书”这件事当作为高考语文服务的一种手段，相反，它是一种帮助我跳出高中相对紧张的学习生活的精神慰藉。

我在匡园的阅读故事要从一本杂志讲起。刚刚进入高一时，每周有两个午后时光都是专门留给阅读的。有一次，我借了同桌手里的《看天下》，在期中考试前的最后一节阅读课仔仔细细地阅读了一篇有关乡村生育计划的专访社评。或许是第一次读到这类纪实文章，我一下子产生了一系列自己的思考：为什么破除养儿防老的思想会遭遇如此大的社会阻力，为什么推行一胎计划会如此艰难；二胎政策的开放，是否能给家庭带来思想的转变……

我当时自是不知道这些思考记录下来之后该给谁分享，但碰巧的是，那次期中考试给了我一个发挥的空间，我把这些无奈的复杂的情绪汇编成了一个简单的小故事并取得了一个可喜的结果——得了一个后续再也没有超越过的高分。这样一个阅读和产出的循环是多么的自然与顺利。我并未刻意地去积累，但有深度的阅读过程却已经把最好的东西——思考——留在了我的脑子里。我更感恩的是，高中三年都有这样自由的语文阅读空间，它呵护培育着我阅读的热情与思考的深度。

匡园正是一个滋养我们进行深度阅读的地方。这一点体现在：高一时的散文传记摘录，高二时的时评随笔，高三时老师不辞辛苦为我们整理汇编的时效新闻阅读；小书屋每学期都更新的小书库；校园卡上借满的三本图书馆的书；寒暑假的推荐书单收录。匡园的培养让我真正做到了把阅读当成一种乐趣，把阅读中的思考作为一种习惯，而这一点也正是我在匡园读书时最大的收获。

回想高考前最紧张之际，小书屋里听到的最多的一句话："你手边最近还有什么看完的书吗？"匡园对学子的影响大抵如是矣。

9. 诗·酒·路

殷悦菡

殷悦菡简介

2020 届匡园毕业生，现就读于中国人民大学。大学就读期间曾参加第七届世界汉学大会等志愿活动，并赴英国华威大学交换学习。爱好阅读、摄影、书法等。

寄语匡园

匡园树立了我的人格，让我学会共情，学会反思。希望学弟学妹们未来无论走向何方，都要在这三年内尽可能地去阅读。当未来种种强大外力试图将你们物化、工具化时，匡园的经历能让你们始终保持清醒，成为你自己，成为“人”。

第一次打开高中语文课本，有五个字便从此镌刻在我脑海里——向青春举杯。这是苏教版语文课本必修一第一单元的主题。

那时正是十六七岁的年纪，诗与酒的年纪。

转变也许是从孙老师的朗诵开始的吧。直至今日，每读至海子的《以梦为马》，头脑中仍响起那个深情而顿挫的声调，直让人血脉偾张，热泪盈眶。当最后一句诗的余音落下，班内一片寂静，仿佛蝉哑云停，空气也凝固了，而心中却是暗潮汹涌。几秒后，掌声响起，随之是被征服的青春的心。

我正是从那时起爱上诗。高一学习内容难度不高，课业却繁多，同时面临着许多新鲜的事物与未知的挑战。我会在中午去图书馆借诗集，北岛、海子、徐志摩、穆旦成为我读书笔记上的常客。我无法形容诗给我带来的感受，非要说的话，恐怕是还未饮酒便已先醉。也曾私下拟几句诗，却无奈于少了份才情。见班内同学的诗作被传阅，或是登上了校报，总是由衷地羡叹。

新诗朗诵会的那个夜晚，是匡园送给高一新生的第一个礼物。坐在观众席，被黑暗包裹，台上台下的心却相通——以诗为媒。可惜的是，班内的朗诵有一丝小小的遗憾，但遗憾到底也是青春的一部分。

于最基本的衣食住行而言，诗人也许的确是“无用”的，但我却要借庄子的话断章取义，诗人其实是“无用之用”。正是满怀梦想与热情的年纪，只有诗能让积郁的情感得到释放，让人敢想、敢做，让人以一颗诗心去对待万事万物。而这些，将在高三迷惘痛苦时，或是更远的未来里给予人支撑与希望。而我想匡园的学子，必不会仅仅满足于分数，追求基本的温饱，若如此，实在有负于匡园，有负于母校老师的教诲。

像是冥冥之中的安排，我在匡园的生活以诗为始，以诗为终，有始有终，也算圆满。

受疫情影响，高考推迟，复习时间却仍紧张，但阅读仍在继续。那时正在读《叶嘉莹说陶渊明饮酒及拟古诗》，竟突然有了背诗的冲动。一为功利，即有助于作文，但更多的却是为了私心。自负于对早读布置内容的熟识，我常常在早读课上读背陶渊明的诗。将诗抄录于纸片上，置于桌角显眼处，下课闲暇时瞥几眼，也算是复习。如此约莫两个月，已将《饮酒二十首》《拟古九首》《闲情赋》《归去来兮辞》熟读成诵。快步穿梭于宿舍、食堂、教室之间，朝看天光云影，夕看暮色四合，也曾在心中默诵着陶诗，那便是醉醺醺的感觉，醉了便暂时忘却了生活中的一切不如意。倒不是因为高三复习并没有那般水深火热，而是因为那时正处于水深火热之中，所以更需要一种寄托。这种寄托，于陶是饮酒，于我是读诗。读诗亦如饮酒，于诗、于酒中求得真味，然而此等真味“不足为外人道也”。

高三是极易迷惘的一年，一不小心便步入歧途，陷入自我怀疑之境，而书算是一处最佳的避难所。那时自己的阅读体系基本已经确立，有了自己独特的阅读方向，不再一味跟随大众，也不再胡乱翻阅。在这个时候，学业的压力也达到最大。若说高一的阅读可以仅仅为了兴趣，可以广泛涉猎、大胆尝试，那么高二、高三的阅读可以说是更为“功利”。这种意义上的“功利”，在于将一本书啃透，能够大略举出书中精要语句，深刻体察作者思想，并提出自己独到的见解，如是方能熟练运用于作文。另一方面，“功利”亦有助于休养身心。于我而言，陶诗便是如此，于无所适从时，想起那只“栖栖失群鸟”，便有了“托身已得所，千载不相违”的自足与安宁。至于阅读的娱乐作用，倒排在了末位。若有志于深入阅读，阅读诚不是一件娱乐的事，若要钻研其中，便要做好花费（有时候甚至是徒费）心思的准备。若说对此种阅读感到快乐，这快乐都是于苦中得到的。而此种乐，非经历过苦者不能得。

高三的阅读生活是匡园给学子的最后一份礼物，在匡园，即便是高三，我依然有机会博览群书。小书屋、图书馆的书都可以成为我用不尽的资源，而匡园自由包容的阅读环境给了我更多选择，更多思想交流的机会。回顾高中三年，高三一年读的书竟比高一、高二读书的总量还多，质量也更精。

在匡园生活，若是没能充分利用阅读的机会与资源，放弃了与同学、老师交流的机会，我以为是有愧于母校的。于我而言，匡园的阅读记忆便是诗与酒的开始、诗与酒的结束。我的阅读体系于此间建立，带着匡园记忆的阅读体系也将伴随我继续前行。曾经以为走过不少冤枉路，现在看来倒并非弯路。借用梁任公的话，并以此寄予匡园学子：

只要走路，断无冤枉。走错了回头，便是绝好教训。

10. 手可摘星辰

王楚越

王楚越简介

2020届匡园毕业生，现就读于香港中文大学（深圳）。喜欢配音，喜欢旅行，喜欢用文字记录心情。

寄语匡园

春日的樱花，夏日的睡莲，秋日的银杏，冬日的红梅——匡园于我，是许多美好的代名词。四季更迭，愿从匡园走出来的我们都能不负此生，不虚此行。

我仍然记得进高中后的第一节历史课。

老师没有像我预料中的那样讲述新学期课程大纲，也没有滔滔不绝地讲述上下五千年，以此激发我们对高中历史的兴趣。他带我们小跑到了图书馆。当时的我还分辨不清校园的布局，所以我记住的第一条路，是从教室到图书馆的路，下楼穿越小径即可到达。书架与书架间的距离不算太大，所以置身其中，有被图书包围之感。上下五千年就在里面。

当时的我们尚抱有对新学校的好奇，看到一些从前未见过的书，便要抽出来同朋友讨论一番。我们沉浸在“竟然有这么多书”“还有这本书”的喜悦情绪中，在门口刷校园卡借阅书籍的时候，有一种“我好富有”的自豪感。

这是匡园记忆的起点。

小书屋的书柜是一大特色。最喜欢里面的一本《创世纪》，由伯纳德·贝克特所著。刚拿到它的时候，我花了很长时间把摇摇欲坠的封面给粘好了。书页很旧，但文字清晰。“灵魂是不是远不止意识的喧嚣?”这是印在扉页上的问题，也是我自从读到这本书后时常会思考的问题——虽然至今仍未系统地得出什么有价值的答案，但这份阅读经历为我开辟出一条不同于往常的思考方向。我把书中亚历克斯的事例读了一遍又一遍，白纸黑字并不刻板，我们通过共鸣的桥梁相连。上大学后我参加推书活动，第一个想到了它，想买一本作为赠书，却意外发现早已绝版，唯一的办法是高价购入二手。《创世纪》就这样成了我的匡园限定，也许它仍然带着我的透明胶留在小书屋或图书馆里。而我像个幸运的寻宝者，一次闲暇时的翻阅，一个被书名吸引的开端，最终成了独特的匡园记忆。

图书馆离食堂很近，这意味着当食堂爆满容纳不下我的时候，我可以暂时在图书馆小憩，或边啃面包边读《匡园》杂志。不过这是个不大好的习惯，所以只能偶尔为之。《匡园》上的选篇大多为大家的作文或随笔，因为时间有限，我习惯挑读书随笔看。这个过程好比“发现新大陆”，大家用不同的视角剖析相同的故事，没有考场作文的各种限制，可以放宽视野、畅所欲言。随笔与阅读是分不开的。有文字输入，自然就有文字输出。现在想起来也挺乐呵。阅读的过程并非枯燥无趣，反而带着一点俏皮，还总能有找到新点子的欣喜。

由于我是文科生，避不开要讲讲读名著。如果说先前的读书经历很大一部分出于个人喜好，那么九本名著的阅读，可以说是群体的攻坚克难、共同探讨。为了应试，读书不得不带上些功利的成分。复习来不及的时候，篇目最长的《红楼梦》和《三国演义》被视为我们的课间读物、排队读物、睡前读物。大家互相督促，把原著一字不落地看过几遍，确实颇有“攻坚克难”的意思。不过我们的阅读不限于知道“凤姐贪了几两银子”，为了加深对内容的理解，班里会定期举行名著的讲演。读名著的时候特别喜欢这样的讲演课。我们一起梳理考点，又跳出考点。《三国演义》不止于热血，而《红楼梦》也不仅有柔情。在分数之外的，是我们对待阅读的态度：放松而不随便，严谨而不刻意。这不是一朝一夕养成的，它渗透在三年的匡园生活中，在连接教学楼和图书馆的小路上，在课堂思维碰撞的声音里。具象成白纸黑字，抽象为人文情怀。

阅读不曾停歇，记忆也没有终点。就好比在大学语文里，你总能找到高中的影子。

匡园为我们建好了一座高楼，手可摘星辰。闲暇时可以上去吹吹风。

而我自己的楼则在筑造中，以阅历为基石，期盼着雕梁画栋。

11. 匡园书忆

邹亦文

邹亦文简介

2020 届匡园毕业生，现就读于复旦大学。曾获复旦大学优秀共青团员、优秀学生、奖学金等荣誉。爱好电影、戏剧、展览等，热爱社会公益。

寄语匡园

怀念母校有温度、有深度的教育氛围，愿母校能够培养出更多良善之才。希望学弟学妹们能够依托匡园的平台寻觅属于自己的“心之所向”，而后坚定地“素履以往”。

要说匡园的特色课程，体育课位于首位，紧接着便是阅读课了。在考试的压力下，阅读的功能被定义为晨读背诵的材料、作文素材的来源。然而，阅读不是单一的知识输入的过程，把知识转化为记忆与技巧，运用于平时的写作与生活中，才是阅读在更深层次上的意义。

单单坐在教室里看书的阅读课是无法满足文科班的阅读兴趣的。阅读书籍，需进入校园的图书馆，在宽敞的阅览室内挑选感兴趣的书，在阳光下舒舒服服地读。我仍记得李茂林老师代课期间，全班同学的阅读课都是在校图书馆的阅览室度过的。我常常提早到阅览室，一定要抢到落地窗旁的桌子。窗帘拉住一半，挡住夏日刺目的阳光；读罢抬头，便是波光粼粼的乐群湖，周围有野鸭和白鹅的小房子，还可以听到从中传来的叫声，可以将其归为现在流行的“白噪音”。比起集体坐在教室里的闷头阅读方式，这样的阅读充满了生活的烟火气息，阅读的过程更为惬意，更为诗意。

在有烟火气的氛围里读书，才能更大程度上与书中的人物产生共情。在阅览室的阅读过程中，我印象最深的是阅读巴金先生的《家》《春》《秋》。读《家》的最初原因，是因为它被列进了高考阅读书目。可是，戛然而止的故事更加吸引我看下去，去看看觉新在失去妻子后有没有改变生活态度，去追踪觉慧出走以后的生活轨迹。纯粹的好奇与兴趣，让我继续阅读《春》与《秋》。现在早已想不起故事中的细节，只是记得抽象的情感牵连，只是记得春的回暖与秋的哀伤。再回想起高三时阅读《家》，大多是在寻找考题中拿不准的细节，或者是考试前期的临时记忆。记住了高老太爷没有参与新年的庆祝活动，记住了夜晚划船时是觉民唱的流行歌曲……这些奇奇怪怪的点，因为考试的原因进入我的记忆，却没有在考试结束后随之消散。抽象的共情体验与具象的故事细节，各自有其存在的价值。所以说，匡园的阅读并没有局限于刻板的记忆，而是在两年中训练共情能力，在一年里训练应试技巧。

阅读，更应该是口、手、眼的结合。在半载的大学时光里，我有幸采访到复旦大学中文系的陈允吉教授。教授谈起自己的教学往事，强调真正有效的阅读，是出声的阅读，文章要出声朗读数遍，自然而然就能够明白其中的奥义，这不是做“解释加点字”所能带来的效果。我在匡园的学习过程中，三位语文老师都非常看重朗读的意义。尤其是李茂林老师朗读的《蜀道难》，把印在纤薄纸张上的文字表现得气势磅礴。想起课堂上的画面，就能想起李老师口中的诗句。

一次在与中文系同学的夜聊里，聊起了红楼三国、项羽苏轼，她聊到语文课上为薛宝钗正名的辩论，我提起阅读课上关于黛玉葬花的展示。我们在夜色笼罩的校园里高呼“几时归去，做个闲人”，在细微的雨丝里细品“吾为若德”的悲怆。

高中的学习必然会带有考试的目的，高中的阅读需要向考试做出一部分妥协。但是，高考过后，紧接而来的大学生活与人生之后的阶段，阅读从不应该缺席。走出匡园，我们成为既能面对考试，又能共情的终身阅读者，成了精神高贵、情感丰满的真真正正的人。

12. 匡园书屋

沈　鋆

沈鋆简介

2020 届匡园毕业生，现就读于北京大学。爱好书法、瑜伽、摄影。曾获 2020—2021 学年北京大学社会工作奖，2021 年度北京大学融媒体中心学生记者团优秀记者等荣誉。

寄语匡园

希望每一个匡园学子都可以在这里学会成为拥有丰满、自由、有趣灵魂的人，又能以匡园为踏板，走向更广阔的未来，成为更好的自己，也为更好的匡园努力。

回忆起高中，读书这件事，贯穿始终。念起“匡园”这个名字，似乎也是噙着书香，回味悠长。在高中数不完的卷子、做不完的题之外，每一个安静读书的时刻，都有着温暖平和、安抚人心的力量。

在高一新生报到的时候，我们就收到了学校的一份礼物——一套书《阅读，让我们有话可说》。在开学前翻看这套书的感受早就记不清了，但在往后的三年甚至到了大学，我也能记得这套书里的一些故事，书写人性的光明与黑暗、历史的沉浮和兴衰。比如《绝不向一个提裤子的人开枪》，比如德国总理的世纪之跪，这些文章有的变成了我高中议论文里的素材，有的则被运用到了更广阔的地方去，影响着我待人处事的判断与选择。在高三老师提到这套书可以作为很好的素材参考的时候，我又把它重新翻了出来。重读旧书就如重遇老友一样，欣喜又期待，有熟悉的部分重回眼前，也有新鲜的地方展现出来。这份礼物确实成了我的老友，从高一到高三帮助了我不少，陪伴我一路。

如果要挑选一些高中的定格瞬间，高一、高二中午读书的时刻必定会入选。在阳光耀眼的午后，我躲在窗帘后面看书做摘抄，空气中浮动的细小尘埃都清晰可见，教室里安静得只剩下书页翻动和笔尖与纸摩擦的声响。在昏昏沉沉睡过午觉后走到阳光底下，和同学一起吐槽刚刚看过的书里奇奇怪怪的笑点，分享一些美妙的句子。在我的记忆里，每一个读书天都是阳光灿烂的日子，美好得让人时时回顾，不停心动。

到了高三，近在眼前的高考，永远看不到头的试卷，和一场又一场的考试，压得人喘不过气来。读书，是让我在试卷堆里探出头呼吸新鲜空气、一窥万千世界的窗口。就算是为了应考读《三国演义》《红楼梦》《茶馆》等一系列书，过程也是让人欣喜的。因为文字自有它的力量，在应付答题与考试之外，轻叩你的内心，留下它的印记。为了记住人名和事件翻来覆去看的《红楼梦》，里面不仅有宝玉、黛玉他们的大观园，也有我的大观园。我可以暂时逃离作业和考试，拂花避柳，穿庭过院，感一群儿女的悲欢，看一个家族的衰亡，听一个王朝的悲歌。“寒塘渡鹤影，冷月葬花魂”“莫怨东风当自嗟”“花谢花飞花满天”，这些诗句至今还能够张口就来，黛玉的悲吟在百年后仍旧凄楚动人，声声啼血。到了大学，我也有幸参与了有关《红楼梦》专题的编辑撰写，再次回顾这本永远读不厌的巨著。《红楼梦》无疑是美的，它将文化与生活完美地融合在一起，告诉我们什么样的生活是美的，又揭示了人间不可避免的悲剧。在高中能花上大把的时间去读《红楼梦》，去读这些名著，无疑是幸运的。

进入大学后，有了更多自主读书的时间。但在匡园读书的感觉，却是独一无二、无法复刻的。我愿将匡园称为我的书屋，在我人生中重要的三年里，它为我提供了一个安心读书的场所，既是为了考试，也是为了成人。老师导读的经典，同学推荐的书籍，自己翻阅的文章，都在我的心里留下了或深或浅的痕迹，为我的成长、成人垒起台阶。

成为一个终身阅读者，这是我在走出匡园书屋后，即将铭记并不断追求的目标。

13. 我的匡园阅读记忆

莫润冰

莫润冰简介

2020 届匡园毕业生，现就读于中山大学。曾获全国英语能力竞赛二等奖、江苏省生物竞赛一等奖。

寄语匡园

匡园陪伴我开启了青春，助力我走上人生更高的台阶，希望学弟学妹珍惜匡园岁月，将生活中的美好珍藏，同时不忘为自己想要的未来奋斗，不负梦想！

在匡园里，我所体会到的阅读从一种任务转变为自觉，进而演化为享受。

高中三年，唐江澎校长常挂在嘴边的，是那句“做终身阅读者”，初听时不以为意，这还不简单？然而被自媒体碎片化的阅读裹挟着踉跄了几步，才发觉终身阅读的坚持需要对自我提高有着坚定的追求。

入匡园之前，学校便开出了暑假书单。然而我总是不以为意，逍遥了一个假期才觉得于心有愧，抓了一本林语堂先生的小说《京华烟云》便读了起来。这一下，我就着了迷。书里描绘的民国时代让我深深地沉醉其中，我捧着书不肯放下。直至学期末的时候，我有感而发写下的一篇读后感获得了表扬，初尝甜头的我在心中种下了读书的种子。

那时，我的阅读仍是被任务驱使着，又或是因有同学将某种高级素材运用到了作文中，心生艳羡而跟风阅读。那些艰深的词句简直让人抓狂，内容进入脑子似乎又不留痕迹地飘走，于是我决定转向自己的兴趣。《世说新语》《史记》是我一开始决定“啃”的古代著作，凭着对古代逸事和人物传记的兴趣，我在注释的帮助下啃下了相当一部分的古文。英语的原版小说也是我的心头好，时常一下课就掏出来读，直至上课还恋恋不舍。乐在其中而又精细化的阅读潜移默化地影响着我，那段时间我的古文和英语都大有长进，对古代文化的兴趣也陡然增加。来到新的城市，我便去了几个博物馆逛了逛，精美的馆藏又增添了我对古时文化的敬畏。

除了自主阅读外，学校也举办了许多有关阅读的活动来贯彻终身阅读的理念。令我印象深刻的有《雷雨》话剧展演，“妈妈的书柜”等，更棒的是每个教室都配有小书柜，闲时可以随意翻阅。数不清的午休和课间，我就躲在小书柜前惬意阅读。

进入高三，紧张的学习生活让阅读的功利性逐渐增强，一摞又一摞的素材积累杂志，一篇又一篇的精选好文，似乎长时间的兴趣阅读被应试性阅读所取代。鉴于在家上网课的特殊情况，我关注了许多新闻时评、人物传记的公众号，企图从只言片语中窥见事物全貌、了解人物一生，进而灵活运用素材。然而这种婴儿式投喂的素材大多如流水般散去，应试时记不起来，生活中无法实践，徒耗精气神。这时我才发觉，兴趣与细致的阅读是多么重要，我们能记住的，往往不是高大上的作文素材，而是书中那些猝然击中我们，使我们感同身受的共情点。

如今进入大学已半载，我时常问自己：还愿意随着兴趣自由阅读吗？环顾书架，满是厚厚的专业书、习题集，电脑里更是存了一篇又一篇的论文，学业几乎填满了我的每一寸光阴。这时我才发觉“做终身阅读者”这句话的分量。在高中没有繁多自媒体的影响，我们可以静下心来阅读，进入大学便多了些诱惑。我相信，走出校门、走入信息洪流中的匡园学子所接受的阅读教育是习惯的培养，所以我们有信念将阅读习惯伴随终身。

第三章

匡园阅读随笔

2022届毕业生的匡园阅读随笔

1. 守夜人

——读《精神明亮的人》有感

邱乐仪

邱乐仪简介

2022届匡园毕业生，现就读于南京大学。爱好阅读、写作、辩论，曾获“七彩语文杯”江苏省“中学生与社会”作文大赛二等奖、2020年无锡市优秀学生干部等荣誉。

寄语匡园

匡园所承载的，不仅是一份份美好的回忆，也是你、我、他努力奋斗过的证明。而今，我携着祝福与期盼，走向更广阔的世界。也希望各位学弟学妹体悟匡园之底蕴，书写自己的未来。

当王开岭先生有意地为我们这个时代做下一些真实的记录时，那一次次抵达灵魂的抽痛，告诉我们那个属于自然的美好国度曾一度存在过，后来却永远从越来越厚重的化学天空下消失了。

倾听一种真实是困难的，用一种真实去抨击人性中的许多阴暗也是困难的。我们无法选择我们所处的这个世界，而我们自身——这个世界的某一部分，也在社会进步的过程中，逐渐丢失了为“人”的怜悯与良知。我们为之叹息、恸哭的那些悲哀，就在我们周围，就在我们双眼可及之处。

繁荣的背后隐藏着什么？是人与生俱来的不幸和悲惨，是每一个人身后那只充满隐喻和暗示的眼睛，是从旧社会根基上传来的腐烂的恶臭，是始终存在却无人提及的黑暗。这一切需要有一个人站出来，掀开那些虚假繁荣的表象，把血淋淋的真相端到我们眼前。虽然残酷，但是有效。

在王开岭先生的散文中，还能看到小人物在时代变迁中的悲哀，思想巨人们的幸运与不幸，那些美好的、丑恶的，都在他的笔下。那些优美的词句，娓娓道来的语调，恰到好处地掩盖了残酷。他很清楚自己在对谁讲述，也知道自己为何讲述。就在良心的每一次颤动中，在每一处细致的描写里，他默默背负起罪恶与苦难，去触摸、去描述那份真实，去完成一次救赎、一次还原。这是人可贵的自救与互救。

一切也正如历史告诉我们的那样：真理永恒。当我们快要沉沉地睡去的时候，王开岭先生就是固守着真理不肯入睡的守夜人，他的文字，诱人而危险。我们总盼望着真实，却又始终恐惧着真实的残酷，它唤醒我们，保留下一些重要的东西。

这种声音仍倔强地存在着。那些人、那些事每天都存在于新闻头条上，又每天都渐渐地淡出我们的视线。总会有一个人站出来，在每个人的心里，点燃一盏微弱但顽强的、小小的火，提醒着我们要睁开眼睛，去发现、记录那些丑恶和美好，然后试着去改变与保留。

他告诉我们："生而为人，我们那么努力，就是为了不让世界改变自己；然后努力地，去给予这个世界一点美好。"

2. 上下求索，逐梦远方

——《寻美记》读后感

吴以恒

吴以恒简介

2022 届匡园毕业生，现就读于南京理工大学。喜欢阅读，爱好动画，闲暇时间还会烹饪、摄影、绘画或制作手工作品。

寄语匡园

愿匡园蓬勃发展，为学子提供更好的平台。愿学子们都能利用好这份资源，收获学业与精神上的成长。日月如梭，愿诸位惜时，多读好书，丰富自己的思想，找寻到属于自己的梦想。

人是一种爱做梦的生物，也正是借力梦想，人类在千百年间与大自然的搏弈中幸存了下来，发展出了现代文明。梦想是那么美好，让无数有志之士为之不断奋斗，即使粉身碎骨也在所不惜。而人类的种种美德——博爱、勇敢、节制——也都由梦想引出。因为梦想，“五月花号”起航了；因为梦想，美国独立了；因为梦想，平权运动兴起了。没有什么，比对梦想的追求更能引领人类不断前进。

对我们而言，梦想是那么独特而不可或缺。人类的生存是那么依赖梦想，以至于我们已经离不开它的指引了。梦想往往如同暗夜中一团摇曳的火焰，吸引着无数的追随者，却在他们靠近时将他们消融殆尽。无数的英雄豪杰，便在这如同夸父追日一般无穷无尽地追逐那渺远的梦想的路途中，消磨了毕生的精力，燃尽了自己的生命。打破阶级的斗争会带来新的压迫，祈盼美好的祷文会诱发迫害，追求自由的革命会使专制横行……过去人类对梦想的追求，也曾给我们带来许多无妄之灾。

“天地不仁，以万物为刍狗。”老子没有说错，老天只吝啬地给予我们理想的远方，却并没有给予我们直通天堂的阶梯。但我们与天地的关系是那么强韧，以至于在上天抛弃我们后，甚至在我们人类也抛弃了自己后，我们依然控制不住拥有梦想的欲望。我们凭借着微弱的力量，缓慢而丑陋，却又顽强而坚韧地朝着那一丝光亮爬动着。像条刍狗一般，只能紧贴着地面向上仰望，低到了极点，却一步一步地爬升着，到达了之前连梦想都难以企及的地方。我们幸运地学会了妥协，学会了反思，学会了用爱去替代恨。

尽管人们奋力追寻的梦想可能在后来被发现其实一文不值，但他们那种单纯的执着，在我看来却格外的壮美。这也许是一份注定失败的绝望，但在这绝望之中，那顽强生长出的希望之花，依旧尽情地绽放着。人类的命运与不断反复把巨石推上山顶的西西弗斯的命运一样，是那么绝望而虚无。但正因如此，那些革命家反抗生活、反抗这个世界的勇气更加值得赞颂。

人类是天地间极度幸运却又极度辛苦的一个物种。我们以理性与自由意志为道具，上演着一出已经延续了千年，却不知何时终止的名为“文明”的戏剧。我不敢妄下定论，这是一出喜剧，还是一出悲剧，但我敢肯定的是，舞台上每一个聚光灯下的演员，都在拼尽他们的全力表演着，上演着一段段的迷茫与悲怆，尽管并不知道路通向何方，前方到底是理想中的国度，还是无尽的深渊。

这其实就足够了。努力打造出一个乌托邦，然后在看清了现实后再次抛弃它去寻找另一个乌托邦。这看似徒劳，毕竟不完美的人类难以拥有一个完美的社会，但正是通过无数个体进行的各种天马行空的试验，乌托邦进步了，社会进步了，人类进步了。乌托邦能否最终被实现，能否满足人们最初的预期并不重要，重要的是这个不断变化的过程。只要还在变化，人类社会就还活着。

也许，人类对于乌托邦的追求注定是一场悲剧。但我相信，这份执着，这段因无数梦想而启航的旅程是一部值得传诵的、英雄的史诗。

3. 漫谈美学

——《谈美书简》读后感

黄澍宇

黄澍宇简介

2022 届匡园毕业生，现就读于天津科技大学。爱好旅行、摄影、音乐等；曾获匡园读书征文比赛一、二等奖，“语文报杯”全国中学生作文大赛江苏省三等奖；擅长演讲、书法、主持等。

寄语匡园

何其有幸，今生能够与匡园相遇、相伴、相知。在省锡中这片成长的乐土上，我收获的不仅是知识，还有做人的道理。祝愿学弟学妹们在匡园采撷快乐与美好，向着远方的梦想进发！

二十一世纪的街道上，车水马龙，人来人往。街边的商店运用鲜亮的色彩作为招牌吸引过客：明星的写真照、夺人眼球的广告标语、画风清奇的宣传画……如此种种，无一不彰显着现代社会的生活美学。

俄国哲学家车尔尼雪夫斯基说过：美是生活。其实，我们完全没必要将美学核心问题“什么是美”当作一种非常高深的问题来解答。相反，答案每个人都清楚：我们生活中无时无刻不在接触美与丑，而每个人的评判标准各有不同。总而言之：美是一种令人舒畅的感觉。

美丽的事物总是能够满足我们那一点可怜的精神需求。当音乐的旋律符合自己喜爱的节奏，耳朵即因听觉上的享受而使内心得到满足，这便是美了。朱光潜先生还解释有一种享受叫作“移情作用”：外物触动人心，最能激发情感的抒发。张晓风曾很好地解释欲望的本质：一种不安、一种需索，是不知所从的缠绵，是最快乐时的凄凉，是完满之际的缺憾，是自己也不明白所以的惴惴，是想挽住整个春光留下所有桃花的贪心……

但仅凭主观意愿谈美，未免就回到了古希腊智者学派“人是万物的尺度”的偏激中去了。不难发现，每一个时代都有自己独特的审美标准。比如中国古代唐朝女人就以胖为美，宋代女人却恨不得越瘦越好；欧洲人民一开始对神明盲目崇拜，后来充分肯定人性之美。历史上那些美学大变革时期总是能够成为众多学者重点研究的对象。正是因为变革，旧的制度瓦解，新的政权建立，从此新的美学潮流兴起，代表着这个新兴时代的文化风格。这种跨世纪的发现又间接掀起了整个现代艺术光怪陆离式的狂欢。没错，我们是看不懂现代艺术吗？不是，我们是不懂现实，不懂政治。美学作为艺术文化的核心，充分反映了当代的经济和政治，看似无影无形，实则是个举足轻重的“硬核派”。

寥寥数万字，朱光潜先生用他那平易近人的口吻将美学的深刻奥秘向我们娓娓道来。

4. 在莫高窟，读出艺术与人文的紧密相连

——读《我心归处是敦煌》有感

邹惠荞

邹惠荞简介

2022届匡园毕业生，现就读于江苏师范大学。热爱阅读与写作，曾获“语文报杯”全国中学生作文大赛全国一等奖。

寄语匡园

“匡园”是一张名片，昭告着学校的底蕴；是一场见证，目送着相传的薪火；是一份温情，守护着师生间的点滴日常。青春不会消逝，只会迁徙。希望各位学弟学妹珍惜在匡园的生活时光，以求诚求敏的姿态开启奋发飞扬的精彩人生，以足够的知识储备与热爱，行你所行，无问西东。

雕刻精美、刀法圆润，墨色浓厚匀称；半裸上身，面相丰圆，焕发慈悲之美与超脱之乐……

英国艺术评论家苏立文说：“在中国艺术中，一切只是一个引子，一个将参与者引向更渊深精妙的艺术世界的引子。”

而莫高窟，便凭其因苦难孕育出的灿烂文明，以佛教经卷、历典文献、刺绣绘画、法器等文物，牢牢吸引着代代莫高窟人坚守。这本书的讲述人樊锦诗更是安然长叹：“此生命定，我就是个莫高窟的守护人。”

但我想，倘若不是那壁画上狂放热烈的土红色调，没有那金碧辉煌的经变画作，缺少了那斑斓瑰丽的色彩光影，又何来数字飞天的辉煌！

由此可知，艺术与人文紧密相连，换言之，是敦煌考古使“莫高精神”一脉相承，是莫高窟人使这文化遗产永不磨灭！

阅读莫高窟人扎根大漠的经历，总让我想起孔子称赞颜回的那句话：“一箪食，一瓢饮，在陋巷，人不堪其忧，回也不改其乐。”

不可否认，初期是驻守敦煌的调令使樊锦诗长居敦煌，但若不是发现了飞天的艺术生命力，感受到洋溢着聪慧灵性的经变活力，领悟了观音画像散发的深旷清净的意境，数十载的扎根浸润又从何谈起？

更何况她与莫高窟人以达无我之境为画笔落下的前提，视永不停息地复生飞天为旨，精心呵护稀世珍品，而这，岂是莫高窟一厢请求可换取的！

艺术面前，莫高窟人褪去“大师”的标签，低下头颅吹去壁画上的沙尘；人文当道，莫高窟敞开怀抱，以看似灰头土脸的外表展现圣洁而神秘的伟大文明。

这是艺术与人文的交相辉映，是文明与追随者的相映成趣，是洞窟释放的五彩斑斓的神光里，苦耐寂寞而又坚定迈进的朝圣者寻求到心灵安顿的征途。

正如蛮荒塔希提之于高更，荒芜地坛之于史铁生，亚历山大港之于亚伯拉罕医生——这里没有物欲横流，没有纸醉金迷，只有原初的阳光，简单的色彩，兴高采烈的人们。于是，“此心安处是吾乡”，于是，“我心归处是敦煌”。

千年莫高窟成就了舍身饲虎的“莫高精神”，宕泉河畔的莫高窟人，见证了“数字飞天”的灿烂辉煌。

艺术，当与人文紧密相连。

5. 恰似灯下故人

——读《我心归处是敦煌》有感

吴思齐

吴思齐简介

2022届匡园毕业生，现就读于南京师范大学。热爱唱歌，曾获省锡中“校园十佳歌手”称号；擅长阅读、思考与写作，曾获“七彩语文杯”江苏省“中学生与社会”作文大赛一等奖。

寄语匡园

感谢匡园引领着我编织属于自己的人生之梦，让那些天马行空的奇思妙想助力我丈量脚下踩过的每一寸土地。愿匡园永远年轻，永远芬芳，愿学弟学妹们永远忠诚于真实的自己，永远热爱文字撼动人心的力量。

几代人的坚守，赤诚的热血挥洒在西北敦煌这一神秘、古老又充满魅力的地方。自第一任院长常书鸿先生决心驻扎于此，为甘肃敦煌文物奉献一生去守候之时，敦煌便已注定不凡。

大大小小、错落有致的藏经洞，匠心铸造、五彩斑斓的藻井，栩栩如生、灵丽动人的飞天壁画……敦煌书写着它的传奇。那可怜的王道士，目光短浅地将大批敦煌文物低价卖给外国人时，可曾为国宝将流离海外而心痛？现如今坚守的“敦煌人”闻此故事，又作何感叹呢？

大漠孤烟，长河落日。茫茫沙尘一望无际。粗糙的指尖拂过墙壁上深深浅浅的凹坑——这是生动鲜活、永远灿烂的历史，是属于中华文明的印痕。

是文化的力量将千千万万敦煌人的心牵引着吗？是文明的不朽将他们的心感化着吗？我想是的，在面对如此辉煌的古老文明之时，年轻的心被唤醒。敦煌文化感召着一代又一代敦煌人致力于守护敦煌石窟，弘扬敦煌文化。

千年淘洗，俊采星驰。在浩瀚的历史遗迹面前，所有看似华丽的修饰语都显得那么苍白空洞。敦煌之美，美在倔强，美在不屈，更美在敦煌人的坚持不懈，坚守初心。

穿越千年的敦煌。

敦煌的女儿樊锦诗先生一生都不可能离开敦煌了。虽然她身在他乡，但敦煌铸刻着她的青春、她的芳华，敦煌收藏着她的歌哭笑泪、她的肆意昂扬。敦煌之于她正如水之于鱼，阳光之于青草，已然是生命中不可或缺的一部分了。

曾几何时，少年策马，长鞭潇洒，意气昂扬。我们也有年少的追求与信仰，亦有我们所坚守的道义，哪怕在旁人看来天真可笑、脱离现实，但随着青春逝去，又有几人能坚持至最后呢?

不待扬鞭自奋蹄。不要让我们那些美好的梦在兵荒马乱的生活面前一触即碎。

在先生身上，好像有着曾经的自己。

恰似灯下故人。

6. 大隐隐于市

——读《我心归处是敦煌》有感

陆欣澜

陆欣澜简介

2022 级匡园毕业生，现就读于华东政法大学。爱好读书、绘画、摄影、吉他、电影、羽毛球，擅长思辨，有较好的语言表达能力，曾多次获得校内外作文比赛一等奖。

寄语匡园

记忆中的匡园总会在我疲劳失落时，引领我的目光，投射向远方、未来。学弟学妹们，相信匡园也会细心地指引你们，以青年的张扬去大胆触摸心中向往。悄悄努力吧，徜徉书海，肆意奔跑，埋首勤读。

茫茫戈壁上，她独自走向莫高窟九层楼。在九层楼窟檐的铃铎声中，在三危山前，这个单薄的身影散发的明亮光辉，穿透层层沙尘挥去我心中的喧杂。

敦煌的女儿樊锦诗让我更透彻地领悟到“大隐隐于市”的智慧。

或言，樊锦诗在那僻远的大漠怎可谓之“隐于市”？我以为“市”便是人心中的慌乱、迷失、喧浮；而“隐”便是找到自我，坚定实现自我的价值。故“市”不必为市。当樊锦诗在离开与留下之间艰难抉择时，大漠又何曾是“野”——客观地推动主观产生清心之感。

然而，“大隐”之可贵恰在对“市”的包容与化解，不向“野”逃避而是向心安抚。正如樊锦诗最终选择了成为敦煌的守护人。她直面内心，找寻本心的勇气与坚持，无法带给她与家人相伴的温馨，却能使她在孤寂中找到难得的归属感。

“市”是人群所在，而人之所在便是责任之所在。“隐于市”是一场“我”与“他”的较量，选择“隐于市”便是一种情怀和境界——在激流中搭建自己的世界甚或成为一方滩涂，冲破困顿找到生命的意义。于是，我们与努力守护文化的敦煌女儿樊锦诗相遇。大漠的风沙掩不住她眼中的坚毅和柔和，盖不住她嘴角的恬淡和安详，这便是“大隐隐于市”最美的诠释。

简单五个字却蕴含着深刻的人生奥义，同时也让许许多多人望而却步。当下的快速发展像极了湍流，这个时代便是大“市”。从便捷的交通到优质的教育，无论是从生存还是生活的角度考量，我们都拥有着大量可隐于“市”的资本。然而种种社会焦虑却无情地揭开了面纱——我们从未将“隐于市”放在心间，我们从未真正热爱并珍视这份“市”。

樊锦诗将敦煌放在心田，她知晓这“市”是苦闷的推动者，但依旧坚定爱着并奉献着。而焦虑中的我们只看到了“市”中竞争的激烈与苦痛，于是放弃爱，放弃包容，用“只要卷不死，就往死里卷”的残暴与“市”

对峙。谁还在意“大隐隐于市”？谁还能如樊锦诗一般去谈“我心归处”？

于樊锦诗，她过去伤痛于极致的孤独；于我们，则更多慌乱于极致的喧哗。我们向往生命的平衡与稳态，需要“隐”的态度和智慧。如是，方不枉拼搏，方可成为一个真正的“隐者”。

您听，铃铎声中有着樊锦诗的声音：“所有的一切必然离去，而真正的幸福，就是在自己心灵的召唤下，成为真正意义上的那个自我。”

何不打开这本《我心归处是敦煌》，体悟这“大隐隐于市”的精妙！

7. 青山碧波，一叶行舟

——《小词大雅》读后感

韦霖烨

韦霖烨简介

2022届匡园毕业生，现就读于南京特殊教育师范学院。曾获两届校运会1 500米冠军，梦想工科但是上了师范学校；喜欢写文章，弹琵琶。

寄语匡园

感谢匡园让我交到了那么多志同道合的朋友，文字这样的载体让我们在拥有交流能力的同时也拥有了共情能力，毕竟，“精神状态是第一生产力”。

读至终章，一句“一蓑烟雨任平生”重重击打在心头。再抬头望向窗外，北风呼啸中，恍惚间瞧见青山碧波，一叶行舟。

词原先是给歌者唱出来的，长短句配合之间是自由的格律。抑扬的配合像飘在无边旷野上的风，有时飘得很远，有时又猛地刹住。轻嗅稻谷的芳香，带着一点江湖侠气。这点自由，更带给了我们自由解读的底气。

张惠言读“懒起画蛾眉，弄妆梳洗迟”是“感士不遇”，王国维不同意他将一切归类于比兴，却也在“众里寻他千百度，蓦然回首，那人却在灯火阑珊处”里读到经历种种追求与磨难后的大事业、大学问。词给人反应，人在诠释后又回到诠释者本身，文字的联想能力得到加深，这既是词的功能所在，也是词的魅力所在。

叶嘉莹先生问：“我的词代表了我的修养和境界吗?”我认为不一定。在不同的读者中，词的诠释会有不同，这种不受限的特点，恰恰带给了词活力。

还有一些不能付诸笔端的欣赏，我爱“是非成败转头空”后面那句“青山依旧在”，我能感受到澎湃的推力、层叠向上堆积的情感。而“人面不知何处去，桃花依旧笑春风”或“绿波依旧东流”就没有这样的史诗感。贫瘠的词汇并不能完全传达我的意思，这是因为“感情一旦说出，就宣告着原始表达的死亡”。

小词出身风月，却能大雅，有一部分原因是其多样的表达，顿挫的节奏，无拘无束的自由灵魂。

敢教姮娥执明镜，只影倾城，猿啼一声歌一句，唱落圆缺阴晴，又或轻拂筝弦，流莺巧啭，彩凤和鸣。

是流淌的侠气，是飘扬的柔情，是胸中锦绣，下笔龙蛇。

不是墨守成规的编曲、词藻华丽的作词，而是自由自在、百转千回。

我闭上眼睛，听寒风的啸声，忽近忽远——我听见他跨过纵横交错的电线，钻过白雪覆盖的菜叶，挤进窗缝，亲吻我的手指。风起柳絮簌簌，怜洁白入泥淖，冷月葬得一缕花魂。

再看得远一点，也许不是烟雨浩渺，也不是大江大河，而是浩茫广宇了。

8. 走出茫茫群体

——读《乌合之众：大众心理研究》有感

尤柯焱

尤柯焱简介

2022 届匡园毕业生，现就读于南京财经大学。爱好写作、唱歌、阅读、绘画，曾获省锡中暑期征文比赛中一等奖，“语文报杯”全国中学生作文大赛中江苏省三等奖。

寄语匡园

匡园是每一个毕业生心中的一片柔软之地，或许在这里你不能感受到她的美好，但当我们从这里出发，才会发现她的珍贵。珍惜在匡园的每一天，为她奋斗，成就更好的匡园与自己。

何为群体，作者古斯塔夫·勒庞给出了如下解释：“群体”一词是指聚集在一起的个人，无论他属于什么民族、职业或性别，也不管是什么事情让他们走到了一起。它与“大众”表示的含义相同，强调的是一群人的集合。

当我们总是强调“群体的智慧”时，殊不知群体正是蒙蔽一个人的最致命的错觉，而唯有挣脱出我们最为依赖的群体，才能够重新寻找到真相与智慧。

为何要摆脱群体的桎梏？群体的作用并非集众人之所长，而是将所有人都拉到同一水准，抹平差异，让集体的情感代替个人的理智。个体抛弃判别是非的权利，以换取那份所谓的安全感、归属感，这显然不是我们想要的。

可惜，并非所有人都能意识到这一点。政治家煽动群体暴乱，资本诱惑，粉丝集资，乃至媒体引导民众意志，这些无不是利用了群体的冲动、易受暗示以及情绪的单纯与夸张。

我所见非我所见，而为群体所见。无论是通信闭塞的昨天，还是消息爆炸的今天，这都是令人恐怖的存在。

我们所能做的，就是在集体裹挟着我们做出更多匪夷所思、荒唐可笑而不自知的事情前幡然醒悟。然后，一点点找回自己的辨别能力，用自己的头脑去判断是非真伪，最终获得一份清醒而独立的思想，小心呵护，不再堕入群体的平庸中。

《乌合之众：大众心理研究》这本书正是让深陷群体而浑然不自知的人知晓，我们所依赖与信任的群体，才是最不可靠的。作者勒庞用带有预见性的眼光，刺穿了群体这一层假象。

这是群体心理学的开山之作，但其影响范围却不仅仅限于群体心理学。犯罪心理学、政治经济学中凡是涉及大规模群体行为的方案，多是根据勒庞《乌合之众：大众心理研究》中对群体的分析而制定的。

这也再次警醒我们，一个人如果能够用理智战胜情感，那么他就难以被鼓动和支配，是极富责任感的存在，但群体在人多势众中爆发出的力量感，粉碎了所谓的道德乃至法律责任感，个体就会被情感和有心之人左右。

走出茫茫群体，不甘做乌合之众，才是在这个信息泛滥的时代最勇敢、最有智慧的选择。

9. 孤岛

——读《品西方文人》有感

任子怡

任子怡简介

2022 年匡园毕业生，现就读于南通大学。爱好剧情类电影，喜欢摄影剪辑，曾获“语文报杯”全国中学生作文大赛江苏省三等奖、省锡中 2020 年科创节学术论文评选团体一等奖。

寄语匡园

学问藏之身，身在则有余。在匡园，我捧起书本，窥见别处的风景，也握起手中的笔，记录生命的活力。学弟学妹们，“时间正翻着书页，请你着笔”，期待你们用文字表达对生活的热情。

留给自己一些时间去做一座孤岛吧，你会发现还有自然与思想的陪伴。

品过许多市井文化，会发现梧桐树遮盖的喧闹的街道中总有些小房舍，傍晚时分，屋内老人乘凉于树下。

日出日落，云卷云舒。纵览历史，那些追求自己玫瑰云的人不就像偏安一隅的老人，悠闲摇曳着吗？

刘小川的作品《品西方文人》中写到了许许多多追求精神满足的文人，他评价作家时写“作家保持孤独的兴奋状态”。大作家的内心世界也许正应了那句“热闹深处有沉静，沉静之时亦喧嚣”。

其实，尽管每一个人都是一座孤岛，但我们仍可以选择不孤单。

叔本华说：一个人在孤独时才能成为自己。谁要是不爱独处，就是不爱自由，因为一个人只有在独处时才有真正的自由。所以无论他们是否被人们认为冷漠，他们的内心依旧火热。寂静昏暗的夜晚，凋谢的花海，他们都直接感受过，因为是孤岛，所以不被约束，所以与世界联系甚微，所以自由不被打扰。

换句话说，他们“偷得浮生半日闲”。那半日悠闲，他们去寻找了朋友，如萨特所言：“和自己成为好朋友，独处时才不会感到寂寞。”所以自己便成了自己的良师益友，生活的价值被自己选择，于是愤怒、痴狂、热爱这样强烈表现情感的词成了他们的状态描述。

做一座孤岛吧，呼吸岛上的空气，与自己作伴，肆意畅享，那时的你并没有抛下现实中的亲人、友人，只是暂时离开他们，挣脱枷锁，再更好地回到生活。

尼采说：“不能受命于自己者，就是听命于他人。”现实社会物欲横流，千丝万缕的联系虽是无形却压得人喘不上气，这样的环境，怎么只会是受命于自己那么简单呢？

不妨试着做一座孤岛，岛上会有思想的树林与自由的风。

10. 走出迷雾，迈向光芒

——读《做一个清醒的现代人》有感

周劭炜

周劭炜简介

2022届匡园毕业生，现就读于北京大学。爱好阅读、电影、烹饪、摄影，擅长萨克斯、围棋，曾获江苏省“三好学生”、无锡市惠山区优秀学生等荣誉。

寄语匡园

匡园的良好氛围与老师的辛勤教导，让我在一次次的历练中提升自己。感谢匡园，感谢老师们。希望学弟学妹们能好好珍惜在匡园的日子，留下属于你们每个人与匡园的回忆。

当全球化以前所未有的方式将这个世界推平，当平面化、浅薄化逐渐桎梏了社会思维的深度与广度，面对日益纷繁复杂、波谲云诡的当今时代，我们正处在新的地平线上。

刘擎老师以“清醒的现代人”的身份凭借其洞彻世间之眼，发出个人的呼号，同时也是社会的心声：个人自主性是现代性思想的一个重要方面，是一个值得捍卫的理想。它激发人的创造性，要求一种自我负责的精神，鼓励人们过更真诚、更充分和更具个性的生活。

对个人本真性的追求，或许是让精神荒原上起万丈高楼奇观的不二法门。

追求个人的本真性，是身处低处而能仰望星空。让疲倦的视线从物面上移开，从狭窄的槽沟里昂起，向上，向着高远，看一看那自由与辽阔、澄明与纯净。

追求个人的本真性，不是追名逐利，而是奉献担当。我们需要的不是精致的利己主义者，作为新时代的中国青年，负重前行才能迎来岁月静好，心中有火、眼里有光方能筑中国脊梁，跳出个人的小确幸，放眼时代的大格局，才能在人生的跑道上跑出青春的速度，才能于“广阔天地，大有作为”。

追求个人的本真性，要执着于当下，放眼于未来。珍惜内心的渴望，而不要忽视它、压抑它，甚至掐灭它。选择自己心之所属，就能有更多的淡定与从容，有更多的积淀与突破，有更多的喜悦与快乐，从而找寻到“跋山涉水后的返璞归真”。

做一个清醒的现代人，走出眼前迷雾，迈向未来光芒，活得真诚，活出个人的色彩！

11. 与你同行

——《不知有花》读后感

高晨曦

高晨曦简介

2022届匡园毕业生，现就读于南京师范大学。爱好阅读、舞蹈、乒乓球，曾获“苏教国际杯”作文大赛二等奖。

寄语匡园

三年匡园生活带给我的不仅仅是丰厚的学识，更是处世的胸怀。希望学弟学妹们怀着一颗澄澈的心去发现匡园人文之美，感悟学习无尽之美，体味生命旷达之美，将匡园温暖的情怀和独特的文化带向远方！

指尖轻动，书香漫漫。我款款漫步于这本书的美好世界里面。与其同行，万物都变得纯净明丽。

那日，初春的风开始有了暖意，我捧起了张晓风的《不知有花》。封面上一个黄衣女子仰头望着浓密绿叶中夹杂的星星般的白花，柔软的阳光爬进纸张的一个个深浅不一的小坑中，窝着不出来了。哎，真好！

走进书中，是那个一向聒噪的小女孩对蓝天的体悟，她收获了那份从生字本到体认生活的喜悦和神圣。她让我深思并惭愧，长久以来，我基本是仅仅满足于书本上对许多事物的描述，却并没有在生活中去获得深刻的体悟，一味死读书，我的精神是多么贫乏啊！

再往深处走，是张晓风对漫天飘散的白色纤维的诧异和震撼。“也许在不分昼夜地飘散之余，只有一颗种子足以成树，但造物者乐于做这样惊心动魄的壮举”，就在这样一种生命的壮举中，张晓风满心感到的是一种折服、一种无以名之的敬畏，而且，在日后还时常想起，那颗种子在心之峡谷里已蔚然成荫，教会她敬畏生命。

也许是这样的，在某一个瞬间我们忽然就有了某种感触，但是这也要有一颗善感的心啊。在生活的磨砺中，在日复一日的单调重复中，我们是否还拥有一颗善感的心呢？是啊，生命是可敬畏的。那扛着面包屑，吭哧吭哧义无反顾向前走的小蚂蚁，那砖缝石缝间如米小却也学牡丹开的苔花，都是值得我们敬畏的。可是，之前我有想过吗？

对啊，我不能让我的心日渐枯萎，我要让它拥有蓬勃生机。我开始关注一树玉兰的绽放与凋零，学会在花前驻足，观赏蜂围蝶阵，感受昂扬律动的生命，体悟四季的轮回与时光的消逝，感受到草木有情亦知冷暖。

有一日，我的目光被一抹绿意牵扯住了，这抹绿在灰暗的背景下犹显亮丽。这是迎春花的枝条，刚刚生发出了这浅浅的鹅黄。天气还是这样的寒冷，风依旧如此凛冽，可它就这样挺直了身板傲立在枝头，不卑不亢，任凭冬日如何阻拦春天的到来，如何施加风雨，它都依旧傲然绽放，多么顽强的生命力啊！也许它只是绚目的春光中最不起眼的，但它带来了春的讯息，成为报春的使者。由它开始，一个草木葳蕤的明媚春天正在向我们走来。我不禁被这小小的生命打动，像张晓风一样，心生对生命的敬畏之情。

一遍，两遍，每次我从床头拿起这本书翻看时，心中总有一股无法言喻的暖意。

那日清晨，我携一缕清风与它再次相遇。张晓风先生总能让我联想到一个词——生活美学家，她总是能发现种种美好与可爱。看火车站的留言牌，让她觉得那些不遇、焦灼、愚痴中也自有一份可爱，一份人间的必要的温暖。“大官”的温煦有情让她感动不已，公交车上买主的慷慨让她欣喜。是啊，生活中自有种种可爱、种种有情，然而我们却常常埋怨生活，觉得它欠我们的太多。其实，日光本不是我们所应得的，只因我们已习惯它们的存在，竟至于习惯得不再激动。其实，每一天都是一个欢欣的感恩节。人要怀有一颗欢喜之心、感恩之心，这样生活才会更加幸福、美好！

在阅读中，我思考，我成长，情感越来越丰富，精神越来越充盈。与《不知有花》同行，真是三生有幸！

2021届毕业生的匡园阅读随笔

1. 乌合之众在当下

——读《乌合之众：大众心理研究》有感

梅炳寅

梅炳寅简介

2021届匡园毕业生，现就读于湖南大学。喜爱阅读、音乐、编程。曾获苏嘉奖学金、江苏省中学生生物竞赛一等奖、全国大学生英语竞赛二等奖等荣誉。

寄语匡园

回望匡园求学三载，书影鹅鸣共天光。求知长路漫漫，幸得匡园师友伴引。百又十五，愿母校越办越好。我辈匡园学子，才华恣肆，化鲲为鹏，抟扶摇而上。望匡园学弟学妹，扎实基础，勇攀高峰，不负时代，追逐星光。以小我之努力，奋大我之前程。

“群体的无意识的行为代替了个人的有意识行为，是目前这个时代的主要特征之一。”这是《乌合之众：大众心理研究》作者古斯塔夫·勒庞的开篇之语。而“这个时代”一直持续到了现在。在一个世纪之后，人们惊奇地发现，这个理论仍能很好地适用于社会。

当下时代，互联网的兴起无疑为群体思维提供了更宽阔的舞台，这个舞台上无时无刻不在上演着闹剧。不久前，重庆一小女孩开电动童车碰到了一位老太太，老太太当即坐在地上说被撞伤。这条微博被广泛转发后，评论者的观点惊人一致。他们无一例外指责老太太碰瓷，不经思考就为事件定性。然而经实地调查，有人发现该老太太确实骨折并正在医院接受治疗，于是舆论又急剧反转为对老太太表示同情，并调转枪口开始责备小女孩。

诚然，当一个人融入群体中，他的性质就此改变。群体“漫游在无意识的领地”“随时听命于一切暗示”，仅仅因为碰瓷事件发生的次数较多，它就被抽象成了一个符号，经群体认证之后不再存疑。群体中的成员对类似事件以符号化的思维迅速反应，而“丧失了一切批判能力”，沦为群体思维的附庸。

而互联网显然加剧了这一进程。一旦加入某个“圈子”，人们便自愿放弃了思考的权利。群体成员用群体所认可的共识，即“标语化思维”代替思考。著名政法学教授罗翔曾经评论过这种思维方式，是“最便捷的”，然而是“放纵自己无知的热情”。

这是一群乌合之众。

乌合之众不允许反对的声音存在。小至一个“圈子”，大到整个网络舆论空间，都有一些规则与共识，一旦有人胆敢越过雷池半步，自以为占据道德高地的人们便会发动“围剿”。他们不顾手段是否合理，只求他们的“正义”得到伸张。然而乌合之众所拥有的、足以摧毁一切的力量往往会导致屠龙者终成恶龙的吊诡结局。前段时间“霸座”的孙姓男子，被“人肉搜索”至社交瘫痪，不敢出门。几年前，一位发表对某著名网络小说不满言论的人民教师，被人身攻击直至自杀。若说男子“霸座”足以触犯众怒，而教师仅仅是因为反对一个圈子就招致了可怕的打击，可见乌合之众的高度排外。

网络空间有时更像一片黑暗森林，充满令人迷茫的灰色调。而乌合之众充当着森林中可怕的力量，这股力量随时都可能出现，任何人都可以调动。只要在黑暗之中点亮烛火，毁灭性的力量瞬间就能将烛光连同烛光下惊恐的脸庞一并熄灭。

勒庞的乌合之众理论既已被实践认可与证实，想要去乌合化却是困难之事。就“舆论反转”与“群体正义”两事而言，目前可缓解群体乌合的方法其实还有。我认为，倘若个人多一些理性，对于标语化、符号化的思维多一些警惕，在发表言论时不被群体风向裹挟而能将自己暂时抽离出群体，也许可以让我们从群体怪圈中获得暂时喘息。

互联网时代波谲云诡的网络空间中，远离群体狂欢的一份残存的理性，也许就是照进黑暗森林的那一束光。

希望有一天，阳光能够照进黑暗森林。

2. 且纵灵魂入沧海

——《身份的焦虑》读后感

黄晶琦

黄晶琦简介

2021 届匡园毕业生，现就读于南京大学。热爱阅读，勤于写作，曾在“苏教国际杯”“叶圣陶杯”等作文大赛中获奖。

寄语匡园

感谢匡园，感谢我的语文老师，让我自由地阅读那些滚烫鲜活的文字，在其中寻得灵魂的归属感。希望学弟学妹们在学习生活之余，能始终践行“终身阅读”的理念，以文字为终身师友。

一切都在高速发展，对理想生活的极度渴求和因同级对比而产生的心理落差，已然使我们坠入焦虑的泥淖。我们很难有足够的时间、精力去与某样事物或爱好建立自然稳定的情感联系，只能通过每时每刻的信息输入来满足心理上的渴望。

网络媒介在当代社会就发挥着这样一种“舒缓通道”的作用，当我们快速浏览过一条条实时信息，会产生一种“万物皆在咫尺间”的错觉。然而不幸的是，我们逐渐发现，随着时间推移，网络平台上的信息非但无法缓解焦虑，反而使我们更加浮躁、易怒。

因为这是一个碎片化的时代。

我们摄取信息，但与阅读书本不同的是，几乎所有信息都是零碎的。网络固然带来了阅读的便利，但大量的娱乐新闻也过度侵蚀了我们的日常生活。《南方周末》在《碎片化阅读终究不是王道》中指出，诸如微博和微信公众号等自媒体固然带来了多样的信息，但由于其数量过于庞大且没有发表门槛，受众难以深入阅读，更无法理性思考。海量的信息并不意味着海量的知识，而碎片式的信息也难以构成一个完整的知识体系。在这样的环境下，由于系统整合知识体系的难度大大提升，人们整理、思考与反思的意愿也会逐渐降低。思维层次趋低带来的只能是更大的心理落差，更严重的身份焦虑。

身份的焦虑是一种深层次的痛苦，它的起始点是来自灵魂深处的不安与惶惑。这是一种难以直言的心理状态，更多时候以其他形式表现，比如愤懑、嫉妒与沮丧。当代社会的信息流比以往更为庞大、驳杂，缺乏筛选与提炼。以不断浅薄化、快餐化的信息填补内心的空缺，掩盖焦虑的本质，无异于饮鸩止渴。

因而我们不禁心生疑惑，如何对抗碎片化？如何把碎片信息融合成一个完整的整体？

如果说浅阅读是对数量和实时性的追求，那么深度阅读就是对质量和经典性的追求。如果求诸艺术，我们会发现，与艺术共舞的过程，正是一个逆碎片化的过程。阅读的对象不仅限于文字，更可以是画面、音乐等各种各样的艺术表达形式。经典艺术作品——小说、诗歌、戏剧、绘画或电影，或庄或谐，能够在不知不觉中潜移默化地向我们揭示生活的本质，引导我们更正确、更审慎、更理智地理解世界。马修·阿诺德认为，伟大的艺术作品是一种途径，这种途径可以帮助我们解决生活中隐藏在心灵深处的紧张和焦虑。换言之，我们深入探索作品的内在世界，能够获得灵魂的共鸣与思想的升华。正如阿兰·德波顿在书中所写，“一部艺术作品有助于我们理解和欣赏那些在无人凭吊的坟墓中的人们”，当我们以旁观者的视角观照艺术作品中的人物形象，我们也是在对自己的生活做一种观照。这样一种双向的交互，使我们有能力以更平和的心态面对社会的压力，将一部分的“身份的焦虑”转化为“面对身份的自如”。

“我与记忆中的欢乐隔着一道深渊。”狱中的王尔德越过时空的深堑，回望一去不复返的繁华，在昏暗的牢房中，他写下长信《自深深处》。从入狱时几近窒息的锥心痛苦、对未来的极度焦虑，到最终的豁然与自尊，深度思考使他寻回了一度泯然众人的自我。通过对艺术世界的不断求索，他成功抵抗了外部社会嘈嘈切切的议论——“有了自由、书籍、鲜花，还有月亮，谁能不快乐呢？他人对我的评价都是愚蠢且不值得放在心上的废话”，王尔德正是通过艺术疗愈身份的焦虑的典例。随着时代发展，艺术早已不再是上层阶级垄断的娱乐消遣，优质的资源也随着大数据的发展变得触手可及。尽管身份的焦虑愈演愈烈，但相比过往，通过艺术缓解身份的焦虑，已经成为一种对每个人都重要又可行的方式。

争分夺秒的生活节奏并不意味着必须放弃深度阅读，很多时候，这种退避的根源是我们自身对于知识输入的畏惧。在传媒与技术的推波助澜下，越来越多的人满足于浅阅读带来的虚幻成就，然而，能让我们真正拥有质的飞跃的，永远是深度的阅读与研究。艺术一如远山沧海，浩瀚无垠，愿我们能摆脱碎片式的阅读方式，且纵灵魂入沧海，以艺术疗愈焦虑，以豁达面对世界，让身份的焦虑成为可以从容应对的过眼烟云。

3. 纯粹的世界

——读《古典之殇》有感

陈欣玮

陈欣玮简介

2021 届匡园毕业生，现就读于中国传媒大学。爱好国画、摄影、阅读，曾设计匡园 2020 级新生入学通知单，在校期间多次获校级优秀学生奖。

寄语匡园

恪守育人之旨，续先辈传承之荣光，求实创新，捷报频传，匡园必将创新发展，蒸蒸日上。学弟学妹们正处大好时光，愿你们秉持初心，把握机会，追寻理想，一谱青春锦绣篇章。

叶芝在《被偷走的孩子》中唱道：“走吧，人间的孩子！与一个精灵手拉手，走向荒野和河流。这世界哭声太多，你不懂。”

恍若乱入世界的外来者，曾经深深刻在基因里的熟悉感淡化，漫步在孤独的街道上，终究成了陷阱下的猎物。世界的黑暗和光明在交织重组，故事的篇章重新拉开帷幕。匆匆行走，隐藏在笑脸的逢迎里，认真扮演。梦里的精灵和纯粹，落入现实的深渊泥沼。精心刻画的纯粹，不再纯粹。

王开岭说："如果有机会，我想做一个印第安人。"他说我"想"，这份"想"，不仅仅是自我情感上的渴求满足，更是对纯粹精神的探求期盼。书中小园僻静之"野"，给予心灵上的亢奋力量，它超脱于"时代""社会""人间"等概念，刹那间成为一种独立的存在，隐瞒了自然之力。而逃离人工园林，渺小的自我站在世界的最底层，无可奈何地看着一切慢慢流失，像一次次的日起日落、潮涨潮消，阴暗遮蔽，机械重复。它把一切湮没毁灭，进行着一场不可逆的生活实验。翠绿，蔚蓝，纯粹的色彩被污染吞噬，可它们只能无声地呼吸，接受所谓命运的安排，沦为试验品，却要装作心安理得。

不单单是眼底的绿意，魂牵梦萦的精神家园，也被无情摧毁。"无数地点在失守，被更弦易帜。无数家园在沦陷，被连根拔起。"有些激烈的语言描述，恍若生动的水墨画卷被残忍撕裂，伪装下的和平安谧无处藏匿。乡村故土失去了灵魂、脚步和炊烟——那种与现代城市截然不同的生活美学和心灵秩序。"我回到故乡即胜利。"自然之子叶赛宁说。事实上，人们可能早已醒悟，故乡，难以回去了。城市成了复制的模板，只是地点改变而已。而鲜活的生命，也慢慢被侵蚀成了相同的模样。无论是鲁迅笔下"正义"的路人，还是巴黎圣母院前叫好的旁观者，早几个时代，纯粹已不复存在。文明的阴暗面伺机而现。

哥本哈根世界气候大会突兀地结束，冠之以"气候大会"，不过是衣冠楚楚的表面；2019 年 11 月 4 日，美国开启退出《巴黎协定》的正式流程，而事件背后，同样牵扯着利益。江流一去不复返。在各种争端之中，我们仅仅是芸芸众生，面对人性的光明和虚伪，唯有坚定地走完自己的道路，做纯粹的自己。

古典之殇是必然。找寻绝对纯粹似是一场无用的努力。可这世界，依旧等待着单纯而透彻的纯粹。正如王开岭在《古典之殇》中写道："怎样才算一个好时代？我的标准是：假如傻瓜也能活得好好的。"

4. 人类的渺小与伟大

——《交叉小径的花园》读后感

陶亦成

陶亦成简介

2021届匡园毕业生，现就读于中国人民大学。爱好跑步、读书、写代码，跑步放松身心带来灵感，读书偏好社科与纪实文学。

寄语匡园

感谢母校让我在高中三年里能够跳出题海，养成良好的锻炼与阅读习惯，发现了自己更多的可能性。希望学弟学妹们记住，高中是探索自我的重要时期，要抓住这段时光，度过高质量的三年高中校园生活。

人类命运的悲剧性就在于，明明有着俯瞰命运的能力，却偏偏身处命运之中。

命运无非是线性的时间。崔朋看到了时间中蕴含的无穷可能，妄图用小说承载无穷的时间，无疑是人类灵魂对命运的又一次出轨。小说与现实的唯一不同就在于，白纸黑字被读者认作人物的命运，而读者往往认为自己的命运掌握在自己手中。崔朋想要表现时间，构筑了无限的迷宫，最终却只传达出他所看见的东西。他可以让阿尔贝与俞琛看到时间的无穷可能，却无法改变命运。

作者花大量笔墨解释了崔朋的时间理论，却犹如一个旁观者操控着情节的演进，从中反映出他真正想表达的东西。崔朋尝试建造迷宫，只留下未完成的手稿；阿尔贝研究他的小说，最终被俞琛杀死；俞琛了解到祖先的思想，却逃不过杀死阿尔贝、遭受绞刑的命运。死亡的终点恰恰反映出人类命运的悲剧性，任何人都无法逃脱死亡的命运。

情感与思想是人存在的标志，对应着人类所具备的人性与神性。然而，情感这样极其主观的官能，却往往在光锥之外。俞琛最后不得不杀死阿尔贝，虽然拯救了城市，却感到无穷的悔恨与厌烦。若是他选择了另一个“阿尔贝”，结果就不一样了：他无法了解到祖先的真相，却能够因拯救城市而感到欣慰，不可避免的还有一丝对死亡的恐惧。人的情感如何，似乎完全取决于命运。思想虽赋予了人们俯瞰命运的能力，但这一份神性是不完整的。我们作为读者，小说已是既定的事实，抑或是说命运，我们不由会去思考：如果俞琛没有杀死阿尔贝，如果马登选择放过俞琛，如果阿尔贝没有接待俞琛……这一系列的“如果”在我们脑海中构筑了完全不同的命运，而这些与小说本身是同维且平行的。这是人们对命运本能地厌恶，本能地反抗。然而，人类终究身处命运之中，没有脱离的办法。

博尔赫斯的笔下，人们能够看穿命运，编织时间，同时又被命运肆意摆布。他没有沉溺于人类的神性之中，近乎冷酷地使俞琛杀死了阿尔贝。他承认了命运必然的终点，承认在无限可能性面前人类的无能。他那冰冷的悲悯令我们在看清现实的同时，也看到了人类的抗争，或者说是挣扎。他将怜悯给予崔朋、阿尔贝，甚至俞琛，这些人物让我们看到，人类在某种意义上确实无比渺小，但又不可否认的伟大。

不同于唯物史观所经常运用的“历史的必然”，他们认为，历史事件中许多偶然的小事件有着极其重要甚至决定性的影响。他们将人的主观能动性置于很高的地位，不承认所谓“历史的潮流”。

也许，人类总是不甘于渺小，总是渴望用自己的力量做出改变，西方的文化自始至终都蕴含着这一底色。然而，我们可以理解他们心中人的伟大，却无法否认历史的确有其一般规律。相比反抗命运，当代的马克思主义者选择了更科学、更合理的办法。他们化身历史的潮流，用人与命运合而为一的方法掌控命运。

也许，这就是人类从叛逆的青年时代走向成熟的标志。

5. 渴望上路的心永远年轻

——《在路上》读后感

杨婷婷

杨婷婷简介

2021届匡园毕业生，现就读于南京邮电大学。爱好阅读、写作与辩论，现为南京邮电大学“笃行辩论队”领队。

寄语匡园

感谢母校，让我无论去到哪里身上都带着匡园学子骄傲的印记，三年的时光描绘了我生命的底色，塑造了我坚韧向上的性格与向善的品德。希望学弟学妹们珍惜校园时光，不负青春。

耗时半个月，我总算读完了《在路上》这本书，而阅读的地点大多数是在我床边那盏极小且昏暗的台灯下，我也总是处于迷迷糊糊的状态，所以，当我翻过这本书的最后一页，再次看到它以完整合起的姿态骄傲地在我面前躺着时，心里总有一丝隐隐的不安。

传闻此书是凯鲁亚克在20天时间内，连打字机的纸都不换写出来的。在一整圈上百米的纸上连续敲字，夜以继日。这样的场景下诞生的巨作仿佛对我有一种天然的吸引力。不过我在阅读的过程中却感受到了不安。

直到此刻我提起笔，才想明白这种奇妙的感受源于我惭愧地发现自己早就没了上路的决心。

不是一场精心规划的旅行，不是茶余饭后的难得散步，而是一场年轻且横冲直撞的冒险。似于幼年时在家门口玩耍，却追着漂亮的小蝴蝶一路磕磕碰碰走到了黄昏，在日落的余晖下抬头望天，瞳孔中是一派天真的无畏，即使忘记了来路也找不到去路。

或许这种无畏的“上路”真的只存在于我的幼年和那个时代“垮掉”的美国。一群奇怪的美国叛逆青年，东奔西走，来来回回，若说我幼时是为追逐一只蝴蝶，那他们这样循环往复的旅行岂不是显得更幼稚且没有意义？想了许久，我终于明白，其实在路上的意义就是在路上，让原本死气沉沉的生活不再受到制约，走出时间的条条框框，救赎一颗渴望上路、年轻无畏的心，仅此而已。

真正的旅行永远不需要沉重的行囊，真正渴望上路的是永远年轻的冒险家之心，是对自己、对世界的未知探索。

如果真能将人生比作一段旅程，那么我们都只是这条路上的行人。我们创造风景，欣赏风景，最后成为风景本身。用书中的原话说："道路就是生活。每个人都会有各自的道路，你的道路是什么，老兄？乖孩子的路，疯子的路，五彩的路，浪荡子的路，任何路。那是一条在任何地方，给任何人走的任何道路。到底在什么地方，给什么人，怎么走呢?"

我的路正在脚下，请允许我一路颠沛流离、兴高采烈，只因年轻！

6. 阿城的狂与骑手的浪

——读《遍地风流》有感

盛辙易

盛辙易简介

2021 届匡园毕业生，现就读于上海交通大学。爱读书，偶尔写作。

寄语匡园

"欲买桂花同载酒，终不似，少年游。"回望，高中的我有无限的精力、青春和浪漫，恰似你们。去阅读吧，这段时间是一生中不再有的体验。去拓宽生命，莫使将来空叹。也希望母校的阅读氛围越来越浓厚。

最爱《遍地风流》。这一集子是阿城年轻时的作品，气盛风流凝聚在文字里，初来生涩的文字，却由着一种情绪而生动。够狂！狂在武侠小说的结构上，狂在白描叙事上。文章波澜不惊，读来内心却暗流涌动。

难怪让数十年后的作者自己也读来脸红，也难怪让读完后的我读另几本集刊，都觉得少了一份风流。

狂的是少年的自信吗？狂的是文章年少已成。纵观其风格，传奇洗练，白描极佳，自有一番韵律。他的风格不是一种“腔”，而是集自身的智慧提炼汉语文字本身的美感，那汉语的节奏、韵律便自然而然地形成。

狂是他任性的志气和腔调，是天赐的才气，而不是训练或包装而成的。少了包装，文字间便是真性情。世俗气息与旷野中的粗犷之气毫不做作，反而把人读书时预留的虚伪做作的空间、掩饰自我的面纱夺去，直击人的内心。

简而言之，谈小说免不了高屋建瓴，但阿城的小说可以冲到读者面前，与他对峙。

浪漫依着这狂气，毫不做作地击毁人的腔调。《洗澡》中那样坦荡的浪漫，也一样。

赤身裸体的骑手面对黄衣的女子，毫不羞怯。女子说“你很好”时，骑手得意：“草原大得很，白云美得很，男子应该像最好的马。”女子说：“草原大得孤独，白云美得忧愁，我不知道是不是碰到了最好的马，也许我还没有走遍草原。”

赤裸裸的感情，真诚而又梦幻。梦幻的是，淡蓝色背景下，温情脉脉的感伤。感伤的美丽，像变幻的星辰。这对话温情而又孤独，像从世界之外，美丽而又孤独地飘向他们的草原。

这种感觉就像《情人》，有一种特质，任何地方都是开始，亦会随时结束。骑手、女子的每一言，都有完整的全局性含义，都露出告别的意味。那些片段带着巨大的浓缩与放散，属于时间之外。

骑手的精神，不是基于荣誉，而是基于对草原的信仰。

这也是阿城的狂。

7. 夜空怀揣着不朽的星光

——读《人类群星闪耀时》所感

杨予昕

杨予昕简介

2021 届匡园毕业生，现就读于华东政法大学。爱好油画、瑜伽、烘焙等。曾获世界中学生运动会形象大使选拔赛全国总决赛一等奖。

寄语匡园

望落樱观群波，觅诗意生活态度；逐清风踏碧浪，拥健康运动习惯。匡园之教，启明学子何以存良善而雅栖居，何以怀山河而志高远。愿匡园桃李盛绽，学弟学妹们追光远航。

黑夜总是压抑得令人窒息，无声地消化着世界的悲喜；而星夜总是寄寓了无数美梦，浪漫得像一轴画卷，一首长诗。

何以谓星辰？

茨威格说，人类漫长的历史好比无垠黑夜，光在漫长的穿越中于星际游走，路过一处便点亮一片夜空，看似满天繁星，却相隔漫漫。

不可一世的拿破仑兵败滑铁卢，穆罕默德带兵攻破拜占庭，斯科特在南极探险……通过茨威格的笔触，我走访了一个个历史的巅峰与转折点，似也亲历了超越时代的戏剧性瞬间。我喜欢茨威格的历史眼光，不是被命运选中走进英雄殿堂的人才熠熠生辉，他们或留下千秋遗恨，或被嘲讽不已，但正如茨威格所言：这些人的坚强意志与历史宿命碰撞之际，火花闪烁，照耀着人类文明的长空。

历史，在我看来，似小时候在河边打过的水漂，在空中飞过的石片便是那普通无奇的岁月，每一次沉重地落下是一颗新星的诞生，其不断延伸的涟漪是那个时代浓墨重彩的一笔。

可是，谁又理所应当在历史上留下痕迹？

假如斯科特没有向南极进军，假如歌德没有遇到那一位令他魂牵梦萦的少女，假如列宁没有登上从瑞士过境德国到俄国的列车……这些没有结果却让人浮想联翩的假设颇具哲学意味。恩格斯说：“假若不曾有拿破仑这个人，那么他的角色也会由另一个人扮演的。”历史的偶然与必然造就了一种非流水般的历史观，而细碎的时点毫无征兆地出现造就永恒。

但又恰恰是这些偶然，使他们或多或少地蒙上了英雄主义的面纱。有多少人万事俱备，只欠东风？我一直很相信时势造英雄，因为白昼永远看不见星辰。茨威格以天才的视角向世人展示了 14 个改变人类命运的瞬间。这 14 个关键的历史瞬间悄然而神圣地降临到 14 位天才身上，历史的发展随着英雄的选择而发生变化。谁都想当英雄，谁都想不虚此生青史留名，而唯有机敏、勇敢的人，抓住了历史中飘摇不定的瞬间，才能一招制胜、彪炳千秋。即使英雄，也具有时效性。有时我们可能需要事件的警示性，有时可能需要他们的精神，而历史的重演、英雄的重塑基本不可能。

在这个时代，鲜少需要“抛头颅”式的英雄，但需要“洒热血”的人生。罗曼·罗兰说：“世界上真正的英雄主义，是在认清生活的真谛后却依旧热爱生活。”这适合所有时代，适合所有个体。永远做自己的英雄，因为我们始终成不了别人的光辉，哪怕光芒微弱，哪怕一身狼狈，都要在历史群星遥远的微光中冉冉升起，无需仰仗谁的光芒。

白昼用来生长。

黑夜给人梦想。

夜空怀揣着不朽的星光，也让新星，兴。

8. 极天的流星雨

——读《人类群星闪耀时》随感

王　悦

王悦简介

2021 届匡园毕业生，现就读于南京医科大学。无甚爱好，闲暇时常会散步，遇上与心景相合之境，心思活跃处便冯虚御风，闲散时便静待花开。

寄语匡园

在母校匡园求学的经历，为我的人生铺陈了一抹深而暖的底色，温雅却永不失向上生长的积极。她曾以从容而坚定的姿态，从往昔的岁月中向前走来，今后亦然。她，还有她的学子们，愿你们前行的道路有群星闪耀，愿你们留下的足迹有百花绽放。

“我从来不愿意去为那些所谓的‘英雄人物’歌功颂德，而始终只着眼于失败者们的悲情。”茨威格放下笔。彼时暮色四合，天空飘浮着一层深红色云霭，好像是浮在浊流中的泥沙，在静止的时候便渐渐沉淀下来。他起身，去寻找那瓶早已备好的毒药。

茨威格偏爱于让自己的妙笔在悲剧人物上生花，其中大部分人物是湮没于历史长河中的微末砂砾。我想，这不是出于对失败者的怜悯同情，而是感同身受的喟叹。茨威格虽身为著名作家并享誉全球，但他的理想是助力欧洲和平。他一生奔走号呼、颠沛流离，却只能徒然地目睹纳粹的铁蹄蹂躏故国。在这方面，他是个无力的失败者，也因此，他能以最为中肯而庄重的态度对待笔下每一个传记人物，称其为“人类群星”。

纵览全书，心中不免有疑惑之处：个中人物配得上“人类群星”的赞誉吗？格鲁希因迂执而贻误战机，拿破仑因滑铁卢战役而功败垂成，鲁热除了一夜才情一无所有，苏特尔因为命运之神的戏弄走向潦倒的末路……

无论是人生历程还是生命终点，都不值得称道学习。

直到读到译者后记中茨威格的自白：“我不写在现实生活中取得成功的人物。”我恍若醍醐灌顶。诚如贝多芬所言：“在全人类之中，凡是坚强、正直、勇敢、仁慈的人，都是英雄!”茨威格的评判标准如斯宽厚，如斯明朗。他在乎的是人们身上熠熠生辉的人性，而非世俗定义的成败，他的作品一直闪耀着人道主义的光辉。他肯定苏特尔为权利而斗争的孤勇不屈，他敬畏西塞罗以独自的良知对抗共和国的凶暴，他讴歌斯科特队长在死神面前凛然绝傲的态度。

或许闪耀的明星并非指单独个人，它是人类至善的道德品质的凝华。

浩瀚星海因人性而璀璨，照耀着万古长夜。然而，人们并不能止步于惊羡闪耀的群星，还要留意群星指引的方向，留意流星陨落的轨迹。所罗门在《传道书》中记述道：“已有之事，后必再有；已行之事，后必再行。”当茨威格扼腕于东罗马帝国溃败于被忘却的凯尔卡门，拿破仑兵败于格鲁希的唯命是从，人们应该警醒：未来是历史的重复。悲剧自然有它的物哀之美，固然能折射人性光辉，但悲剧毕竟是美好的毁灭，况且它可以避免。传记并非过往的因循，它留下的是前车的辙迹。

茨威格与他的妻子相拥饮下毒药，死亡的阴霾无法抹去二人神态的恬静平和，茨威格如同笔下的悲情人物般高傲地迎接命运。

夜色肃然而至，苍穹中群星闪耀，那是无数崇高灵魂的具现，或许渺小如浮生一芥，或许不可与日月争光，甚或是悲壮陨落的流星，但它们汇集于苍穹，便足以用人性的光辉驱散亘古的黑暗。

因为那是刻印在每个人灵魂中的场景，那是永不熄灭的、极天的流星雨。

9. 一颗“碳素的童心”

——读丰子恺作品所感

高可人

高可人简介

2021 届匡园毕业生，现就读于北京大学。热爱自然科学，立志成为物理学家。擅长弹钢琴，喜爱运动，加入北京大学物理学院乒乓球队。曾获苏嘉一等奖、省锡中校长特别提名奖等。

寄语匡园

翻开匡园这本书，每一页上，都有我最好的老师们。你们挚友般的真诚与哲理般的话语，赋予了“母校”一词最温暖的含义。学弟学妹们，要多与老师沟通，消除迷惘，尽早确立志向！

金刚石为什么美丽？那是因为它有一颗“碳素的心”。

曾经读过丰子恺的《缘缘堂随笔》，却对封面上的一句话深表不解：“一个天才的散文家，一个天才的画家。”论其散文，平淡的黑字印在白纸上，像播放着黑白无声电影。而称他为天才画家，就有点“过分”了：你看他画的人眼怎么都是小墨点啊？怎么没有睫毛弯弯？他画的衣服怎么都一个样啊？不是清一色就是竖条纹，怎么不见花边图案？他画的木窗怎么都像田字格啊？怎么没有雕镂的鸟兽草木？这被黑白灰统治的画面，完全像小孩抓着一支碳素铅笔在信手涂鸦。

直到我最近读到《穷小孩玩跷跷板》：两个穷小孩用两张长凳十字型交叠当作跷跷板，一个张大着嘴憨憨傻笑，另一个弯曲着腿蓄势欲蹬。我惊叹孩子的心灵是如此简单而纯真。金钱、地位，一系列复杂的事物都与之无关，两张长凳，就是全世界了。于是他们便也获得了全世界的快乐。

“叽嘎，叽嘎……”跷跷板韵味十足的调子，唤醒了我对童年的记忆。那时巷子里拆迁留下的垃圾堆，是我与弟弟无尽的宝库。一张旧藤椅，用捡到的小半瓶白猫洗洁精和一块抹布，一番擦拭，便成了熠熠生辉的宝座；一扇破门板，摆上拾来的两三只盘子和几根玉米，稍加想象，便变成了饭菜飘香的厨房；一根锈钢筋，凭发现的一小串麻绳和几块大石，略微调整，便成了海盗船头的桅杆……

“大人们常常不怕厌气，端坐在椅子里，点头，弯腰，说甚么‘请，请’‘对不起’‘难为情’一类无聊的话。他们都有点像大人了！”读着《华瞻的日记》，我反问自己是否也被世俗的风沙磨去了曾经的简单纯真？自己也有点像大人了！

我不禁为自己以前对丰子恺先生的评价感到惭愧。现在看他的文字，是一种孩子般的朴实。手拂过碳素墨水印下的黑字，心里生出平静与安详。现在看他的画，那仿佛是用碳素铅笔信手涂鸦的点线面，显得可爱而纯朴。他原来是以一颗孩子的心在画画，一切大人追求的颜值之高、服饰之潮、器物之精，都是多余、复杂而虚伪的。那么，美丽的眼睛、华丽的衣物、雕花的窗户，又有何存在的必要？

“黑由红、黄、蓝三原色等量混合而成，因为世间一切色彩皆由三原色产生，故黑色包含着世间一切色彩了。”丰子恺碳素的字，是黑色；他碳素的画，亦是黑色。他说，有些人的心用铁皮包，孩子的心一层纱布都不包，是赤裸裸而鲜红的。我便把这孩子的心私自名为“碳素的心”。钢笔都用冰冷的盖子盖得严严实实的，却从没见过碳素铅笔盖盖子的，对吧？碳素亦正好是包容万物的洁净的黑色。而话中的“鲜红”，大概是它烤着生命之火，发出的热烈光焰。

碳素，从理学方面讲，是碳元素；从文学方面讲，是碳的朴素。生灵万物几乎都含碳元素，而一颗碳的朴素的心，恰能与万物之灵相通。

譬如《给我的孩子们》中的阿宝。她把鞋袜给凳子穿，“阿宝两只脚，凳子四只脚”。她怎会有如此奇想？因为她觉得凳子也是一种生命体，也有脚，也要穿鞋穿袜。她母亲却动手毁坏她的杰作：“龌龊了袜子！”

我的母亲亦如此啊！每当我要“收藏”一些废瓶或保留几双破袜，她总拿去扔了：“要那些垃圾干吗？”望着它们被“葬送”进“坟墓”，同情之感顿生心头：它们不会因为被抛弃而感到悲凉吗？

我很庆幸遇到这本书，它让我回想起那么多“碳素的往事”，让我找回了一颗简单纯真、能感应万物之灵的“碳素”的心。

而我“碳素的梦”，则在《辞缘缘堂》的一幅画中遨游。画里远山清朗，松柏苍遒，小桥玲珑，溪流清澈。我多么梦想“功成谢人间，从此一投钓”，去大自然的碳素世界中，抛弃名利，忘却心机！然而，我的“功成”，与李白的有些不同。

丰子恺是“大人”，却拥有一颗“碳素的心”，写出了碳素的字，画出了碳素的画，唤醒了我“碳素的心”。其实每个人的“碳素的心”都并未消失，只是在沉睡。我的“碳素的心”做着“碳素的梦”，想要在生命之火燃尽前，迸出点点火光，去点燃更多在“大人”表象下沉睡着的“碳素的心”。

10. 救赎之道难行

——读《不安公主》有感

徐漫如

徐漫如简介

2021 届匡园毕业生，现就读于南京医科大学。爱好阅读。

寄语匡园

希望匡园能更上一层楼，也希望学弟学妹们能够珍惜、享受在匡园的学习生活，积极参加活动，认识更多朋友；当然也要好好学习，不负韶华。青春的色彩有很多种，但在匡园的日子一定是最特别的。

回顾我在匡园学习的三年，我的身边总是有好几本书陪着我，它们之中不仅有买来的、借来的，还有他人赠送的。我从小便十分喜爱阅读，儿时便能背下唐诗三百首，再加上学校浓郁的阅读氛围和我惊人的阅读速度，我在高中三年可是阅读了不少书。其中最令我印象深刻并且在我看来将影响我整个人生的一本书是《不安公主》。

《不安公主》叙述了一则动人的寓言：不安公主——高大国王和温柔王后宠爱的女儿，她生下来就不安分，或是睡上二十多个小时不醒，或是闹上二十多个小时不睡，她在外人看来拥有一切，但只有她知道，自己心里有一个空洞，尤其是在她失去了母亲后，这个空洞变得尤为巨大。她起初不知道如何填补这个空洞，于是她通过学习各种语言、阅读各种书籍来充实自己，但她还是没有能够填补自己心里的空洞，她甚至觉得这个空洞变得更大了，似乎将要把她撑爆了。终于，她有了方向，她去寻找爱情，经过多次尝试后她失败了，回到了自己的国家，再次找到了她出发寻找爱情前唯一的朋友——空空骑士，从他那得到了填补心中空洞的方法。

不安公主的经历像我们每一个人，刚刚生下来的时候拼命嚎哭，向世界宣告自己的到来；然后经历了失去，心中的空洞开始被放大，我们开始不安，努力寻求各种填满自己内心空洞的方法，甚至通过社交媒体平台来掩饰自己内心的不安；然后是追求自己所渴望的东西，体验各种酸甜苦辣，有主动放弃的遗憾，也有被放弃的痛苦；直到最后，不安公主的结局已经不重要了，我们只需要知道她将会继续各种不同的精彩经历，并且最终会找到和自己在空洞密道共行的伙伴。

人一直在被莫名的不安所困惑着，经历着快乐、忧郁、文艺、正义、深沉，追求着公理般能解释万物规律的答案，但是生活是一直持续着的，静默也好，疾奔也罢，万物都是自己的核心。

感到空虚时，你会做些什么？大多数人总会想着找各种事物来填补自己的空虚，不断地告诉自己：我需要寻找快乐，需要被重视，需要与众不同，需要信仰，需要帮助别人……但是，你可知道，“需要只是一种幻觉，迟早都会结束，或者让人筋疲力尽。”

“所有填满生活的东西，都是没用的破玩意儿，就像脏水。生活接纳的东西，自然而然地发生的事情，才是好东西，是干净的水。即使什么都没有发生，空空荡荡也好。”生活就像一个瓶子，最重要的是空着的那部分。那部分若干净，随后装进去的东西也是干净的；那部分若脏了，那无论装进去什么，都会变成脏的。

当然，孤独并不是生活的全部，我们还需要真挚的朋友，我们还需要彼此救赎。自我救赎之道难行，彼此救赎却比较容易。不安公主从出生开始一直走在自我救赎的道路上，但她始终没有成功，直到故事的最后，不安公主终于接受了心里的空洞，找到了空空骑士，实现了彼此救赎。

当她再次找到空空骑士时，骑士已经奄奄一息。“和你在一起，并不是因为我需要你，而是因为跟你在一起我很开心。”这是公主对骑士最后的告白。

空空骑士的陪伴，让公主不再感到不安；而公主带来的麻烦，是骑士在这个奇怪的世界里收到的最好的礼物，因为这让他感觉到自己还活着。

“幸亏有你，麻烦不断的小公主，我不再是空空的空空。现在我终于成为一个重要的人了。”这是空空骑士对公主最后的告白。

就这样，两个与这个世界格格不入的人彼此救赎，相互治愈。不安公主不再和空空骑士讨论那些费脑子的事了，比如如何填补心中的空洞。他们就静静地躺在小山坡上，享受着山丘的宏大，还有自己的渺小。

活着本身，就是一种历险。因此我们要倍加珍惜自己的生命，好好地活着，带着自己最纯净的心和最好的朋友勇敢地去经历生活这场历险。

2020届毕业生的匡园阅读随笔

1. 容忍比自由更重要

——《带一本书去巴黎》读后感

黄筱妍

黄筱妍简介

2020届匡园毕业生，现就读于武汉大学。兴趣集中在元伦理学中的道德真理、美德问题，知识论中的解释论。想尝试通过心理咨询、教育改善现存的道德秩序。

寄语匡园

希望母校和这里的孩子们能共同打造一个这样的共同体：这里每个人都能勇敢真诚地面对自己，并且尊重每个和自己一样勇敢真诚的人。有永不背叛良知的勇气。

在巴黎，新的一天。西岱河畔的街头咖啡馆、灯火辉煌的古老宫殿、仍在做祷告的老教堂，又迎来活跃的人潮。时尚、自由、兼容，在我们多数人的印象中，法国只是这样几个关键词。我们都以习惯性的瞻仰心态踏上这条朝圣的路。

巴黎是欧洲艺术文化中心。随处可见的中世纪遗留的古堡，逐渐成熟的哥特式教堂，兴起洛可可风格的凡尔赛宫，这些不同时期的建筑就是一种物质见证。这一切思想文化的缤纷绽放都要追溯到文艺复兴——那一场让油画中人物呈现生动丰满、色彩明艳多样的运动。

我们以为人文思想萌发带来的解放，会让那个时代焕发人性的光芒。

林达夫妇却给了我们另一种角度，开始重审我们的“自由”。在卢瓦河畔，弗朗索瓦一世将达·芬奇安葬在神圣的安布瓦斯城堡顶端时，将要悬挂一千两百具胡格诺教徒尸体的铁钩已经铸就；在日内瓦湖畔，胡格诺教派创始人加尔文又在火刑架上处死了神学家塞尔维特。可以说，这样的自由，只是相对的、属于多数派的自由，当他们费尽心血将毕生崇尚的宗教信仰、思想派别推上了某个至高无上的地位，在他们感叹世界将被伟大的圣光普照时，又有一部分人，代替过去的他们，走进狱房火刑架与绞索的黑暗无边。就像暴虐的酷刑与地牢仍然在文艺复兴中沿用，历史重现，自由在数不尽的宗教权威口中传播，却一次次违背诺言，发狂失智。

当巴黎圣母院的钟声敲响，巴士底狱下炮火裹挟着民众的呐喊，我们在想：已至十八世纪资产阶级革命，自由应当降临法国了吧？此时法国上下，在统治阶级对人权自由思想传播的容忍下，多数人开始醒悟。当法国笼罩在渐进改革的朦胧晨曦中时，大革命却轰轰烈烈地涌上街头。硝烟下，这种带血的“自由”带来不应重现的杀戮，它更多体现的是对仇恨者的报复与怒气宣泄，而并非真正为法国前途考量。

暴力革命带来的不仅仅是无意义的大量暴动与伤亡。部分革命者对保守贵族进行诬陷，对一批批回头已晚的“反革命者”动用私刑，这种名义上还在争取自由的方式已经偏离轨道，偶尔还是成为少数人谋求利益的方式。群众把杀戮与盲目跟风定义为“自由大潮”，却跳不出阶级的局限，逐渐变得追求血腥与刺激。

我们不能否认，法国大革命鼓舞了群众力量，体现了人们对社会制度需要发生质变的觉醒。但当这种自由的谋求全部交付给民众的“革命激情”时，它便偏离初衷，更像是失智的恶魔。

如果成为宗教“主流”的新教徒能够放弃天主教曾经的迫害方式，如果掌握革命“主流”的群众能为重建法国的使命深入思考，为异己留一条自由的路，或许法国未来的发展与建设会更好些……

然而，历史上在自由后失智的人们，只有少数人愿意重审它的意义，一部分人还在掩盖或吹捧……

2. 初窥历史的细节

——读《带一本书去巴黎》有感

肖天泓

肖天泓简介

2020 级匡园毕业生，现就读于南京大学。喜欢读书、跑步。

寄语匡园

每一个匡园学子，不要吝惜时光在阅读和思考上，灵魂正直而勇敢，旅途精彩而无憾。以梦为马，不负韶华。愿匡园荟集天下英才而育之，如月之恒，如日之升。

林达笔下的巴黎古都，无疑是很美的。

作者写巴黎的建筑，从拯救巴黎的奥斯曼到西岱岛、教堂、安布瓦斯的古堡，再到凡尔赛宫的国会大厅和塞纳河边的伏尔泰咖啡馆，以及加纳瓦雷历史博物馆、协和广场上的卢克索方尖碑，还有其它不胜枚举的名胜古迹，无不给我留下很深的印象，仿佛我已游历了十八世纪法国的大巴黎一样，那时的巴黎充满革命气息、浪漫主义，自由的氛围浓郁无比。

然而，在巴黎浪漫优雅的标签背后，隐藏了多少残忍、暴戾的不为人知的历史？在巴黎，鲜有人知道当年赫赫有名的雅各宾俱乐部在什么地方，当年的黑寡妇断头台原型也被放置于某个监狱的黑暗角落里。

众多的历史典籍，博物馆里珍藏的文物，都在一一向我们讲述着历史，但历史不仅仅是用来看的。记录而传承的历史有它自己本身的局限性，要从多个角度去选取，去深入地剖析，去提炼其核心。

我们不仅要了解历史，还要还原过往的真相。

我们还要将之与现在加以对比，去感悟前人的思想，对历史的细节进行思辨。

1789 年的法国大革命中，热情高涨的革命群众冲进巴士底狱，旧的制度伴随着它消亡，而新的制度在这里建立起来。

历史书中千篇一律的介绍里，为这一次革命称赞，为革命的巴黎群众喝彩。

究其细节，换个角度说，这不过是摧毁了一座仅有七名囚犯的监狱，然后造一个新的监狱。

林达在书中这么说道："三年前的革命，是以攻打和摧毁巴士底监狱，救出七名囚徒为开端；三年后革命的深入，共和国的成立，是以变学校、教堂为监狱，私刑屠杀千名无辜囚犯作为标志。"

学会承担历史真相的沉重，学会面对历史真相的残酷，这样，才能不纠结于过去。

一个人是这样。一个民族，一个国家也是如此。

历史是需要细节的。历史是不能被单独地剥离开来针对某个面而大肆称赞的。

书中对马勒泽布的记叙十分耐人寻味。他曾是一位出版检察官。当"革命"要处死路易十六的时候，马勒泽布是唯一一个主动站出来要为路易十六辩护的人。他明白自己将走向死亡，但他心中的良知，使得他不顾自己的安危。

正是因为有他这样的精神存在，历史的种种细节才得以展现在我们面前，发人深省。

3. 人性的回归与解放

——读《带一本书去巴黎》有感

陈一杭

陈一杭简介

2020 届匡园毕业生，现就读于北京大学。爱好阅读和健身（以骑行为主）。

寄语匡园

感谢匡园滋养我最美好的几年青春！海纳以学识，厚润以修养，愿母校育人长青！

亦愿学弟学妹们珍惜韶华，不负时光，拾起使命，肩负担当，将终身学习践行到底。

我原本对欧美国家的人文历史仅仅是教科书上的浅易了解，感谢林达夫妇，帮助我推开另一扇未知的大门。

巴黎，巴黎，听起来就很浪漫的城市，玫瑰香中晕染开的图景。

这是初读的印象。西岱岛的人文景象在言语间流连，话锋却渐褪为历史的红白。一面是教堂洗涤精神的朗朗钟声，另一面却悄悄上演几百年来人们血腥的呼救。

教科书上说，1789 年法国爆发了大革命。我草草地用红笔画出，却从未深究。

1789 年的一个深夜，路易十六或许还在焦虑着在三级会议中如何让宪法顺利通过，可是在巴黎，激动的人群早已冲上街头，在短暂的呼喊声中，一举冲上了所有他们找得到的国家机器。

“这是最好的，也是最坏的时代。”狄更斯在《双城记》中这样写道。这个夜晚，这个一向优雅沉着的国度，陷入了长达五年的血腥与动荡。是什么让暴力的肿瘤在人群中疯狂地蔓延呢？“在暴力的背后，通常是一颗颗缺乏宽容的心，通常是一个个急切期待利益的灵魂。”

可是，我们更应该看到，这些心和灵魂早已没有了诉求的方向。这种无法坦诚的压抑早在几百或一千年前就已形成。

譬如说“安布瓦斯阴谋”。政教合一结出的无数恶果之一——掌握政权者也往往掌握宗教权，也决定其他宗教信仰者的生死大权。这种对新教徒的迫害早已不是第一次，悬挂胡格诺尸首的铁钩在弗朗索瓦一世的时代就已经存在。

历史在林达夫妇的笔下，沉重又血腥。

在历史的另一面，却有一股力量——人文思潮在缓慢前行着。

文艺复兴的火光也曾照亮法国，法国人民除了拥有自己的国王，还有一个思想和艺术的君王。而前者往往在心灵深处臣服在后者的脚下。

思想的先行，制度的陈旧，还有什么比这更危险？人性的逐步回归与解放，旧制度结合民间宿怨的四分五裂，随处可见。

不论是过去、今天还是将来，没有让步与妥协就不会有协议，有的只是暴力革命了。法国大革命的实质就是激进革命情绪的挥霍。

鲁迅先生说过：革命不是让人死而是让人活的。

或许，文明的力量，人性的回归，是一个缓慢的过程，但任何时候都是历史前进的最大力量。

4. 钩沉民国人物，见证不凡风度

——《民国风度》读后感

周　娱

周娱简介

2020 届匡园毕业生，现就读于南京师范大学。喜欢看书与朗诵，多次获奖学金、优秀共青团员等荣誉。

寄语匡园

匡园给予学子以养料和空间。你茁壮成长，你枝繁叶茂，你繁花似锦，她都为你鼓掌。在你最美好的年华，最可怕的不是你努力过却输了，而是你本可以。所以，请尽力拼搏。

本书为《中国青年报——冰点周刊》专栏——“钩沉”结集，其专栏主笔徐百柯从故纸堆里或人们的记忆中，生动勾勒出了 70 多个人物。这些人物有些是我们些许熟识的，但有一些，徐百柯先生如果不写，恐怕将会被时间或时代彻底湮没与忘记。徐百柯先生为写活每一个人，他分别采访了传主的后人、学生，或者忘年的朋友，记录了大量的材料。书中兴味深长的逸事颇多，还有弥足珍贵的老照片，使本书内容丰厚脱俗，如品陈年佳酿，生动耐读。

“曾经有那样一个时代，曾经有那样一批人物。他们那样地想着，那样地活着。他们离我们今天并不遥远，但他们守护、在意、体现的精神、传统、风骨，已与我们相去甚远。读着他们，我们感到恍若隔世；抚摸历史，我们常常浩叹不已。”这是书本封底上的导读，也是徐百柯先生创作的目的：钩沉民国人物，见证不凡风度。大概是验证了“乱世出人才”一句，虽然那时社会并不太平，但在各行各业涌现了无数杰出人才。他们大都是从国外学习知识回来，想为祖国的强大尽一份力。然而有的由于立场问题，有的因为家庭原因，他们的故事正一点一点地湮没于历史长河。徐百柯先生为我们尽力还原他们的气节和风骨，让我们发现他们的亮点。曾任辅仁大学校长、北京师范大学校长和故宫博物院图书馆馆长的陈垣先生，在北平沦陷时对启功说：“一个民族的消亡，从民族文化开始。我们要做的是，在这个关键时刻，保住我们的民族文化，继承下去。”越是社会道德失范，知识分子越要承担起精神坚守的历史责任，大学也越应该发挥“转移社会一时之风气”的精神圣地的作用。这其实是知识分子的自觉意识和天然责任。周有光先生在其“百岁口述”中说，一代有一代的使命，他们那代知识分子的使命是“还我河山”，那是民族危难之际的呐喊与担当。

第一次拿起这本书，书本的封面原色是淡灰色，边框及书名都有着极具年代感的“破损”，再配上黑白的旧照片，让即使没经历过那个年代的我都有种回到过去的错觉。“民国风度”四个大字用蓝色，代表了对这段历史及人物的沉思和历史逝去的哀痛。不知那些书中的人物若是看到会有怎样的感触。

书中让我记忆最深的一位是叶企孙先生——“地雷战”背后的科学家。“背后”一词便点明了叶企孙这位抗战英雄很少为人所知。在现在电视剧里的“地雷战”中，地雷都是聪明的农民兄弟造出来的，因为这更能体现兵民一家。事实却是：叶企孙先生最亲密的学生熊大慎弃笔从戎，到冀中抗日根据地利用专业知识制弹药，叶企孙先生作为一名大学教授，派了许多清华师生前去支援，他还在日军监视下秘密研制炸药，并多次亲自去根据地解决疑难。这是多么令人钦佩的人！

5. 共同的追寻

——读《半生为人》有感

项　昕

项昕简介

2020 届匡园毕业生，现就读于南京医科大学。曾获全国大学生生命科学竞赛一等奖。

寄语匡园

毕业两年，因一篇随笔与母校再次产生了奇妙的联系。每每在新闻中看到省锡中追求多元卓越道路上的新变化、新发展，我由衷地欣喜。我想对学弟学妹们说："一定要珍惜匡园的生活，这段教育经历将会是最值得自豪的一抹底色。"

读罢徐晓的《半生为人》，感觉此书沉重中带着历尽风雨后的坦然与大气。这是一次不轻松的回忆，这是追寻者的胜利。

在那个风雨飘摇的年代，在那个噤若寒蝉的年代，难以设想，没有那样一群年轻人，没有《今天》，当今的中国思想界会干涸到何种地步。他们的思想和追求，闪烁着时至今日也弥足珍贵的理性之光。他们的追梦与妥协、至上的友谊让我感动。

身处二十世纪六七十年代的中国社会，作者徐晓面对的是一头巨大的怪物——霍布斯所说的利维坦。不仅要面对，还要抗争。意识领域群体与个体的历史性碰撞，使全书整体上形成一种矛盾冲突的张力结构。这首忧伤的长诗，带给我切肤之痛的同时，又有审美的快乐、慰藉甚至鼓舞。我探寻，那些不能安于无意义状态的追求者们，为何即使在今天的人们无法想象的残酷中，也能创造出如此美丽的人生？

是理想主义战胜虚无主义的力量！徐晓既是作者，又是那个时代精神领域的代表。她力求用理想主义的精神价值，去照亮历史无序的黑暗。这使我想起杰克·伦敦的《女人的刚毅》：在苦寒的克朗代克，帕苏克饿死前把偷偷藏着的干粮给了理查。这是许多现代人无法理解的理想主义之道。“道之不存，殉道者的价值何在？”这太过忧伤的字眼，我无法给出答案！

那些不安分的意义的追求者们，原本分散在社会的各个角落，互不知道对方的存在。由于共同的追寻，得以在人海中相遇、相守。林清玄言：“那样的感觉好像在人群中突然看见一双熟识的眼睛，互相闪动了一下。”这在商业时代，已经不可想象。

这种对理想的坚守，可以说是一种思念的情感——一种对更高人生价值的思念。我时常叹息，那种照亮生活的理想主义以及与之相应的人际关系已遥不可及。我们的时代，是否缺少了什么？

在《今天》的编辑部，徐晓写道：“条件虽然艰苦，做自己喜欢的事大家都觉得很神圣。”那份有所追求的快乐，那份非功利、无目的而单纯审美的人生境界，现在何处可寻？那些带着露珠清气的年轻人正沐浴着旭日的光彩。

当意义被极权主义、拜金主义解构得片瓦无存时，那遥远的号角，亦是追寻者的胜利。

6. 引人入胜的历史著述

——读《马丁·盖尔归来》有感

胡柯宇

胡柯宇简介

2020 届匡园毕业生，现就读于江苏大学。爱好书法、吉他、写作。

寄语匡园

万物可爱的匡园温柔了我青春的回忆，她怀抱着每一个学子的梦想和人文情怀。学弟学妹们，愿你们回首是一段踔厉奋发、青春无悔的岁月，前望有一个繁花似锦的未来。

十六世纪中叶，法国南部的一个小村庄阿提卡，一位名叫马丁·盖尔的农民抛下了家产、父母、妻儿，离家出走。然而八年之后，有一个自称马丁的男人回到了村庄，出现在马丁的妻子——贝特朗面前，而同时，贝特朗也接受了他，开始了新的生活。然而，因为财产继承的问题，新马丁与他的叔叔皮埃尔发生了争执，皮埃尔由此开始怀疑马丁的身份，并怂恿贝特朗将这个假丈夫告上法庭。但是，这个马丁巧舌如簧，并且凭借其超强的记忆力与口才，让法院捕捉不到任何可以指控他的证据。就在法院即将确认这个新马丁就是真的丈夫的时候，一个装着木腿的人一瘸一拐地出现在法院的大门前，而他才是真正的马丁。故事的结局是假马丁被指认，最后被处以火刑。

初读这本书时，对阿诺这个骗子，是怀着极其厌恶的感情的，因为我觉得他冒名顶替马丁·盖尔，就是为了谋求人家的财产和妻子，这种行为是极不道德的。在把电影和书看完之后，我发现，他好像并不是为了窃取马丁的财产，他在身份被揭穿后，他说自己本来是想向马丁的家人说明自己的真实身份的，但他爱上了马丁的妻子贝特朗。阿诺冒充马丁，作为马丁妻子的贝特朗一定早已知道这是一个冒牌货，但是她却一直没有拆穿阿诺的底细，甚至一直帮着他隐瞒这件事，因为她可能也爱上了这个突然闯进自己生活的男人。毕竟真马丁并不喜欢她，而且丢下了她和年幼的孩子离家出走，一走八年杳无音信。而阿诺则十分体贴她，尊重她；马丁不顾家中的生计，而阿诺却很勤劳；阿诺和孩子的感情也很好。马丁的儿子在阿诺被处死的时候是很伤心的，而贝特朗则默默流着眼泪。阿诺接受审判之后，并没有供出他的同谋贝特朗，可见他确实深爱着她。就冲着这一点，我对阿诺的认识有了改观，就像戴维斯在其书中所说的，阿诺是个英雄，虽然是悲剧性的。

在这个故事中，马丁好像是受害者，是值得同情的，因为他的财产、老婆都被阿诺所占有，可是如果没有他的不告而别，也就不会有这样的麻烦。他是一切悲剧的制造者，他在不该离开的时候离开，在不该回来的时候回来，他才应该受到惩罚。

我私心想着，只要真身不来，这个故事就没有结局，甚至结局应该是另外一个故事。当然，假设对于历史学而言是十分忌讳的，也是不可能的，但是有时候，我们若要建立“同情之理解”，难免需要重构或者假设场景，这可能有些游离于规则和矛盾之间，难以界定。

不难发现，戴维斯对历史人物进行了有血有肉的描写和刻画，人物的行为方式均是由那个时代特定的思维模式和情感需求决定的。具体个人未被历史前进的滚滚洪流所吞没，反而在大浪淘沙过后似乎显得更加鲜活。必须承认，这样的历史人物才被写成了一个大写的人，这样写历史人物的作品才是有生命力的作品。《西雅图时报》评论道：本书以活泼的散文风格写成，可读性强，但并未流于简略。

《马丁·盖尔归来》也许是叙述最生动、资料最丰富、最引人入胜的历史著作之一，它以小见大、见微知著，以普通人的历史视角，生动地再现了十六世纪法国社会、婚姻、司法以及宗教等方面绚烂而广阔的画面。

7. 岁月里的苦行人

——读《遍地风流》有感

浦贾甜甜

浦贾甜甜简介

2020届匡园毕业生，现就读于南京财经大学。热爱美食和旅行。

寄语匡园

漫步樱花大道仿佛还是昨天，在匡园生活的点滴依旧清晰可辨。所有的梦想都能在这里生长，学弟学妹们，少年人有数不清的故事与歌，去成为自己想成为的人吧。

森森冷气弥漫，狂风卷得满地尘土四处飞扬。空荡的山谷传来鹰叫的回响，嗒嗒的马蹄声似乎渐近，骑手于马背上高歌，雄浑圆厚的嗓音震得天地为之颤抖。他来了，像一阵风，不知从何而来。

他似乎永远都在赶路，却又像是在兜着圈子。没人知道他要往哪里去，他伏在马上，两脚一并，嗒嗒地就走了。但是每次又都会回到原点，向掌柜要一盘干肉、一碗烈酒。他是个骑手，他在狂风中赶着自己的路。

阿城笔下的人物各自有鲜明的特色。他塑造出的一个又一个鲜活的人物形象，隐藏在短小精练的语句里。他笔下的万物生长在寒风凛冽的环境之中，却又如此真实夺目。而生长在这种环境下的人们，就像是无边旷野上不起眼的花，独守着自己的季节。纵使在艰苦的岁月里，也在诉说着不一样的故事。

他讲述着在那些天空暗淡无光的日子里发生的故事。他说得那样平淡而波澜不惊，就像是在说着一些无关紧要甚至有些乏味的人和事，仿佛一切都与他无关；可他却又无事不说，仿佛任何一件哪怕是鸡毛蒜皮的小事，都与他血脉相连。

他说话总是欲言又止。有的故事往往只讲了一半，剩余的结尾却是硬生生地被他像掐花似的掐了去。他笔下人物的命运结局被他草草一笔就带过，他可能对他们的结局并不关心。

他总是很适时地画龙点睛。在他的笔下，一句话、一个动作，甚至是一声发笑，都完整地塑造出了一个人。爱笑的老俞，他的笑声“锻炼得极好，简直是出神入化，可以穿透墙壁，声震屋瓦”。他笑的时候脸上的皱纹挤在了一块儿，苦涩而牵强。再说他为什么爱笑，文中只有短短的一句话，“我也怕，我得笑。我一直做噩梦，笑了才好一点儿”。

每个人都是黑暗岁月之中茕茕孑立的苦行人。他们像是不动声色地在苦苦挣扎，命运给予他们哪怕是一丁点儿恩惠，他们都能像个骑手一样，不顾一切地向前飞奔，像一阵风一样地离去，离开身后的那片土地。

在他的笔下，每一个小人物都在用心地讲述着自己的故事。那些经历过这段岁月的人，他们平淡无奇的生命也会因为苦难而显得熠熠生辉。

8. 平芜尽处是春山

——读《半生为人》有感

李　烨

李烨简介

2020 届匡园毕业生，现就读于同济大学。曾获无锡市青少年科技创新“市长奖”等荣誉。

寄语匡园

“凤凰鸣矣，于彼高冈。梧桐生矣，于彼朝阳。”匡园赋予了我们永恒的青春、梦想和成就。因为艰难，所以珍贵；因为拼过，所以完满。

在徐晓洗练而睿智的笔下，有刻骨铭心的爱情，有坚贞不屈的友情，有激昂蓬勃的热情，有饱含哀伤的亲情，却更是在对一桩桩事，一个个人，一盏盏回忆中，贯穿着力透纸背的反思，是不加雕琢的真实重现。

可以说，《半生为人》所记述的人，在那个年代如雷贯耳，如周郿英、赵一凡、史铁生、芒克……在作者充满理性、深刻入骨的文字里，他们是那样真实而鲜活。作为一种个人史的表达，《半生为人》关乎的却是整整一代人的往事和随想，甚至是一个国家的青春。

不仅仅是带着血泪的缅怀，更是徐晓的坦然和至诚，使她面对命运的各种馈赠时，既不躲闪，也不逞强，既不夸饰，也不渲染。她所描述的那些庄严的人生，不求活得更好，只求活得更长，这样的生命绝响，恐怕是那个时代的尾声。

若人生的经历是悲悯的，对一些人来说，当命运赠与其幻灭的理由，他便坍塌了；而不视之为幻灭，反倒能活得更加坚毅，那便是彻头彻尾的理想主义者。他们自有其尊严，自有其理由，其实是不需要悲悯的。

我相信，徐晓属于后者。

《半生为人》不止让读者看到了五零后的沧桑史、苦难史和拼搏史，更是让读者看到了：当理想主义的火炬照耀在荆棘遍布的人生时，人性在黑暗的岁月里绽放的光芒。

徐晓，她的个人史及一个群体的经历，都是一笔为剑，刺穿那颠覆人伦、泯灭人性的年代，但她却选择撷取那些美好与细腻，摆脱于时代的悲剧。

愿您走出半生，归来仍是少年。

第四章

匡园阅读记“疫”

2022届毕业生疫情下的读与思

1. 疫情与我们

赵 敏

赵敏简介

2022 届匡园毕业生，现就读于南京师范大学。喜欢书法、音乐、羽毛球。

寄语匡园

愿学弟学妹们在匡园里朝气蓬勃地生长，斗志昂扬地闯荡；浇筑梦想，收获回忆。愿母校春风常沐，桃李遍地；浴百年风雨，更铸辉煌。

从高一入学到高三毕业，我们 2022 届学生始终与疫情“抗战”，疫情极大改变、塑造了我们的学习生活，为我们高中三年的读写生活增添了特别的色彩。

印象最深刻的，是高一寒假受疫情防控影响，在家上网课的时光。每天都能听到不断攀升的感染人数，再加上没有确切的返校时间，居家的那段日子，心里十分担心与茫然，不可避免地感到焦虑。学校当时特别开设了校长阅读课程，专门遴选与疫情相关的优质文章，附上专业解评，供学生阅读。也就是在那时，我重新审视灾难与个人、社会、国家乃至世界的关系，真切感受到理性的光辉，真切感受到群体的力量，迫切想以青年学子之名，为国家做贡献。校长阅读课程，打破了学生与外界的壁垒，为学生思想和心灵的成长开辟出更广阔的舞台。

还记得唐江澎校长那句“用自己的力量给社会带来向上向善的变化”，给了我很深刻的感受。当时语文老师带我们研读文本时，对这句话特别感慨：“同学们，我希望大家都能有贡献自我力量的意愿，相信大家都能为社会带来更好的未来。”上完课，我给好友发了条短信，问他以后想成为什么样的人。他过了一会儿才回复，说还没想好，不过希望能给社会带来点温暖吧。纵然是萤烛末光，也没有放弃可以照亮别人的机会。

疫情之下，如何衡量人与人的距离？空间上，我们确实远了。但我看到，素未谋面的两个人可以毫无芥蒂地伸出援手，天南海北的人可以共同抗击疫情。屏幕阻挡了躯体与躯体的接触，心灵却可以飞越千山万水彼此相拥。信任与共情无疑是破除这阴霾的一柄利剑，将你我联系到一起，共同面对风险。

当代青年应以什么样的人为榜样？由于英雄观一定程度上反映了青年的价值观，关乎青年未来的人生走向，所以引导青年树立正能量榜样十分重要。正所谓“历览古今英雄事，长向先烈借火薪”。值得惊喜的是，当代青年的偶像，是以钟南山、陈薇院士为代表的一批科研工作者，是勤恳奉献的快递小哥，是无私善良的出租车司机，是那些做出善事的凡人。校长阅读课程唤醒了我们心底对善的渴望，向我们展示了社会上那些平凡却伟大的事迹。还记得完成课程后，朋友和我讨论偶像崇拜现象，都不免发出感慨：“但仍有那么一群人。”但仍有那么一群人，以为社会做贡献作为价值衡量标准，步履坚定地走向偶像，追逐他，成为他，超越他，担起改良社会、复兴中国的重任。朋友看向我，嘴角衔着笑容，眼里含着光。我亦回看，眼神在传达无声的信息：是的，我们就是那群人。

回顾三年高中生活，处处都有疫情的影子。我们的话剧表演只能分场看，运动会只能看一半，周末与家人相隔两边。但也正是这特别的经历，让我们得以思考不一样的问题。生逢此时，我们更能体会到肩上的分量，更有携手奋进的勇气和决心。

虽然走出了高中，但我们应该带着母校的殷殷教诲与期盼，努力为这个世界带来向上向善的变化。

2. 渺小的

陈清雅

陈清雅简介

2022 届匡园毕业生，现就读于华东师范大学。爱好读书、绘画、手工，曾获苏嘉三等奖。

寄语匡园

乐群湖的粼粼波光，记录我三年的成长；警学钟的声声嗡鸣，迎来匡园新的主人。匡园仍会在时光中伫立，而充满活力的雏鹰们，愿你们在知识的哺育中乘风展翅，飞向属于自己的荣光。

我至今记得 2020 年寒假的一个晚上，我们在热热闹闹的聚餐中不约而同地拿起手机查看各个软件推送的新冠病毒消息，地图上极速变红的各个省市和触目惊心的数字，开启了人类与新冠延续至今的抗争。

在对未知而强大的病毒的惶恐、对逝者的哀伤、对不负责任而造成病毒传播者的愤怒中，我提心吊胆地过完寒假，随之而来的是返校延迟与网课通知。那段时间课业相对松散，多余的时间给了我阅读与思考的机会，在与病毒的交锋中，我看到了人类的脆弱与渺小。

面对街头巷尾的广播劝慰与时时更新的疫情信息，面对网络世界众声喧哗而营造出的真假难辨的世界，我看到危机与高压下人性的高贵与卑劣。大规模的瘟疫总是在人类艰难的历史上留下疮疤，人类在面对未知而恐怖的传染病时，反应是何其相似。《鼠疫》中的里厄大夫不顾危险全力投入救治，迈步坚定；抗击新冠时的无数白衣天使选择了相同的道路，毅然朝着危险奔赴。他们是普通的，但正是他们这样面对危机时仍能保持镇定，以冷静的心态与专注的态度认真对待每一件事的人，才是真正的英雄。人类是渺小的，一个最清醒、最专业的医生孤身救不了 14 亿人。《鼠疫》一书通过一场疫病揭露的人性虚伪与恶意，历经岁月仍流淌在人类的血脉中。每一场疫病中都不乏利欲熏心的人，也多的是出于各种心态传播虚假信息的人，那些愚昧甚至可以淹没科学。不配合，故意逆反，给社会造成损失与影响，影响范围虽小，却使疫情一波未平一波又起，无法根除。

然而更多的人则是“第三类”——朗贝尔式的人，包括我自己。普通人胸无大志，更无改变灾难局面的能力，面对死亡的威胁，唯一的想法就是逃离。《鼠疫》最令人称赞的一点就是，作者并未对人类面对病毒时表现出的软弱逃避做出强烈的反对和抨击，而是予以理解与包容。我们无法全部成为无私的圣人，不必因自己“无能”而扛上过大的精神负担，保全自己、珍惜宝贵的医疗与生活物资，就是我们能为社会做的。“力所能及”是一个好词，它代表一个普通人愿意付出且在能接受的范围内做到了最多，我认为这样的人也十分可贵，应被表扬而不该被苛责。

那时的匡园，能够看到自发组织捐赠的学生，能够看到尽心尽力将学校的里里外外消杀灭毒的老师和校工们，即使人人都活在恐惧与忧虑中，也仍能够为正常的学习环境筑起坚固而完整的围墙。他们或许无法对疫情的大环境造成什么影响，却可以将疫情对小环境的影响降至最低。在疫情出现前，学习生活是枯燥无味的，而在疫情中，我们时常叹息自己的弱小无力，却能够安安稳稳坐在教室中正常学习。“正常”这个词，便显得如此珍贵。

《花冠病毒》是高二时友人的赠书，彼时我们与新冠病毒交战已久，面对疫情的态度逐渐从惊惧交加变为常态化。过去的我总认为病毒是邪恶的入侵者，却未曾想过原来它们才是先一步到达这个世界上的生物。当看到校园里夜间无用的彩灯和大屏晃着人的眼睛时，我总想起《花冠病毒》中那个在广场上融化成水的冰雕地球。地球的冰川被融化，沉睡了无数年的病毒也被唤醒。当时间线拉到地球的初始，新生对抗古老、复杂抵御简单时，人类仍是地球上渺小的、刚出生的一粒种子。

我想我们应该成为渺小的探索者。看到学校实验楼那些精密又神秘的仪器时，作为文科生的我会惊叹而心生敬意，我们就是这样一代代地研究与探索，一点点地了解世界，从过去到现在，我们的目标不再是征服，而是和解与适应。我们的眼睛看到的范围越大，就越能够感受到自身的渺小。

人类渺小，但人类正努力地认识宏大。这是新冠病毒产生的无数影响之外，让我意识到的事情。

3. 做一个清醒的现代人

朱　婷

朱婷简介

2022 届匡园毕业生，现就读于湖南大学。喜欢听音乐和读书。

寄语匡园

光阴荏苒，岁月如梭。在匡园里，我们遨游知识的海洋，孕育远大的理想。在这里，感恩母校，希望敬爱的母校能够越办越好，拥有美好的未来！若你决定灿烂，山无遮，海无拦，也希望学弟学妹们努力拼搏，不负青春！

转眼间，新冠病毒席卷全球已经两年多了，我们这一届学子从高一下学期就开始了仿佛无止境的疫情下的校园生活。疫情在带给我们不便与痛苦的同时，也给予我们独特的体验和思考的契机。

疫情中，我们都或多或少地被约束。每临近放假的时候，关于如何放假的消息总是不胫而走，常常引起轩然大波。“一模”后由于防疫，清明不能放假，同学们有些迷茫、压抑、焦虑和躁动。学校及时调整策略安抚我们的情绪，让我们感受到人性化管理带来的温暖。

其实，疫情当下，我们的学习生活还能正常维系离不开所有教职工们的努力，特别是临近高考的一学期，有的学校由于疫情不能参加考试，而我们学校凭借严格的管理才让我们得以安心地学习。配合防疫工作是我们每一位公民的责任。疫情是全人类的灾难，虽然我们只是渺小的个体，但也可以担起伟大的使命。

《知识的错觉》一书中就指出，人类在一个丰富的知识共同体中各擅所长，相互依存，我们的日常需求几乎都仰仗着别人的专业知识和技能。我们擅长从周围的人、事、物中获取经验与智慧，让人类从众生当中脱颖而出争霸世界的，并非个人理性，而是无与伦比的集体思考。疫情考验的不仅是当下，还有未来。近些年，许多高考毕业生由此确定了学业的方向——选择医学相关专业，学习医学专业知识和技能，去对抗可能永远无法扼杀的病毒，找到自己的诗和远方，为未来贡献自己的智慧。

毛姆曾言：“培养阅读的习惯能够为你筑造一座避难所，让你逃脱几乎人世间的所有悲哀。”我们都是时代变迁的见证者，从疫情开始，我们见证了奥运会的延期、高考的延期、百年一遇的暴雨、残酷的战争、惨烈的空难等。我们目睹了太多悲剧。

人的生命和精力，始终都是有限的，很多事情无法亲身去经历和感受。但在书里，你可以切实地体验一番别人的人生和领悟。你到不了的地方，看不到的远方，通过书籍，都能抵达。也唯有如此，你才能真正对那些遥远的哭声，有一种发自内心的悲悯和共情；在悲剧面前，才更加懂得理性、克制与自省。

我们经历了一个又一个难关，重重压力之下，原本离大众无比遥远的话题，逐渐成了人们口中的热词。这个世界会变成什么样？明天还会好吗？我们如何在这充满不确定的年代，找到一个确定的答案？

人人都在寻找答案，人人都在寻求解药。每个人，都能深刻感受到一种过往很多年都不曾有过的巨变，以及在这种时代巨变的浪潮中作为渺小个体的无力和被动。我们都急需一种明确、具体的安全感，去抵御所有的不安和动荡。而生活的种种难题，在书里，都有答案。足以让你我，在这充满不确定的年代，找到一种安顿身心的方式。博尔赫斯曾有名言：“如果有天堂，那应是图书馆的模样。”人类的种种情绪，早已被文学写尽，这世界的种种变幻，也早已被前人写透。我们不妨在阅读中浸润自己的心灵，窥见古人的智慧，清醒地应对未知的彷徨，更好地前行。

面对百年未有之大变局，只有做一个清醒的现代人，才能在疫情这个大环境下推动中国梦的实现，使中国这艘巨轮于波涛汹涌中行稳致远。

4. 用经典给时代写下注脚

陈伊娜

陈伊娜简介

2022 届匡园毕业生，现就读于香港中文大学（深圳）。爱好阅读、电影、书法、旅行。曾获“七彩语文杯”江苏省“中学生与社会”作文大赛一等奖、全国中学生英语能力测评（NEPTS）一等奖、无锡市优秀学生干部等荣誉。

寄语匡园

那些日子里只道平淡，别离匡园时方才缅怀，昔日笑语犹在耳畔。乐群湖水波泛泛，隔岸暖风软软，枝上燕雀喃喃。去畅想！去追光！去展望！在匡园，总有一朵樱花，为你绽放！

“医生，”朗贝尔说，“我不走了，我想留下来跟你们在一起。”

里厄似乎还没能从疲劳中恢复过来。他声音低沉地问道：“那么她呢？”

是啊，那么她呢？那位让朗贝尔朝思暮想的、憧憬着爱情生活的远方佳人呢？

在疫情中重读《鼠疫》，才发现原来朗贝尔就在我们的现实生活中：在灾难来临时本能地想要自保，却在目睹了现实的惨状后，甘愿于爱人温暖的臂弯中抽身，与救死扶伤者并肩作战。逆行的背影诠释着他们的心声：要是只顾自己一个人幸福，那就会感到羞耻。

著名作家梁晓声曾经说过，我们每个人都有一个现实家园，唯有书本可以构建一个精神家园。而疫情恰给予我们这样一个契机：在时代中体悟经典的内涵，用经典给时代写下注脚。在这样的阅读历程中，我不知该感叹作者加缪的伟大还是现实中人的伟大，但两者都是缺一不可的。因为经典的力量终究是人的力量，而并非每一支笔都能将这样的力量那么典型而淋漓尽致地刻画出来。

2020 年的冬天，我们所有人都目睹了一个不可思议的奇迹。短短十天见证了武汉火神山医院的建设——从空无人烟的荒地到一座占地34 000平方米，拥有1 000个床位的传染病医院。这一被国外媒体评价为史诗级工程的伟大，只有国人知道，是由多少平凡的人们用双手铸就、用双脚丈量出的。

当火神山医院还没有雏形，已79岁高龄的全国勘察设计大师黄锡璆博士说，我来，我参加并设计过北京小汤山医院；建筑工地需要用电，国家电网说，我来，260多名电力职工不眠不休，24小时连续施工，医院建到哪里，我们电缆就铺到哪里，确保不断电；当工地缺乏原材料了，顺丰、中通、申通、韵达、阿里巴巴等物流平台说，我们来，紧急开通了国内以及全球的绿色通道，免费从海内外各地向武汉运输救援物资。工地最缺的还是建筑工人，正值春节阖家团圆的日子，中建三局、武汉建工、武汉市政、汉阳市政4家建筑单位说，我们来。他们在工作微信群里，发出了紧急召集令。本以为不会有多少人响应，没想到微信群瞬间热闹起来：人在宜昌，随时待命；人在荆门，随叫随到；人在安徽，随时可以出发。无数的工人自发地，从全国各地，奔赴到“战场”，他们匆匆地放下碗筷，离别亲人，甚至含泪写下诀别信。他们之中有装修工，有泥瓦匠，有军人，有司机……都是再普通不过的平凡人。

现实中的朗贝尔们用一句句掷地有声的“我来”，把生而为人就无法避免的恐惧和胆怯变成了救死扶伤的本能和直觉。丈夫逆行出征，妻子奔赴“战场”；前线父母冲锋，家中孩子守望，远方亲友牵挂：有谁不为这舍小家为大家的图景动容？这正如《鼠疫》中所描述的那样，朗贝尔对里厄说：“世界上没有任何事物是值得人们为了它而舍弃自己的所爱。然而，不知什么原因，我自己就像你一样，也舍弃了我的所爱。”理想主义与英雄主义尽管一再被质疑，但人们确实能够在某些时刻感受到这种号召，它真实地存在着。

此时此刻，朗贝尔更加深刻地理解了先前里厄医生所说的“这一切不是为了搞英雄主义，而是实事求是。我对英雄主义和圣人之道都不感兴趣。我所感兴趣的是做一个真正的人”。过于英雄主义的宣扬，或是过于恶意的揣测，对防疫工作都没有实质的帮助，同灾难作斗争，“唯一办法就是实事求是”。从另一个角度看，里厄医生的所作所为当然是英雄主义的无私奉献，但在他自己看来，只是做着本分的工作。没有人生来就是英雄，平凡的他们既不把防疫工作看成是多么崇高的牺牲，也不悲观地认为用处微小，重要的是行动，做出力所能及的贡献，而这便是实事求是。

故事的最后，鼠疫结束得悄无声息，现实的今日，一个人在疫情和生活的博弈中所赢得的全部东西，就是知识和记忆。正如作者在文末借里厄医生之口说出的那样："不过他明白这篇纪实写的不可能是决定性的胜利。"幸运的是，"00后"的我们，被中国最勇敢的人保护得很好。总有无数的人，在身边或在远方，彼此谙熟或素昧平生，用行动护我们周全。正是他们，更加坚定了我们在求学之路上的脚步。未来将抛给我们一个怎样的命题，无人知晓，但今天的行动仍是书写答卷的最佳解答。善良而智慧的问题解决者们，正等待着我们的加入。

努力本身就是一种致谢，不枉他人的负重前行。

因为我们坚信，也愿让更多人相信，无论中华民族在什么时候，遇到怎样的危难，总有人，山高路远，不辞千辛万苦，为你而来。

5. 剧变中的不变

李怡洁

李怡洁简介

2022届匡园毕业生，现就读于中国科学院大学。喜欢用自己的眼睛通过各种方式观察、探索世界。热爱大自然，各种花草生灵常被邀至笔下。支持用快乐串联阅读、学习、生活。

寄语匡园

匡园像一片最广阔最生动的天空。这里有各色的活动与选修课程，体贴、真诚、有趣的老师，志同道合的朋友。希望学弟学妹们能够清晰认识自己，做个自信健康的匡园人！

高中三年，转瞬即逝。2019 年入学，我们无忧无虑了没多久，新冠疫情便突然降临，于是我们拥有了一个从未有过的充满了可能与选择的超长寒假；2022 年，我们在一次又一次习惯了的核酸检测中读书、考试，最终踏出匡园校门。说疫情没有影响到我们这一届学子是不可能的，但在社会与学校等多方的努力下，疫情对我们的负面影响可谓微乎其微，而更多的影响是机遇与可能，以及由之而来的更多选择。

在此，作为一位匡园毕业生，我想浅谈一下高中三年疫情给我的读书与写作带来的影响。

“培养终身阅读者，做负责任的表达者”作为我校的教育准则之一，在疫情时代的大背景之下得以提炼出一层又一层的新内涵。

疫情影响了社会与时代，时代中蕴含着我们每一个人。因此，我们得以在读书声中了解天下事，能够将阅读中汲取的知识置于真实的社会背景下进行更加深刻的思考，进而在高中就懂得“责任”之重。

我们的高一寒假作业包含一条：根据你的所见所闻，写几篇“战疫”日记。老实讲，那时候的我们每天居家，能做的好像只是翻阅网上的各种信息，辅以家里邻里听来的小道消息，以此编编凑凑几百个字。居家的隔离像是拉开了我们与真实社会的距离：开始时少年们还心如猛虎，时常心潮澎湃，恨不得自己撸起袖子干；奈何事实是作为学生，少年们只能乖乖待在家里上遥遥无期的网课。此时，恰恰是阅读切切实实地拉近了我们与世界的距离。最开始是每周一节的“校长阅读课”，但这只是开始，是以一种无法被质疑的声音告诉每个为疫情而迷茫慌张的少年，“嘿，你们还可以读书”。后来读各种和疫情有关的文字：有语文老师分享的相关领域专业人士的思考与评论，有《鼠疫》等贴合情境的经典作品。再后来读书的地点依旧是家，内容却扩大到不同领域；我也愈发觉得无论读什么，都可以放在疫情的背景下进行一番特别的思考了。于是“战疫”日记倒真成了思想驰骋之地了。

简言之，在疫情影响下，阅读本身扮演了一个更加重要的角色——一个我与外界的思想摆渡者。潜移默化下我更早地发现书中世界的缤纷，并借之填补了当时空洞的内心。而关于阅读的具体内容，其实疫情的影响不算大。于我而言，主要是我在高一的时候迷了群体心理学好久并读了点。

真实地说，在高一那个寒假里，我汲取的信息与知识简直可以与平常一学期相等。而同时我也发现，大量的信息汲取是有代价的。面对大量形形色色的文字，尤其是评论性质的，人更易爆发出平时被隐藏的情绪。这使我不禁感受到“负责任的表达者”背后蕴含的重量与力量。疫情时代加上信息时代，文字的力量被悄悄放大。这不难理解，毕竟文字是全民性的交流媒介，大家都能读，也都会写，只不过放在不同人笔下，在人心中擦出的是截然不同的火花。面对不同的情境，如何写不同的文字，而坚守相同的原则？说来简单，可我每每读着，总耐不住唏嘘。

这也是我从“负责任的表达者”里提炼出的一种要求，即表达要坚持真实性，同时要照顾被表达者的立场与心理。换言之，要有“读者意识”。在此之上，我也顺着提一个“作者意识”，即首先清楚自己作为作者的身份与立场，而后便会更加清楚读者需要的是什么。高三写作文总是强调作文是写给阅卷老师看的，道理其实一样。不过老师总感慨我们这一届写作文不爱“满地打滚”，即通篇引用名人名言，把文章铺开，倒是喜欢用议论，往深里钻。我猜想可能也有点疫情影响在里头。疫情背景下，我们更早地以亲历者的身份参与到社会事件中，也因此有着更多见闻与思考，于是在写作中能够更多地引入分析与思考。写作于我们而言，既是一种表达自己的工具，也是人与人交流的渠道。文字拥有的力量太大，正因如此，写作者永远不能忘记自己的责任。在疫情中，尤为如此。

综上所述，疫情似乎已然浸透了我们的学习、读书、写作；但在我看来，疫情只是让我们在一种特别的情境下更早地认识到阅读、写作的力量，并由之有了一些自己的见解与习惯。阅读与写作乃至思考，其本身并不会改变，正如我们清楚地知道自己喜爱的是它们本身，而不仅仅是它们在疫情的背景下闪耀的那一小部分光芒。

这场疫情于人类而言是一场剧变，阅读、写作、思想，以及人性，恰恰在这场剧变中书写了一种不变的力量。

6. 带着时代烙印成长

武新雅

武新雅简介

2022 届匡园毕业生，现就读于厦门大学。爱好运动、阅读等。

寄语匡园

希望学弟学妹们诚敏做人，扎实做事。

都说高中的三年可以塑造一个人的内在世界，而我们的三年，又恰好与疫情相遇相随，引发了我们对未来的思考，加深了我们对时代的理解。

刚刚遇到疫情的时候，内心大多感到好奇，等到学校停课，一种对未知的恐惧扑面而来。那时候手边放着的是《民国风度》，我有幸结识了一群平凡但有力量的人，对未来的一切有了那么一份心定。即便百年过去，有些精神永不过时。先辈们在黑暗的社会里奋起反抗，用教育书写出中华民族未来的灿烂，而面对这场突如其来的疫情，我们又何须惊慌失措？来匡园的第一年，我学会了理性，变得更加从容。

而且不可否认的是，即便与疫情相伴，匡园的三年一如既往地丰富多彩。高一的爱心义卖如期举行，尽管前期多了许多工作，尽管准备期间充满了争论，但当我们顺利举办了爱心义卖，还在线上看到了匡园的一草一木时，那股亲切感让不能相聚的我们感到温暖。特别是当镜头扫过大门紧闭的篮球场，不少男生表示想回校园了，想来一场酣畅淋漓的比赛。那个时候，我们感受到了疫情带给我们的影响，也渐渐明白这个时代的与众不同。

受疫情影响最大的还是在紧张的高三。在那个本就十分紧张的时候，无锡偏偏撞上了疫情，不能正常开学，不能正常放假，作息被打乱，无论是老师还是学生，都承受着压力，每个人都像被绷紧了的弦，不知道什么时候能放松。那个时候，陪伴在我们身边的，是《做一个清醒的现代人》。在那个本就没有多少时间看书的时候，我竟真正开始阅读这本包含许多专业术语的书。因为在阅读中，我那烦躁的心渐渐平静下来，因为清醒的第一步，便是平和地去看待每一件事。

当我真正开始留心周围的生活，我看到了周围很多人对我们的关心。老师上课时用着尽可能轻松的语气，减轻高考来临的压迫感；家长们即使不能与我们见面，每周都会准备物品放在门卫室，那包在棉衣里的饭盒，是他们道不尽的牵挂；甚至连食堂里的阿姨，都在我感冒的时候，悄悄往我的饭盘里多放了一块肉……

这大概就是属于我的独特的三年吧，带着书香，带着许许多多的爱，带着时代的烙印，渐渐成长。

2021届毕业生疫情下的读与思

1. 逆风前行

杭芷伊

杭芷伊简介

2021 届匡园毕业生，现就读于南京师范大学。爱好书法、摄影，擅长在平凡生活中制造乐趣。

寄语匡园

三年匡园生活承载了我最鲜活的青春记忆，也教会我最宝贵的知行之道。“大气恢宏，谦恭厚重”，这是母校的谆谆教诲，亦是学子的心之所向。衷心祝愿每一位学子都能在匡园恣意挥洒汗水，收获热烈无畏的成长。

2020 年春节，本该是全家团聚、喜迎佳节的日子，却因大规模的疫情而蒙上了一层抹不开的灰色阴影。这是最黯然的一个春节，可在这斑驳之中，又有着星星点点的光亮。

那光亮，是国士无双的风范。84 岁高龄的钟南山院士亲赴武汉投身抗疫前线；73 岁的李兰娟院士日夜不停研究新冠疫苗……那些我们平日里未曾听闻的名字，却能在危急时刻，给人安心的力量。

那光亮，是中华儿女的担当。华科协和医院医生写下“不计报酬，不论生死”的请战书，义无反顾冲锋在前；马尔康市公安局警员为战疫情将婚礼延期，只为兑现退伍前“国有战，召必回”的承诺……一张张被口罩勒到变形的脸颊，一双双被汗水浸染的双手，一排排席地而眠的身影。他们与时间赛跑，同病毒斗争，用坚毅的身躯为人民的安全保驾护航。

那光亮，是温暖人间的真情。安徽六安一小伙将500只口罩送到派出所，对民警说了声：你们辛苦了，随后丢下口罩就往外跑；无锡东港园区环卫老人将1.2万元的积蓄全部捐赠，始终不肯透露姓名；山东寿光农民连夜采摘350吨新鲜蔬菜捐赠武汉；……他们虽没有奋战前线，却给了前线的战士们逆风前行的力量。正如韩红所说："社会运行的巨大能量，不是靠某个个人英雄，而是万众一心。"

从最初的不以为意到积极应对再到现在的有条不紊，一切似乎都在向好的方向发展。前辈们的努力让我们看到了战胜疫情、冲破阴霾的希望，可在这即将春暖花开之际，仍有着难以融化的坚冰隐藏在某个角落。

一个多月的时间，纵然能让人记住许多感人的事迹，却也能让人忘记许多。最近几日阳光明媚，似乎一扫疫情的阴霾，人们也陆陆续续地走出了家门，或者是回到了工作岗位。来往的人都戴好了口罩，进出社区也一一接受了检查。然而在这一派井然有序下，仍然有人摘下了口罩，无所谓地走在人群中，甚至聚众集会。这让我想起了那些吃野生动物的人。且不说这是不是疫情的诱因之一，单是这样一种为了一己之私而置社会安危于不顾的行为，也令人极为不快。

从某种程度上来说，"疫"也给我们带来了"医"的机会。医什么？医那些我们未曾看见的阴暗，医那些我们未曾重视的毛病。

如今疫情仍未结束，后续一些工作也尚未展开。随着时间的推移，不免有人会好了伤疤忘了疼。

也许我们无法改变。

但我们能坚守自己。

毕竟，灾难面前，没有谁能独善其身。

2. 同心抗疫，让爱流淌

朱佳丽

朱佳丽简介

2021 届匡园毕业生，现就读于苏州大学。爱好阅读，曾在“语文报杯”全国中学生作文大赛中获省级三等奖，在“苏教国际杯”作文大赛中获二等奖。

寄语匡园

印象里的匡园是生机勃勃的，有树有花有湖，有朗朗书声，有意气风发的少年。愿匡园学子们心之所向，行往之，以梦为马，铸芳华；也祝愿匡园欣欣向荣，以深厚之底蕴、济济之人才、优质之师资再创辉煌！

我已经接近一个半月没有出过家门了，每天待在同一间房子里，只能透过玻璃窗贪恋着天晴时的阳光，打开窗迎接轻柔的风，只能在电脑面前尽量绘声绘色地向没法打照面的同学朋友分享点滴的小确幸。但小小的显示屏里也呈现出这场抗疫征程中人间的万种色彩，让我看到了许多令人动容的事，领悟到了人间大爱。

在这场突如其来、让人措手不及的疫情防控战中，总是有人能够保持清醒的头脑、无畏的勇气。他们像武侠小说里总是在百姓最危难的关头，心系天下，义无反顾去阴暗的山洞里寻找解药的救世英雄，总能成功地解救天下苍生。但是现实哪像小说那样轻描淡写。现实中的人没有生来就有的主角光环，也没有藏着现成解药的地方，小说的结局可以任我们随意撰写，可灾难不行，它是个未知数，带着新型病毒肆意狂妄，在人与自然，与社会的平衡点上撕扯出一条裂缝，在即将失衡的天平上没有增加生命值的红药水，也没有让人获得魔力的蓝药水，只有人，一个个直面灾难的生命，倾尽全力让冰雪消融，让暖和的阳光填补裂缝的空缺。

没有人天生就愿意成为苦难最直接的承受者，生是本能，而付出，是选择。一份使命让他们忘却生死，他们不忘自己是国家的脊梁，铭记宣誓时那掷地有声的“为祖国医疗卫生事业的发展和人类身心健康奋斗终身”。年事已高却第一时间前往武汉支援的钟南山院士那坚毅的目光令人动容，曾经在“非典”中被全力保护的“90 后”少年们，现在主动冲在前线，给封闭的隔离区里带来鲜活的气息，一代紧接着一代，传承医者庄严的衣钵。

每一位成长中的个体都需要从容冷静地面对前所未有的疫情挑战。精英的臂膀远不足以撑起所有人的希望，那匿名为派出所捐防护用品的小伙，拿压岁钱帮助抗疫的小学生，捐出自己多年积蓄的老兵，还有许许多多默默奉献的无名英雄，都是这个时代照亮黑暗天空的光环。因为我们都不是局外人，现在不是，未来更不是，因为“无穷的远方，无尽的人们，都与我有关”。

白衣战士逆行出征，人民警察身姿挺拔，志愿者团结一心，城市美容师努力坚守，还有“岂曰无衣，与子同袍”的真挚，俄罗斯默默送来一飞机物资的义气，全球最不发达国家之一科摩罗捐出 100 欧元的心意……照亮我们的不只是华夏 14 亿人的万家灯火，还有全球各地所赠予的暖意。

三月，窗外的景色开始渐渐明朗起来，即使酣春未至，空气尚寒，我还是能隐约地感觉到一切都在渐渐好转。国内陆续传来抗疫的好消息随着这露面的太阳让人紧绷的心头渐渐舒展开来，可如今国外的疫情却日益严重，曾经帮助过我们的国家陷于水深火热之中，中国本着大国担当以及深厚的人文精神向他们送去支援。山海之隔、肤色之差不会成为人与人之间的隔阂，这时我才真切地体会到人类命运共同体的真谛，在危害全世界的灾难面前，唯有全人类团结的力量才是真正驱散阴霾的曙光。

在很久很久以后，当我们向下一代提起二十一世纪二十年代伊始那一场被记载在历史长卷中的疫情时，有感动，也有沉重，感慨众志成城的力量，悼念逝去的生命，因为我们总要在灾难中学到些什么，不要让那些血的教训成为短暂的伤痛。2020 无法重启，认清事实、努力修正、立足当下、告诫未来，才能还自己一个更好的明天。

马上就是春分了，武汉的烂漫樱花预兆着黎明，阵阵花香裹挟着希冀与祝福漂洋过海，送给全人类，送给全世界。

最后想送给所有人一句话："不要忘了，这个世界上穿透一切高墙的东西，它就在我们的内心深处，那就是希望。"

3. 重拾责任与温度

窦沁怡

窦沁怡简介

2021 届匡园毕业生，现就读于浙江大学。曾获校级优秀学生、全国高中数学联赛江苏赛区二等奖、"苏教国际杯"作文大赛中获一等奖。

寄语匡园

愿学弟学妹们在匡园收获成长、梦想与幸福。祝愿匡园在高品质高中建设的路上愈行愈远，明天更加美好！

我们每个人都是这些巨大转变的见证人，都迫不得已变成了见证人。对我们这代人来说，不存在任何逃避网络使全球信息同步，我们与时代息息相关。

人类历史上的灾难不计其数，然而今天我们正在经历的一切却显得更加特殊。这一切全来自社交平台的赋能。它将我们与远在千里之外、素不相识的人们连接起来，使我们能够近距离体会他们的伤痛，感受他们肩上的重担。感同身受的同时，我们也有着强烈的抒发内心情感的欲望，以及为他们分忧的迫切期待。

然而社交平台上的现实却不似我们想象的简单。无论是信息急剧涌现的网络空间，还是平日的媒体报道，"新闻变谣言，反转再反转"的现象已屡见不鲜。近来，也许我们上一秒还在为一位女孩离世的消息悲痛，下一秒跳出的辟谣窗口又引导我们向消息来源口诛笔伐。屏幕背后，一腔热忱在尴尬和困惑中随着它虚晃的来源灰飞烟灭。

为什么呢？我想，探寻其源头，可以追溯至自媒体同社交平台诞生时。它们的诞生伴随着的是新闻传播和交流方式的变迁，传统媒体的单向发布在自媒体的互动性和娱乐性面前败下阵来。我们的表达不再受到传播方式的局限，“新闻”的门槛也一降再降，每个人都有可能成为发布者和传播者。

这仅仅是物质和平台的基础，仅有这些远不能构成当下的乱象。很多人把这一切的结果归结于“时代的浮躁风气”，而我却不能认同此观点。我认为，所谓“时代的浮躁风气”只是这些社交平台发展至今的结果，绝非这些现象的起因。在我看来，这些乱象是我们每个人心中“感性的种子”被平台强大地赋能后，结成的一片荆棘丛。古斯塔夫·勒庞在《乌合之众》中写道：“在与理性永恒的冲突中，感性从未失手。”“具有同理心”于个人而言，并无不妥之处，它甚至是我们融入社会的强力粘合剂。然而，在这个前所未有的庞大系统中，“情感的融入”却是最具传播力和煽动性的。在一众激愤的声音中，想要理性地了解事件的前因后果，了解不同视角的看法又是何其艰难。而“感性”的强力作用，不只表现在事件的叙述与传播过程中，亦表现在这个特殊时期我们视野所见的方方面面。疫情初期，医疗资源急剧匮乏的时候，人们纷纷试着向网络平台求助。求助的人多到求助本身已经渐渐变为一场争夺注意力的战争。“婴孩的爸爸妈妈”“武大的研究生”“汶川地震时免费运送物资的货车司机”……带上这些鲜明的、能引起人们内心情感共鸣的标签，就能在平台上引人关注，在求助的独木桥上有更多的机会生存下去。而事实上，我们都明白，医疗资源是有限的，而人的生命亦是平等的。然而我们的理性却不得不屈服于情感，在平台上演化为另外一种“达尔文法则”。这是不公的，然而我们无法苛责情感充沛的人们，或者责怪我们自己。

除了“反转”，我想当下的社交平台，还有另一个关键词，是“遗忘”。这不是疫情当下的现象，却是我们的担忧。社交平台让世界缩小了，把我们的时光压缩又拉长——为此，我们所经历的一切，较之我们的先辈，更频繁且更密集。这样转变的代价使我们的记忆出现断层和缺失。信息密集涌现，而我们的关注却是十分有限的。“热度一时”的现象应运而生。2018年末，曾有“世界首例免疫艾滋病基因编辑婴儿诞生”的新闻引来学术界与公众的一致谴责。然而事件本身在公众视野中渐渐淡去以后，又有多少人真正关注着事件的发展，关注着两个婴儿在被基因编辑的同时也被编辑的未来？

“遗忘”的代价是“遗失”。我们的思考、感受能力在新闻事件不断发生和被遗忘的循环中渐渐退化。“遗失”意味着我们对于事件的了解仅仅是浮光掠影，事件的热度过去以后，它甚至不能在我们的心中留下一点痕迹。这也是极其可怕的。因为新闻事件的曝光都有其典型性。它公之于众的最大价值在于引起人们的反思：我们到底应该怎么做，才能尽可能避免恶性事件再次发生，或者助力于善行的发扬？然而随着“遗忘”带来的“遗失”，新闻事件在公众平台上的效应渐渐地开始局限于热度。在如今，如此巨大的创伤之后，我们是不是应该改变一下因为“遗忘”而“遗失”的现象？若有下次，我们将以什么样的态度对待如此巨大的灾难？那些离去的人，在我们的视野里，是不是可以不再是那些“消逝的热度”？

我们最终发现，平台上的乱象，其实皆有其因，这是互联网蓬勃发展至今必会经历的阶段。这或许并不源自你我的错误，然而我们却不可以不认为去努力改变如此乱象是我们的责任。我们的确不应该“两耳不闻窗外事，一心只读圣贤书”。然而，我们也应该适时离互联网远一些，让理性和思索回归。我们不是真正身在灾难中的人，而个体的力量亦显得有些渺小。但是通过“疫情”这面镜子，反思并担起新闻传播过程中的责任，已如张纯如所说的“the power of one”一样，掷地有声。

4. 黎明

杨琦琳

杨琦琳简介

2021 届匡园毕业生，现就读于中国政法大学。擅长书法、绘画。

寄语匡园

愿匡园年年桃李，岁岁芬芳，在接下来的岁月中续写厚重恢宏的新篇章。祝福各位师弟师妹在匡园恣享青春，不负韶华！

如果说，我们最后为什么会胜利，那一定是因为在每一个年龄段，我们都有像钟南山院士这样奋不顾身站在中心抵抗压力的先驱者，有即使在能力上处于弱势，也要想尽办法在边缘分担压力的奉献者。

保安室的门虚掩着，寒风从门缝中挤进狭小的保安室内，逼得坐在门边的老齐缩了缩脖子，把盖在腿上的破棉衣裹紧了一些。

这是老齐接到小区出入管制通知的第二天，他看着自己手边的额温枪，心里还是有些发愁。

黎明新村在老城区的西边，住的大多是独居的老人和外来的租客，老旧的街道并没有什么像样的物业管理，老齐自己也不过是独自在家闲不住才主动来做的保安，每天与出门买菜的老朋友们打个招呼聊几句，多少让生活不那么乏味。

老齐平时新闻看得少，认真研究了几篇后，眉头就皱了起来，病毒传播性强而老年人的治愈率又极低，对黎明新村这样以老年人为主的老旧小区来说更是灾难。老齐记得每年冬天总有些老朋友们熬得痛苦又艰难，今年大多数原本要返乡的子女又像他自己的儿子一样在外地，这个冬天的黎明新村只剩下老齐这样连额温枪都没见过的老人们。

老齐专门到物资工作处，拒绝了志愿者顶替他守门的提议，跟志愿者学了好一会儿才弄明白怎么使用额温枪，然后就在工作分配表上签下了自己的名字。他当然清楚志愿者们不放心他一个六十多岁的大爷，但他也清楚这些志愿者的工作有多繁忙，在老城区像黎明新村这样的地方，需要外界帮助的地方太多了，这些年轻人中，许多人每天要工作十几个小时，他实在不愿意因为自己不中用再浪费他们的时间来做保安室守门这样的工作。

老齐到底上了年纪，门口的冷风吹得他腿脚不太舒服，他又找了条毛毯盖着，却还是坐在门口，也不把门缝关实。昨天有个年轻人嫌麻烦不愿意测体温，趁着老齐腿脚不如他快，想要从隔栏边直接进门。老齐差点没拦住他，虽然测出来没超体温，但老齐还是有些后怕，如果下一个他没拦住的人带了病毒，这些小区里的老朋友们怎么熬过这个冬天？

老齐把椅子搬到最门边，把笨重的大门留下一条细缝，确保自己看到人后能及时带着额温枪出去。他终归也是六十多岁了，怎么样也不可能健步如飞，只能靠这个法子，才能保证自己守门万无一失。

寒风吹进保安室里，老齐缩了缩脖子，接起电话：

“哎，小胡，你在隔离站安心帮忙，不用特地过来！人家钟南山院士八十多了还在一线，我还不至于不能守好这个保安室。”

电话挂断，老齐合了合衣裳，再次将目光投射向门外，在保安室昏黄的灯光中静静等候着黎明的到来……

2020届毕业生疫情下的读与思

1. 宅居的日子里

王蕴沄

王蕴沄简介

2020届匡园毕业生，现就读于复旦大学。爱好广泛而不精，乐于做永远保持好奇心的体验派，同时对自己的审美趣味有高度自信。

寄语匡园

离开匡园越久，越将其视作记忆深处的白月光。当下很短，记得小心珍惜；人生很长，记得大胆展望。

生活像是等了一个格外漫长的红灯，终于慢慢起步，越过白线驶向未知的地方。一场疫情，到底带走了什么，又留下了什么，每个人都会有自己的感受。两个月里发生了太多事，所有的悲伤、愤怒、感动、欣慰，最后都化为记忆中零散的片段，再变成史书上的图文数字。

疫情还在海外扩散蔓延，掠夺性命，而国内的“战疫”即使已经接近尾声，也仍不容松懈。我们已经习惯了消毒水和健康码，努力地做好防控网络上的微小节点。疫情最严重的时候隔离在家，复工复学之后也自觉进行卫生管理，主动接受各方检查。对于任何一个普通人，除了切实做好力所能及的事，似乎也无力再做更多的事。

与17年前的非典不同，2020年网络在社会事件中的作用已经完全凸显。网上形形色色的消息和言论从未停息，网民关注着世界，其实关注到的只是从个人角度接收到的信息拼凑而成的截面。信息获取的差异化足以决定思想和态度的背道而驰，信息理解的差异化使人们各执一词。毫无疑问，在任何问题上每个人都有自己的站队，哪怕不愿承认，哪怕尽力客观，偏好也无可避免。

如果可以回到开始，你还是束手无措只能蹲在家里的市民，还是难以从纷杂的消息中分辨出真正的真相，看不懂科学报告也推不出阴谋论调，但是可以再一次重新分析、判断，在哪些地方哪些时候你会做出不同的选择。

或许这就是这场疫情能带给我们最无形却也最实际的东西。传染病会消散，口罩也总会摘掉，唯一永久留存的是人心中的烙印。病毒太公正，它对富豪和贫民、权贵和庶民一视同仁，某种程度上，我们脱离了原来生活的固有小圈子，和不同阶层、不同地区、不同年龄的人共同面对同一个问题，方才得到了一个看世界的机会，看到不曾见过的世间百态，体味出无边无际的酸甜苦辣、冷暖炎凉。通透善恶无奈，学会独立思考，试着寻找真相，即使没有上述的蜕变而仅仅是增强了卫生意识，也能让一场单纯的灾难变成一次成长。

既已如此，生活总要继续。让防疫成为一次集体的成长、一个国家的成长、全人类的成长，才值得我们付出过的所有的代价。

2. 疫情当前，一个普通高中生在想什么

陈一杭

2020 年我 18 岁。17 年前的 2003 年 3 月，我刚满一周岁，非典暴发。身在襁褓中的我，当然对外界的恐慌一无所知。据父母亲回忆，当时的重灾区在北京和广州，身居江南，日常生活并没有受到太大影响。只是街上

的白色面罩像灰黑色天空下的雪，给本就灰冷的天气增添了一丝不安。街上的公交车孤零零地开着。

17年后的今天，这一幕又一次出现在我的生活中，出现在所有国人的面前。

排队买口罩、延迟开学、到处抗疫行动……为此我恐惧过，也困惑过。但无论是身在疫情一线的医生还是身边忙着抗疫的人们，都给了我感动与思考。

奋斗在抗疫一线的医疗工作者让我充满敬意：84岁的中国工程院院士钟南山一边提醒人们不要去武汉，自己却义无反顾地奔向武汉参与疫情防控；28岁的武汉中心医院护士王涛退掉回家的车票加入抗疫一线，他那因长时间戴着不透气手套而布满皱褶的双手，是无数与疫情作战的医务工作者的缩影；那因长时间戴防护镜留下深深勒痕的脸颊，至今在我脑海挥散不去。

在居家隔离的很多天里，有了很不一样的体验：小区被管控，出入要通行证且限行一人，同邻居说话得隔着窗户、戴着口罩，天气晴朗的时候会有戒严的大喇叭高喊："天气虽晴朗，出行要三思。"一开始会觉得莫名其妙和不自在，可是后来渐渐懂得这是束缚也是保护。

小区里冷清了，业主群里却很热闹：彼此互递祝福，传播防疫小知识——人与人平时恪守的那点防线，似乎被冲淡了不少。偶尔出门，小区里偶遇一个保洁大叔，他停下望着我，脸上露出疲惫却明媚的光彩。路上的行人都戴着口罩，我突然醒悟，在抽象而宏大的灾难面前，原来我们是一样的，恐慌是一样的，期待也是一样的，你我命运温暖相连。

我最大的愿望是从前寻常的日子依旧，这是我所理解的疫情的终点。

（"作者简介"与"寄语匡园"见第202—203页。）

3. 致敬在道口站岗的父亲

包涵辰

包涵辰简介

2020届匡园毕业生，现就读于南京邮电大学。喜欢唱歌，热爱运动，获得过校暑期社会实践先进个人、校优秀青年志愿者等荣誉。

寄语匡园

疫情之下的母校，显得更加温暖，匡园学子们也更加展现出自己的韧性。希望学弟学妹们怀揣理想，不辜负韶华，努力成为时代的主人。

新冠这位不速之客的出现，给我们的祖国带来了一场没有硝烟的战争。甚于2003年我还在襁褓中时经历的非典，这次的病毒更加骇人听闻。因此，全国人民众志成城，携手抗击新冠的侵袭：医护工作者们身先士卒赶赴武汉后日夜奋战；为防止疫情蔓延，公安官兵为百姓筑起一道铜墙铁壁，确保我们的生活安宁……而我的父亲，正是这道墙壁中的一块"硬砖头"。

我的父亲是一位人民警察。自1月20日起，他开始执行在道口站岗的任务，负责登记从江阴进入无锡的车辆。面对不同寻常的上班时间（上班时间有三种：早班0：00—8：00，中班8：00—16：00，晚班16：00—24：00），他不曾抱怨辛苦劳累，而是回来后仍笑着聊工作的环境不差，伙食安排也很到位。问他累不累，他挥挥手："没什么累的，习惯就好了。"

最重要的是，他那份认真细致的工作态度确实感动了我。在他的工作地点转移到无锡北之前，他遇到过一个安徽人，那位安徽人说他不曾和湖北人或去过湖北的人有过交集。但作为一名经验丰富的警察，父亲在此人的言谈举止间觉察出了端倪，下班后便回局中查询其身份和相关行车记录，发现那位安徽人的父亲在湖北多地有过停留，便马上报告上级处理。对这件事的处理，除了体现了父亲的心细负责，更可见他面对病毒潜在的传染风险有一份镇定从容的心态。

在危难之中，父亲尽职尽责。不仅是由于他对工作的热爱与坚守，更重要的是，作为一名人民警察，他心里装着百姓。父亲是一位人民英雄，因此我想这么赞美我的父亲：

您不是专业的医者
却一样承担着护佑生命的职责
您不是专业的护理
却努力筑起铜墙铁壁，把疫情阻隔
阳光下，道路旁
您是一棵挺拔的青松
有您在
百姓就能安心在家看风景
风雪中，岗亭边
您站成最美的雕塑
有您在
百姓就能淡定从容

最后，希望疫情早日结束，武汉加油！中国加油！

4. 愿我们成为良善之人

左俊杰

左俊杰简介

2020届匡园毕业生，现就读于东南大学。爱好运动，曾获东南大学“三好学生”、东南大学“五四优秀共青团干部”等荣誉。

寄语匡园

在匡园度过了我求学中印象最深刻的三年，即使已经毕业，仍然忘不了早晨操场的朗朗诵读声，乐群湖畔的嬉笑还有宿舍里的欢声笑语。亲爱的学弟学妹们，结缘匡园，你我皆有幸，希望你们在此间努力学习，不负青春。

许多年后，褪去稚气的我们会提起这个庚子之年的故事：一切都要从一种小小的病毒开始说起……

新冠病毒迅速蔓延，灾难当下，无论我们是什么身份，是奋战高三的学子，抑或是救死扶伤的医护人员，我想说：愿我们都是良善之人。

“你今天做的善事，人们往往明天就会忘记，不管怎样你还是要做善事。”特蕾沙修女生前如是说。善良从不是为了别人，这只是一种信念，指引我们成长，无关他人。

一个小小的举动中可以蕴含着饱满的善意，不经意间就会让我们泪流满面。

十多位白衣天使为了穿防护服方便，毅然剪去她们呵护了多年的长发，豪迈地说一句：“我把命都交出去了，还在乎这一头长发？”还有多位匿名的行善者在社区、派出所门口放下一箱箱口罩后毅然离去。

一场突如其来的灾难，让我们看到了人性的善良。最美逆行者为我们在前方冲锋陷阵，我们是他们坚实的后盾，灾难中我们共同成长，承担起责任，传递着善意。

我还会想起校训中曾说：“勿懈勿怠，作民之良。”还会想起老师在班会课上讲的做人十二字箴言：“养良善之气节，成担当之栋梁。”善良当是为人之本。

可是负面新闻永远不会缺席。前有天价口罩引人争议，后有众人疯抢双黄连，令人唏嘘。更有可恨的、自私的患者，为了不被隔离而欺骗医生，隐瞒行踪。他们有的自私，不顾他人安危，不尊重医护人员或志愿者的付出；有的却趁人之危，大发国难财，为人所不齿；更有甚者在公共场合传播病毒，寻求着报复社会的快感，放弃了道德底线，成为社会的恶人。

批判的同时，我们更应反思。是什么掠夺了他们的善意，造就了如今偏激的他们？

是社会环境。

泰戈尔曾说：“你若爱他，就要像阳光一样包围着他。”唯有让他们感受到被社会的善意包围，才会压制住心中的恶。而又如何让社会充满善意？于是回到我们最初的希望：愿我们都是良善之人，也愿我们都被社会温柔以待。

鲁迅先生在《热风》中写道：“有一分热，发一分光，就令萤火一般，也可以在黑暗里发一点光，不必等候炬火。”有一分善良便可修复一个社会的漏洞，终有一天善良会相聚，似炬火一般照亮社会，像阳光一样充盈在你我他的周围。

灾难不应是深渊，也不会是深渊。有太多的像钟南山一般的良善有志气之人担负起责任，为我们守护疆土，开拓未来。我们无法预知灾难如何开始，但是灾难的结束当是千千万万的中国人共同努力的结果。

“当我们爱脚下的泥泞时，说明我们已经拥抱了一种精神。”迟子建曾经这样写道。当我们在抗疫前线奋起、在后方守护时，我们便收获了善良的种子。

多年之后再回望这庚子之年，不仅要从小小的病毒说起，也要以那些最美逆行者的故事结束。

5. 隔千里兮共明月

浦人云

浦人云简介

2020届匡园毕业生，现就读于南通大学。大学三年，我深耕科研，积极参加海外研学和“互联网+”等各类大赛，获得省级立项和各项奖学金，荣获市级“三好学生”等荣誉。

寄语匡园

百年风华路，教育著华章。感念母校的谆谆教诲，愿省锡中桃李满园，春晖四方！

行远自迩，笃行不怠。愿学弟学妹们以踏实的脚步走出绚烂的未来，开启人生的美好篇章！

鲁迅曾言：“无尽的远方，无数的人们，都与我有关。”疫情当下，没有人能够独善其身，能从这张灰色的巨网中抽身而出。“岂曰无衣，与子同袍。”千人同心，则得千人之力；万人异心，则无一人之用。

“事不关己，高高挂起”的丑恶姿态砌起的是人心的高墙，销毁的是人性的共情。而人性的冷漠将如肆虐的病毒一般侵袭社会的每一个角落，到那时，等待人们的只有无边的死寂黑夜。疫情之下，唯有人们重系相牵连的命运之绳，万众一心，才能重现河清海晏的盛世之景。

“人心不同，譬若其面。”《左传》里的这句话道出了人间百态。我们无法去批判这些人的利己主义，去强迫他人的意志。但是危难当前，每一个小人物的生死存亡都关系着无数人的喜怒哀乐，所有人都早已成了这个社会不可或缺的一分子，此时独善其身的特立独行尤为格格不入。当这些利己主义者们庆幸自己成功躲避病毒袭击而像看客一般戏看人间百态时，是否曾想过若有朝一日自己变成病人，沦为他人戏谑调侃的对象，自己又是怎样的感受？疫情折射出人心，而这样的“看客”心理从未缺席。若社会上少一些看客，多一些对他人的共情，那么，“积力之所举，则无不胜也；众智之所为，则无不成也”。

所幸，在这次疫情中，成为看客的只是少数人，而更多的人在平凡中彰显伟大精神。越是一发千钧、存亡绝续之时，越能研读人性的平凡而伟大，越可见布衣之下的满腔热血。医务人员于危难中挺身而出，逆行而上，以一腔赤子热诚、一身高超医术救世；新年前夕口罩工厂复工加班，流水线传递的是质朴的关怀；除夕夜火神山医院工地，无数工人在万家灯火里坚守着“战场”；全国各地的募捐浩浩荡荡，每一份物资都承载着执着的信仰。四面八方的人们抛却新春的团圆与欢庆，撇去焦虑和慌张，倾尽一己之力，只愿再现河清海晏，国泰民安。身处异地，人们或许无法像一线医务人员一样挽救那些病人的生命，但每一个人的理解和付出都给社会增添了一抹暖色，让那些深陷绝望的人坚信“山河无恙，人间有情”。正如特蕾莎修女所言：“我们当中极少数人能做伟大的事情，但是每个人都可以用崇高的爱去做平凡的事。”

你我命运相连，隔千里而共赏明月，置身其中方能感受人间的温情与明艳。冬将尽，春可期。愿待黎明破晓时，山河无恙，人间皆安，河清海晏。

6. 善待善良

芮浩喆

芮浩喆简介

2020届匡园毕业生，现就读于南京信息工程大学。喜欢阅读小说，体悟情感；也喜欢在傍晚的操场跑圈，享受汗水带来的快感。

寄语匡园

即使已经毕业，回忆起母校，依然记得老师同学，记得校训“诚敏”。借此机会也鼓励学弟学妹们珍惜光阴，拼搏奋斗，择善践行，赢得学业的冲刺，赢得人生的长跑。

罗曼·罗兰说：“灵魂最美的音乐是善良。”自武汉遭受新型冠状病毒的侵害以来，全国各地的温暖与爱源源不断地涌向武汉。“最美勒痕”“拄拐大夫”等感人故事彰显了这些“战士”的善良与责任。但一些对他人行善指指点点的行为却照例没有缺席。有些人不知，他人的善良也需要保护。

经历这场灾难，我们应学会珍视善良，给善良之人足够的敬意。可能真正善良的人大多不会因为是否受到敬意而决定是否在危难时刻挺身而出，但从长远来看，从个人、群体、社会、国家的精神建构角度来看，让善良无私得到应有的肯定极为重要。它在关键时刻将人凝聚在一起，共克时艰，使每个人在其中感受情感的升华。

但同时善良也有脆弱的一面。正因为它专注于奉献，一些突如其来的冷漠的话语将带给行善者深层的伤害。这些与时下言论背道而驰的唐突之言堆积起来，难道不能使一个原本善良的人感到委屈与无奈？少数人自私、冷漠的表现无情地伤害了正在一线超负荷工作的医生和护士。2020年2月21日，湖北省市场监管局后勤服务中心筹备组副组长朱保华在武汉市第七医院住院治疗时无端训斥护士，激起广泛批评。这类不尊重医护人员的行为将带来巨大的负面影响。

善良的人不会为此而离开抗疫一线，但从长远角度来看，对善良的人不尊重会让人心寒，会使一些不明真相的人被误导而发表攻击言论，会将那些默默奉献的人推向远处。不理智的人往往极力从自己的角度去片面地描述和解读自己的遭遇，而不明真相的人也容易被这些偏激的文字蒙蔽，从而导致舆论的混乱，使民众难辨真假。善良虽是一种强大的力量，但并不意味着允许一些人狂妄地消费它。当那些坚守在武汉的医护人员受到无端苛责时，当那些无偿提供蔬菜粮食的农民被质疑动机时，当那些捐赠资金的企业被网民列表比较金额大小、遭到诘问时，清醒的人应站出来捍卫人们对善良的基本尊重。当善良的人最终对这些自私、冷漠的人忍无可忍，愤然离去时，社会、国家将遭受难以估量的损失，并且作用到我们每一个人的身上。

善待善良，给好人肯定与鼓励，让他们受到赞扬与祝福，这本身也是一种善良的行为。但愿经历了这次疫情，有更多的人能对英雄们表达敬意，珍惜别人的善良。